现代
物流管理
概论

《现代物流管理概论》编写组
组织编写

化学工业出版社
·北京·

内容简介

本书根据物流管理的实际需求，详细讲解了现代物流管理人员需要了解的基础知识和需要掌握的技能，分析了各业务流程的工作要求及操作方法。

主要内容包括：物流管理基础知识、物流市场开发与客户管理、仓储与库存管理、配送管理、运输管理、物流成本与绩效管理、供应链管理、物流信息管理、数字化与智能化应用管理。

本书内容全面，图表丰富，与实际应用结合紧密，可为初入门的现代物流管理人员提供帮助，也可供高校相关专业师生学习参考。

图书在版编目（CIP）数据

现代物流管理概论/《现代物流管理概论》编写组组织
编写. —北京：化学工业出版社，2021.12（2025.4重印）
ISBN 978-7-122-40015-4

Ⅰ.①现⋯ Ⅱ.①现⋯ Ⅲ.①物流管理 Ⅳ.①F252.1

中国版本图书馆CIP数据核字（2021）第201288号

责任编辑：贾 娜 毛振威 　　　　　　　装帧设计：王晓宇
责任校对：边 涛

出版发行：化学工业出版社（北京市东城区青年湖南街13号 邮政编码100011）
印 　装：北京天宇星印刷厂
787mm×1092mm 1/16 印张16 字数325千字 2025年4月北京第1版第4次印刷

购书咨询：010-64518888 　　　　　　　售后服务：010-64518899
网 　址：http://www.cip.com.cn
凡购买本书，如有缺损质量问题，本社销售中心负责调换。

定 　价：79.00元 　　　　　　　　　　　　　　版权所有 违者必究

《现代物流管理概论》
编写人员

（按姓氏笔画排序）

连　昺　汪倩倩　徐　峰　徐　淼

程宇航　潘旺林　潘明明　戴胡斌

随着世界经济的快速发展和现代科学技术的进步，物流作为国民经济中一个新兴的服务部门，正在全球范围内迅速发展。现代物流业已成为国民经济发展的动脉和基础产业，是21世纪的黄金产业之一。人类社会进入21世纪，全球经济一体化和科学技术的迅猛发展，使得全球范围内的市场竞争更加激烈。企业要想长期生存和发展，只有不断提升自己的市场竞争力。为此，企业除了要加快现代企业制度建设和推进技术创新外，还必须进行管理创新，降低其物流成本。

近年来，我国物流行业得到迅速发展，条形码、射频识别技术、全球定位系统等先进技术广泛应用于物流基本活动环节，实现了货物运输的自动化运作和高效率优化管理。物流业务涉及运输、储存、搬运、分拣、包装、加工、配送等众多流程，各流程操作灵活性大，标准化程度相对较低，物流管理人员只有熟悉这些操作流程，才能进行有效管理。随着现代化物流的快速发展，行业对物流管理人员提出了越来越高的要求。除储存、运输、配送、货运代理等领域的物流人才紧缺外，系统化管理人才、懂得进出口贸易业务的专业操作人才、电子商务物流人才、掌握商品配送和资金周转以及成本核算等相关知识和操作方法的国际性物流高级人才将有更大的发展空间。

为了帮助广大物流管理人员和高校物流专业师生更好地掌握现代物流管理相关知识，本书编写团队基于物流管理职业技能等级标准和考核大纲，编写了《现代物流管理概论》一书。

本书在吸收国内外先进物流理念、技术和管理思想的基础上，分析和总结了我国物流业发展的现状，详细地阐述了物流业务中的基础理论、组织和管理的技术与操作规程，主要内容包括物流管理基础知识、物流市场开发与客户管理、仓储与库存管理、配送管理、运输管理、物流成本与绩效管理、供应链管理、物流信息管理以及数字化与智能化应用管理等。本书内容紧紧围绕培养现代物流管理岗位所需要的高技能专门人才的目标，坚持创新的精神，兼顾"知识点""技能点"和"能力点"，细化各个章节内容，便于读者学习与掌握相关知识。

本书具有以下主要特色：

1. 聚焦核心岗位技能要求。除了详细讲解仓储、配送、运输等相对成熟的物流管理内容外，本书还强化市场开发、客户管理和成本控制等企业关注的核心技能，培养从业人员的市场意识、服务意识和成本意识；同时融入互联网、大数据、云计算、物联网等智慧物流的最新技术要求，将先进企业的岗位需求和应用场景与本书内容相融合，将行业未来2～3年的技能需求前置。

2. 对接行业标准和专业教学标准。对接《物流管理职业技能等级及要求》行业标准，有机衔接教育部最新物流专业教学标准，重视核心技能、综合职业素养、"四新"（新技术、新工艺、新规范和新要求）等内容，融入行业标杆企业岗位需求，促进专业对接产业、职业岗位，学习内容对接职业标准。

3. 面向职业实践需要。以职业实践为导向，涵盖典型职场情境和典型工作任务，培养从业人员关键职业能力和岗位工作胜任能力。

本书在编写过程中，得到了同行专家的大力支持与帮助，在此表示衷心的感谢。

由于笔者水平所限，书中不足之处在所难免，为进一步提升本书质量，欢迎广大读者提出宝贵的意见和建议。

《现代物流管理概论》编写组

目录

第 1 章 物流管理基础知识 / 001

1.1 认识物流 / 002
  1.1.1 物流概述 / 002
  1.1.2 物流作用与价值 / 002
1.2 物流管理与现代物流业 / 004
  1.2.1 认识物流管理 / 004
  1.2.2 认识现代物流业 / 004
1.3 "绿色物流" / 007
  1.3.1 "绿色物流"的特点 / 007
  1.3.2 "绿色物流"的内容 / 008
  1.3.3 "绿色物流"的意义 / 009
  1.3.4 物流行业环境保护与节能处理的方法与措施 / 010
1.4 职业道德与服务意识 / 012
  1.4.1 职业道德 / 012
  1.4.2 物流行业服务意识的培养与提升 / 014
  1.4.3 物流行业客户服务礼仪 / 016

第 2 章 物流市场开发与客户管理 / 019

2.1 市场信息处理 / 020
  2.1.1 信息收集与数据收集 / 020
  2.1.2 数据整理与分析 / 021

2.2　物流客户开发与管理 / 022

2.2.1　物流客户开发 / 022

2.2.2　客户档案管理 / 027

2.3　物流管理项目投标 / 030

2.3.1　寻找招标需求 / 030

2.3.2　投标相关流程 / 031

2.3.3　开标与评标 / 032

2.4　客户异常处理 / 033

第3章　仓储与库存管理 / 037

3.1　仓储作业管理 / 038

3.1.1　仓储作业基础 / 038

3.1.2　入库与出库作业 / 043

3.1.3　盘点作业 / 044

3.2　仓储技术 / 046

3.2.1　条码和条码技术 / 046

3.2.2　货物堆码技术 / 048

3.2.3　储位管理技术 / 049

3.3　仓储布局设计与物流中心规划 / 050

3.3.1　仓储布局设计 / 050

3.3.2　物流中心规划 / 055

3.4　仓储设施设备 / 063

3.4.1　存储设备 / 063

3.4.2　搬运设备 / 065

3.5　库存调控与调整 / 066

3.5.1　库存及库存控制 / 066

3.5.2　库存控制的方法和工具 / 070

3.5.3　库存计划与分析 / 074

3.5.4　仓储质量管理 / 076

第4章 配送管理 / 085

4.1 认识配送 / 086
4.1.1 配送概述 / 086
4.1.2 配送的模式与作用 / 087
4.1.3 配送异常处理与安全管理 / 089
4.2 配送技术与设施设备使用 / 095
4.2.1 配送技术 / 095
4.2.2 配送作业设施与设备及维护 / 097
4.3 配送作业计划制订与实施 / 100
4.3.1 认识配送作业计划 / 100
4.3.2 配送作业计划制订实施 / 104
4.4 配送线路及配载优化 / 107
4.4.1 配送线路优化 / 107
4.4.2 车辆配载优化 / 109

第5章 运输管理 / 112

5.1 认识运输 / 113
5.1.1 运输的概述 / 113
5.1.2 物流运输系统 / 114
5.1.3 货物运输作业 / 116
5.2 运输生产计划与方案设计 / 124
5.2.1 运输生产计划编制 / 124
5.2.2 运输方案设计与决策 / 128

5.3 运输调度管理 / 132

　　5.3.1 优化运输路线 / 132

　　5.3.2 运输工具配载 / 140

5.4 运输商务管理 / 142

　　5.4.1 运输商务管理主要内容 / 142

　　5.4.2 货物运输合同管理 / 143

　　5.4.3 处理货运事故和违约 / 144

　　5.4.4 运输成本 / 146

5.5 货运代理作业管理 / 149

　　5.5.1 货运代理服务类型 / 149

　　5.5.2 货运代理业务费用结算 / 154

5.6 运输保险与索赔管理 / 155

　　5.6.1 运输保险与投保 / 155

　　5.6.2 运输保险索赔与理赔 / 156

5.7 运输安全风险管理与质量管理 / 159

　　5.7.1 运输安全风险管理 / 159

　　5.7.2 运输质量管理 / 161

第6章　物流成本与绩效管理 / 166

6.1 认识物流成本 / 167

6.2 物流成本核算与控制 / 170

　　6.2.1 物流成本核算 / 170

　　6.2.2 物流成本控制 / 172

6.3 物流绩效管理 / 176

　　6.3.1 认识物流绩效考核 / 176

　　6.3.2 物流绩效考核分析方法和工具 / 177

第7章 供应链管理 / 183

7.1 认识供应链 / 184
    7.1.1 供应链管理概述 / 184
    7.1.2 供应链网络结构分析 / 186
7.2 认识供应链管理 / 188
    7.2.1 供应链管理概述 / 188
    7.2.2 供应链管理的基本原则和程序 / 190
    7.2.3 供应链战略管理 / 192
7.3 供应链绩效评价 / 196
    7.3.1 供应链绩效评价体系概述 / 196
    7.3.2 基于供应链运作参考模型的评价体系 / 197
    7.3.3 基于供应链平衡计分卡的评价体系 / 200
7.4 供应链管理下的物流业务外包 / 201
    7.4.1 物流业务外包概论 / 201
    7.4.2 物流供应商选择 / 204

第8章 物流信息管理 / 209

8.1 物流信息及其管理概述 / 210
    8.1.1 物流信息概述 / 210
    8.1.2 物流信息管理概述 / 213
8.2 物流信息技术 / 215
    8.2.1 认识物流信息技术 / 215
    8.2.2 条码技术 / 216

8.2.3　GPS、GIS和GSM技术 / 221

8.2.4　SaaS技术 / 222

8.3　物流信息系统 / 224

8.3.1　物流信息系统概述 / 224

8.3.2　物流信息系统管理 / 227

第9章　数字化与智能化应用管理 / 231

9.1　物流大数据应用 / 232

9.1.1　数字经济应用 / 232

9.1.2　大数据应用 / 233

9.2　智能化仓储系统作业管理 / 236

9.2.1　无人仓系统应用 / 236

9.2.2　人工智能应用 / 239

参考文献 / 244

第 1 章

物流管理
基础知识

1.1
认识物流

1.1.1　物流概述

中华人民共和国国家标准《物流术语》（GB/T 18354—2021）将物流定义为："根据实际需要，将运输、储存、装卸、搬运、包装、流通加工、配送、信息处理等基本功能进行有机结合，使物品从供应地向接收地进行实体流动的过程。"

物流是一种经济活动，也是不断满足客户需求的过程。物流可以创造商品的时间价值、空间价值和加工附加价值，具体表现如表1-1所示。

表1-1　物流的价值

时间价值	空间价值（场所价值）	加工附加价值
① 缩短时间创造价值，如新开发产品尽早上市 ② 弥补时间差创造价值，如农产品生产有季节性，但要满足消费者全年的需求 ③ 延长时间差创造价值，如延长白酒、普洱茶的储存期以创造价值	① 从集中生产场所流入分散需求，如产品从产地到消费地 ② 从分散生产场所流入集中，如生产出的粮食送往有集中需求的消费地 ③ 从低价值生产地流入高价值销售地，如产品在低成本地生产运往售价较高的消费地销售	创造加工附加价值，如配送中心对生鲜食品加工后送往各大超市

1.1.2　物流作用与价值

（1）物流的作用

① 物流是实现商品价值和使用价值的条件。无论是生产资料商品还是生活资料商品，在进入生产消费和生活消费之前，其价值和使用价值都是潜在的。为了把这种潜在变为现实，物资必须通过其实物的运动，即通过物流才能得以实现。物流是实现商品价值和使用价值的必要条件。

从生产资料的物流看，物流具有将生产资料按质、按量、及时、完备、均衡地供应给生产单位的功能。生产资料物流的畅通与否将直接决定生产能否顺利进行。

② 物流是国民经济的动脉，是连接国民经济各个部分的纽带。物流业是生产力进步和经济发展的必然产物，在现代社会中，物流已经是国民经济必不可少的一部分。

一个国家的经济是由众多的产业、部门和企业组成的整体，而这些部门、企业又是分布在全国不同的地区，属于不同的所有者。物流通过不断输送各种物质产品，使生产者不断获得原材料、燃料以保证生产过程的正常进行，同时又不断将产品运送给不同的需要者，使这些需要者的生产、生活得以正常进行。因此，物流使国民经济成为一个有内在联系的有机整体。商品流通是商流与物流的有机结合，没有物流就无法完成商品的流通过程。

③ 物流技术的进步与发展是决定国民经济生产规模和产业结构变化的重要因素。市场经济和商品生产的发展要求生产社会化、专业化、规范化。但是，如果没有物流技术的进步和发展，这些要求是很难实现的。例如，煤炭、石油、钢铁、水泥的大量生产和大量消费要求运输产业的高速发展与之相适应。物流技术的发展，从根本上改变了产品的生产和消费条件，为经济的发展创造了重要前提。随着现代科学技术的发展，物流对生产发展的这种制约作用也越来越明显。

④ 合理的物流对提高全社会的经济效益起着十分重要的作用。所谓经济效益，一般是指对社会实践活动中的各种劳动占用和物质消耗有效性的评价。合理的物流不仅能够节约大量的物质资料，而且对于消除迂回运输、相向运输、过远运输等不合理运输，节约运力，具有重要作用。另外，合理的物流还可以减少库存，加速周转，更充分地发挥现有物资的效用。

（2）物流的价值

① 降低物流成本。物流成本是伴随着物流活动而产生的各种费用。物流成本的高低直接关系到企业利润水平的高低，因而人们对于物流的关心首先是从物流成本开始的。假设一个企业的销售额为1亿元，物流成本为2500万元，如果物流成本下降10%，即减少250万成本，那么利润可以直接增加250万元。所以，降低物流成本是物流体现其价值的一项核心内容。

② 提供服务水平。物流业属于现代服务业范畴，其活动从本质上说是一种对顾客的服务，在使顾客满意的前提下，权衡服务成本，高效迅速地向顾客提供产品。所谓优秀的物流服务就是对顾客使用商品的一种保证，它包含三个要素：a.拥有顾客所期望的商品（备货保证）；b.在顾客所期望的时间里传达商品（输送保证）；c.符合顾客所期望的质量（品质保证）。因此，提高物流服务水平，使顾客满意，也是现代物流体现其价值的一项核心内容。

③ 为顾客创造价值。顾客价值是指顾客总价值与顾客总成本之间的差额。顾客总价值是指顾客购买某一产品或服务期望时获得的所有利益。顾客总成本是指顾客为获得某一产品或者服务时的所有支出，包括时间、精力以及货币等。顾客价值是一种相对价值，顾客可以感知但不能精确计算。因此，在物流管理领域，为顾客创造价值就是向顾客提供增值服务，使顾客总价值大于顾客总成本。

1.2
物流管理与现代物流业

1.2.1 认识物流管理

（1）物流管理的概念

物流管理就是为了以最低的物流成本达到用户满意的服务水平，而对物流活动进行的计划、组织、协调与控制，包括对物流活动诸环节（运输、包装、储存、装卸、流通加工、配送和信息处理）的管理，对物流系统诸要素（人、财、物、设备、方法、信息）的管理，对物流活动中具体职能（计划、质量、技术、经济等）的管理。

（2）物流管理的特征

实施物流管理的目的就是要在尽可能低的总成本条件下实现既定的客户服务水平，即寻求服务优势和成本优势的一种动态平衡，并由此创造企业在竞争中的战略优势。根据这个目标，物流管理要解决的基本问题，就是把合适的产品以合适的数量和合适的价格，在合适的时间和合适的地点提供给客户。将现代物流管理的特征总结如下：

① 现代物流管理以实现顾客满意为第一目标。
② 现代物流管理以企业整体最优为目的。
③ 现代物流管理注重整个流通渠道的商品运动。
④ 现代物流管理既重视效率也重视效果。
⑤ 现代物流管理是对商品运动的全过程管理。
⑥ 现代物流管理以信息管理为中心。

1.2.2 认识现代物流业

（1）现代物流业概述

现代物流业是社会经济发展到一定阶段的产物，是企业内部分工、外部市场化与专业化及企业竞争（主要是市场营销观念的变革）的必然结果。它是相对于传统物流而言的。传统意义上的物流业包括交通运输、仓储配送、货运代理、多式联运等业态。随着经济全球化和信息技术的迅速发展、竞争日益激烈，物流业逐步演进为包括企业自身的原材料采购、运输、仓储和产成品的加工、整理、配送等由企业自身承担的物流服务业务。因而，从广义上讲，现代物流包括传统概念的物流企业的商贸流通，也涵盖企业原材料（或产成品）从起点到终点以及这一过程相关信息有效流通的全过程，它将运输、仓储、装卸、加工、整理、配送、信息等方面有机结合，形成完整的供应链，为用户提供多功能、一体化的综合性服务。

（2）现代物流的构成要素

① 运输。运输是指用设备和工具将物品从一个地点向另一个地点运送的物流活动，包括集货、分配、搬运、中转、装入、卸下、分散等一系列操作。运输是"第三利润源"的主要源泉，运输费用在物流成本的构成中占有较大的比重。

② 储存。储存是指保护、管理、储藏物品。储存是包含库存和储备在内的一种广泛的经济现象，是任何社会形态都存在的经济现象。与运输概念相对应，储存是以改变"物"的时间状态为目的的活动，以克服产需之间的时间差异而获得更好的效用。

③ 装卸搬运。装卸是物品在指定地点以人力或机械装入运输设备或卸下；搬运是指在同场所对物品进行水平移动为主的物流作业。在实际操作中，装卸与搬运伴随发生，是密不可分的。搬运与运输的区别在于：搬运是在同一地域小范围内发生的，而运输则是在较大范围内发生的。在装卸过程中，可能会造成货物破损、散失、损耗等，因此，装卸是物流中的一个重要环节。

④ 包装。包装是指为了在流通过程中保护商品、方便储运、促进销售，按一定技术要求而采用的容器、材料及辅助物等的总体名称，也指为了达到上述目的而在采用容器、材料和辅助物的过程中施加一定技术方法等的操作活动。

⑤ 流通加工。流通加工是指物品在从生产地到使用地转移的过程中，根据实际需要对商品施加包装、分割、计量、分件、刷标志、拴标签、组装等简单作业的总称。流通加工有效地完善了流通。尽管流通加工不如运输和储存两个要素重要，但它起着补充、完善、提高、增强的作用，是提高物流水平，促进流通向现代化发展的不可缺少的形式。

⑥ 配送。配送是指在经济合理区域内，根据用户要求，对物品进行拣选、加工、包装、分割、组配等作业，并按时送达指定地点的物流活动。

⑦ 物流信息。物流信息是指反映物流各种活动内容的知识、资料、图像、数据、文件的总称。现代物流与传统物流最主要的区别就是物流信息。在现代物流各环节的活动中，会产生大量的信息，如车辆选择、线路选择、库存决策、订单管理等，同时还有来自物流系统以外的信息，如市场信息、商品交易信息等，要提高物流服务水平，必须有准确的信息保证。

（3）现代物流业与传统物流业的区别

1）含义不同

① 传统物流业是在传统的物流观念指导下，主要涉及仓储和运输环节的管理，是一种基于定量库存的分配管理与对企业商品销售的运输送达的管理服务。

② 现代物流业是指在现代物流观念的指导下对企业供需物流所涉及的内容进行全过程的系统管理。如采购环节原材料与配件的采购运输与仓储保管、生产环节中的半

成品、成品入库与仓储保管、销售环节的产品配送、售后服务环节的配件及备件的储运管理，以及回收物的回收和废弃物的处理等。

2）管理对象不同

① 传统物流管理的对象主要是面向物流过程的销售环节中的商品库存与车队运输的管理。

② 现代物流管理的对象主要是面向企业物流流程的全过程管理，包括采购物流、生产物流、销售物流、逆向物流和废弃物物流等。

3）管理模式不同

① 传统物流管理模式是受企业资源约束下的被动的固定化物流管理。

② 现代物流管理模式是基于顾客需求拉动的、动态的、敏捷而有效的物流系统管理。

4）管理性质不同

① 传统物流业是附加的、从属于销售环节的管理服务。

② 现代物流业是一种有增值意义的、独立的职能管理服务。

5）管理的目标不同

① 传统物流业的目标是为完成企业销售目标提供库存和运输方面的支持。

② 现代物流业以追求物流系统整体最优为主要目标，以降低库存水平、及时输送和快速反应等手段来提高整体的效益。

6）经营方式不同

① 传统物流业本着"大而全""小而全"的思想，企业自主经营。

② 现代物流业本着集中资源发展核心业务的原则，把非核心的物流业务实行委托经营，外包给第三方。

（4）现代物流管理发展趋势

① 第三方物流管理。第三方物流是指提供供需双方部分或全部物流功能的外部物流服务提供者。第三方物流符合社会化大生产和专业化分工的发展要求，具有规模经济效应，更能提高物流效率。第三方物流作为物流服务的专业提供者，具有快捷、安全、服务水准高、成本低的特点。单个企业的物流经营目标是如何在最短的时间内将物品送至客户手中，更多考虑的是库存和配送速度之间的优化、平衡，服务对象为单个零散的客户。而第三方物流是与多个不同企业建立长期稳定的合作关系，把这些企业的物流整合起来进行统一管理运作，在实现自身效益最大化的同时，也实现了社会物流的合理化。如果第三方物流为多个供应链提供服务，则将大大节约社会物流成本，提高社会经济效益。

② 供应链物流管理。面对国内、国际两个市场，物流活动已延伸到全球经济的每个角落。如果产业链上的上下游企业仅是根据自己的需求预测和库存策略作出生产计划、采购计划，而不及时与上游的供应商保持稳定的联系，货源就可能中断，从而带来损失；如果企业不考虑下游企业或消费者的实际需求，则作出的生产计划往往可能

与实际市场需求脱节，导致库存增加，效益下降。针对这些问题，人们提出了供应链管理理论，也产生了供应链下的物流管理，即在供应链上的企业摒弃了局部管理思想的条件下，物流企业通过合同、契约的形式，与供应链上其他成员企业建立并形成长期稳定的战略伙伴关系，利用系统的观念和方法对物流系统进行整合，以达到整个供应链物流系统的最优化，从而降低物流成本，获取供应链的竞争优势。

③ 绿色物流管理。物流主要由运输、仓储保管、装卸搬运、包装、配送等环节构成，在进行物流活动的过程中不可避免地对环境造成危害，造成环境污染，增加社会成本，如运输对环境的污染、包装物对环境的污染、储运的有毒有害物品对环境的污染、废弃物物流对环境的污染等。绿色物流管理是从环保的角度对物流体系进行改进，形成了与环境共生型的物流管理系统。这种物流管理系统建立在维护地球环境和经济可持续发展的基础上，强调全局和长远利益。

④ 动态联盟物流管理。出于相互间的互补性合作，对整体竞争力的提高和资源配置最优的考虑，在对合作对象的各项业务进行彻底调查的基础上，企业应选择对经营业务最具有互补性质的物流合作伙伴结成不断调整的动态联盟，共同进行物流的一体化操作。通过对物流作业准时而有效的反应，赢得时间与空间价值，达到1+1>2的系统最优效果。

1.3
"绿色物流"

1.3.1 "绿色物流"的特点

"绿色物流"（green logistics）又称"环保物流"，是指在物流过程中抑制物流对环境造成危害的同时，实现对物流环境的净化，使物流资源得到最充分利用的一种新兴物流模式。"绿色物流"的最终目标是可持续性发展，实现该目标的准则是经济利益、社会利益和环境利益相统一。因此，"绿色物流"是资源节约型物流、共生型物流、循环型物流。

与传统物流相比，"绿色物流"具有以下特点：

① 共生。"绿色物流"注重环境保护与经济发展的共生共存。

② 节约。"绿色物流"注重采用法律和经济手段引导企业进一步节约资源。

③ 低熵。"熵"是指在一个封闭系统中呈现出来的，有效能量减少而无效能量增加的不可逆过程。"低熵物流"首先是低能耗物流；其次是低库存物流，库存量越小，库存周期越短，熵越小。

④ 循环。循环物流包括原材料副产品再循环、包装物再循环、废品回收、资源垃圾的收集和再资源化等。"绿色物流"更重视循环物流的高效有序运作。

⑤ 可持续。可持续性原则的核心是人类的经济和社会发展不能超越资源与环境的承载能力，从而真正将人类的当前利益与长远利益有机结合。"绿色物流"追求节约资源、保护环境，将成为物流行业对人类社会和谐发展的重要贡献。

1.3.2 "绿色物流"的内容

"绿色物流"既包括微观层面的企业"绿色物流"，又包括宏观层面的政府对"绿色物流"的管理、规范和控制。

（1）微观"绿色物流"

微观"绿色物流"是指企业从物流活动的开始就注意防止环境污染，以使用先进物流设施设备和科学管理为手段，在运输、储存、装卸搬运、包装、流通加工、配送、信息处理等功能要素中实现节能、降耗，并减少环境污染，最终在可持续发展的基础上实现盈利目的，如图1-1所示。

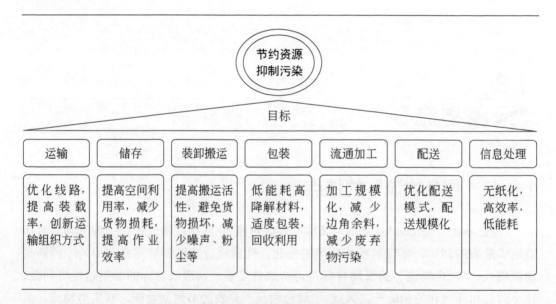

运输	储存	装卸搬运	包装	流通加工	配送	信息处理
优化线路，提高装载率，创新运输组织方式	提高空间利用率，减少货物损耗，提高作业效率	提高搬运活性，避免货物损坏，减少噪声、粉尘等	低能耗高降解材料，适度包装，回收利用	加工规模化，减少边角余料，减少废弃物污染	优化配送模式，配送规模化	无纸化，高效率，低能耗

图1-1 微观"绿色物流"的内容

（2）宏观"绿色物流"

宏观"绿色物流"是指通过对城市、区域乃至全国的产业布局进行合理规划，尽量减少重复的物流活动，降低总的物流发生量；提倡环境友好的物流技术，用健全的标准体系来规范物流企业的环境行为；建立"绿色物流"评审制度，从技术和管理上抑制物流对环境的影响；大力发展废弃物物流，使之规范化、产业化，最终实现物流与社会经济的协调和持续发展。

"绿色物流"体现了"3R原则"：减量化（reduce）、重用（reuse）、再循环（recycle），绿色物流能够实现以有效的物质循环为基础的物流活动，与环境、经济、社会共同发展，使社会发展过程中的废物量达到最少，并使废弃物实现资源化与无害化处理。

1.3.3 "绿色物流"的意义

"绿色物流"不仅对保护环境、节约资源、促进社会经济的可持续发展具有重要的意义，还会给企业带来良好的经济效益，其意义如图1-2所示。

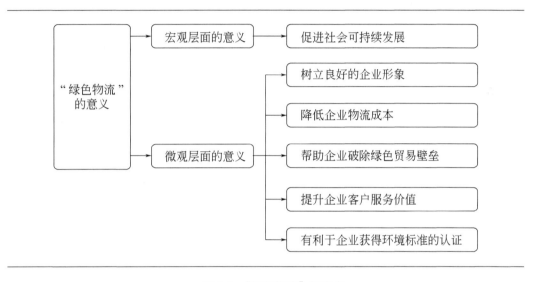

图1-2 "绿色物流"的意义

（1）"绿色物流"有利于促进社会可持续发展

资源和能源消耗伴随物流活动过程的始终，也会给环境带来污染，"绿色物流"的各种措施，将推动形成物流与环境之间共生发展的模式，实现社会的可持续发展。因此，物流活动在实现经济和社会效益的同时必须节约资源、保护环境。"绿色物流"的最终目标是，从促进社会和经济可持续发展这个基本前提出发，在创造商品的时间价值和空间价值、满足客户需求的同时，注重按生态环境的要求，保持自然生态平衡和保护自然资源，实现人、社会和自然的和谐发展。

（2）"绿色物流"有利于推动企业良性发展

"绿色物流"有利于企业树立良好的形象和信誉，提高产品的市场占有率，从而增加品牌价值，延长企业寿命，增强企业的竞争力，使企业更容易获得投资者和客户的青睐。

企业通过实施"绿色物流"，对运输、仓储等物流业务进行系统、科学的规划和合理布局，将有利于节约资源，降低物流经济成本与环境风险成本，从而为企业拓展利润空间。"绿色物流"强调的是高效环保的大物流运行方式，做到节能高效、少污染，由此可以带来物流经营成本的下降。

"绿色物流"还可以帮助企业破除绿色贸易壁垒。随着经济全球化的发展，绿色贸易壁垒所管辖的对象范围越来越广泛，加快发展"绿色物流"，积极申请绿色认证，是企业破除绿色贸易壁垒的重要途径。

自然资源的回收再利用等逆向物流举措，可以降低企业的原料成本，提升客户服务价值，增强企业竞争优势。

实施"绿色物流"管理的企业更容易获得国内外环境标准的认证，从而在激烈的市场竞争中占据优势，如ISO 14000环境管理体系。

1.3.4 物流行业环境保护与节能处理的方法与措施

（1）宏观层面的方法与措施

物流行业是高能耗、高排放行业。从宏观层面看，我国物流行业要实现节能减排目标，必须从以下四个方面采取措施。

① 观念更新。观念是人类活动的指南，能够反映特定的生产力水平、生活水平和思维品质。要通过多种途径引导全社会树立环保节能物流观念，以环保节能作为生产和消费的准则。

② 制度保障。制定专项法律防治污染，降低能耗，从国家层面进行物流节能减排规划，制定减排目标、法律法规、技术标准，并严格执行督察制度、奖惩制度。通过税收政策，鼓励企业进行环保节能物流业务运作，鼓励企业使用新能源物流运输车辆，鼓励企业和个人购买环保节能产品和环保节能物流服务。

③ 科学规划。规划好整个国家产业布局，解决各区域物流平衡问题，同时加强物流基础设施建设，支持增加对环保节能物流技术改造的资金投入。

④ 模式创新。大力发展第三方物流、第四方物流，通过物流服务社会化提高物流的规模效益，采取措施促进物流业兼并重组，并合理配置物流资源，实现规模化经营。

（2）微观层面的方法与措施

① 全员参与。充分发挥企业领导的关键作用，全员参与环境保护与节能工作。企业的最高管理层的高度重视和强有力的领导是企业实施环境管理、落实环保节能物流的保障，也是取得成功的关键。每一位企业员工都能自觉地参与到环境管理工作中来，员工在工作中自觉将自己的行为对环境的负面影响降到最低，达到物流业环保、节能的目的，并实现物流业的可持续发展。

② 实施技术创新。研发和推广各项节能新技术，在原材料采购中，考虑环境因素，积极合理地选择供应商，形成长期战略合作伙伴关系，引进节能低耗的产品和服

务。在流通加工制造活动中，尽量节约原材料和能源，淘汰污染性强的原材料；缩减从原材料到产品整个生命周期的环节，控制生产过程中有毒、有害物的排放，回收可利用资源。通过简化供应链体系中信息传递流程，采用信息系统或信息平台，实现无纸化信息的传递与审核来实现信息交换。

③ 建立低碳绿色供应链体系。低碳绿色供应链体系就是将环境保护的要求，融入供应链的全过程和各环节。

低碳绿色供应链体系以环境效益、经济效益、社会福利为目标，以供应链管理、可持续发展、生态伦理等为理论基础，建立相应的信息系统、组织机构、评估标准，围绕核心企业，从最初供应商处的低碳绿色采购开始，经过低碳绿色加工制造、低碳绿色物流、低碳绿色营销一直到最终用户，物流、信息、资金的流动也都遵循环保、绿色的原则。供应链上下游各个节点企业共同构建低碳绿色的生产、消费和流通供应链体系，低碳绿色供应链管理如图1-3所示。

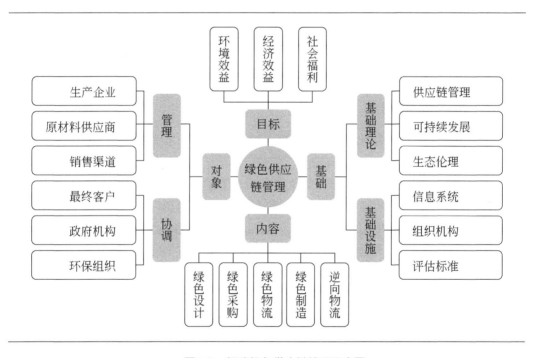

图1-3　低碳绿色供应链管理示意图

低碳绿色供应链管理的参与者包括供应商（原材料供应商、零部件供应商）、生产商、销售商、物流企业、最终消费者等。

低碳绿色供应链体系中的原材料采购、加工制造、物流、资金流和信息流等活动都应遵循低碳、环保的理念。

低碳绿色供应链体系是一条从供应商到用户的物料链、信息链、资金链，物料在供应链上的采购、加工、生产、包装、储运、销售、服务等过程中，在创造增加产品价值的同时，也遵循着环境保护的要求，整个过程对环境影响小，资源效率高。

1.4
职业道德与服务意识

1.4.1 职业道德

职业道德是指人们在职业生活中应遵循的基本道德，即一般社会道德在职业生活中的具体体现。职业道德是职业品德、职业纪律、专业胜任能力及职业责任等的总称，是人们在从事职业活动的过程中形成的一种内在的、非强制性的约束机制。职业道德是社会道德在职业活动中的具体化，是从业人员在职业活动中的行为标准和要求，而且是本行业对社会所承担的道德责任和义务。

职业道德具有重要的社会作用。它能调节职业交往中从业人员内部以及从业人员与服务对象间的关系；从业人员良好的职业道德有助于维护和提高本行业的信誉；员工的责任心、良好的知识和能力素养及优质的服务是促进本行业发展的主要动力，并且对提高整个社会的道德水平发挥重要作用。

（1）职业道德的特点

职业道德从属于社会的一般道德原则，但它作为道德生活的一个特殊领域，又有着自己的特点。

① 职业性。职业道德的内容与职业实践活动紧密相连，鲜明地表达职业义务、职业责任及职业行为上的准则，反映特定职业活动对从业人员行为的道德要求。职业道德通常规范本行业从业人员的职业行为，在特定的职业范围内发挥作用。

② 实践性。职业行为过程就是职业实践过程，只有在实践的过程中，才能体现出职业道德的水平。职业道德的作用是调整职业关系，对从业人员职业活动的具体行为进行规范，解决现实生活中的具体道德冲突。

③ 规范性。即根据职业活动的具体要求，对人们在职业活动中的行为用条例、章程、守则、制度、公约等形式做出规定。

④ 继承性。在不同的社会经济发展阶段，同一种职业会因服务对象、服务手段、职业利益、职业责任和义务相对稳定，职业行为道德要求的核心内容将被继承和发扬，从而形成被不同社会发展阶段普遍认同的职业道德规范。

（2）物流行业职业道德的基本规范

从一个行业看，职业道德是所有从业人员在职业活动中应该遵循的行为准则，涵盖了从业人员与服务对象、从业人员与企业及从业人员之间的关系。职业道德有五项基本规范，即忠诚信实、爱岗敬业、恪尽职守、公平正义、团结协作。

① 忠诚信实。真心诚意，实事求是，忠实于事物的本来面目，不歪曲、篡改事

实，光明磊落，言语真切，处事实在，信守承诺，讲信誉，重信用，履行自己应承担的义务。

② 爱岗敬业。爱岗就是热爱自己的工作岗位，热爱本职工作。爱岗是对人们工作态度的普遍要求。敬业就是用严肃的态度对待自己的工作，勤勤恳恳、兢兢业业、忠于职守、尽职尽责。

③ 恪尽职守。恪：谨慎，恭敬。尽：完善。尽自己的努力，严守自己的职业或岗位。谨慎认真地做好本职工作，承担好本职工作应负的责任。

④ 公平正义。公平是指按照一定的社会标准、正当的秩序合理地待人处事。公平包含机会公平、过程公平和结果公平。正义是具有公正性、合理性的观点、行为、活动、思想和制度等，彰显符合事实、规律、道理或某种公认标准的行为。

⑤ 团结协作。团结协作的要点是在工作中明确工作任务和共同目标，互相支持、互相配合，顾全大局，尊重他人，虚心诚恳，积极主动协同他人做好各项工作，为实现团队共同的利益和目标互相帮助、共同发展。

以上五项职业道德的基本规范，与物流行业的特点结合，形成了五个具体的标准，即：忠诚、敬业、责任、公正、合作。

（3）物流行业职业道德的培养

① 忠诚信实。忠诚是指真心诚意、尽心尽力。忠诚并不是从一而终，而是一种职业的责任感；忠诚也不只是对某个公司或者某个人的忠诚，更是对职业的忠诚。

在工作中忠诚表现在：

维护企业利益。

维护企业荣誉。

保守企业秘密。

② 爱岗敬业。爱岗是一种情感，即热爱自己的工作岗位，热爱自己从事的职业。敬业是对待职业的态度，即以恭敬、严肃、负责的态度对待工作，一丝不苟、兢兢业业、专心致志。

敬业的基本要求：

要乐业——热爱工作，乐于奉献。

要勤业——认真负责，刻苦勤奋。

要精业——业务纯熟，精益求精。

③ 恪尽职守。责任就是分内应做的事，以及没有做好分内应做的事而应当承担的过失。

坚守责任就是坚守我们自己最根本的人生义务。责任是对人生义务的勇敢担当，也是对生活的积极接受，更是对自己所负使命的忠诚和信守，因此工作本身就意味着责任。

④ 公平正义。公平正义即公正，没有偏私。高于道德的东西必须基于公正，包含公正，并通过公正的途径去获取。公正是一种价值判断，内含一定的价值标准，因此

公正是一种道德选择，如司马光所言："平而后清，清而后明"。

公正的具体要求：

坚持原则，不偏不倚。

不计得失，无私无畏。

追求真理，明辨是非。

⑤ 团结协作。团队协作是指在人与人之间的关系中，为了实现共同的利益和目标，互相帮助，互相支持，彼此合作，共同发展的行为。

团队精神是指能够支撑企业不断地释放团队成员潜在的才能和技巧；让员工深感被尊重和被重视；鼓励坦诚交流，避免恶性竞争；在岗位中找到最佳的协作方式；为了一个统一的目标，大家自觉地认同必须担负的责任和愿意为此共同奉献的氛围。

培养团队精神的三个途径：

a.参与和分享。伦敦大学伯贝克学院的心理学研究员阿德里安·派奇认为，员工不愿意在工作中与他人分享知识，由此带来的商机错失、系统不全等问题使得企业每年要损失数十亿英镑。

b.平等与尊重。每个人都有受人尊重的愿望，如果这种愿望能充分地得到满足，就会被鼓舞，从而产生一种新的力量，团队工作就更有效率。

c.信任与关怀。信任与关怀使人处于互相包容、互相帮助的人际氛围中，易于形成团队精神以及积极热情的情感；这使每个人都能感觉到自己对他人的价值和他人对自己的意义，有效地提高合作水平及和谐程度，促进工作的顺利开展。

1.4.2 物流行业服务意识的培养与提升

物流服务是指从接收客户订单开始到将货品送到客户手中所发生的所有物流活动。客户服务是企业与客户交流的一个完整过程，包括听取客户的问题和要求，对客户的需求做出回应并探询新的需求等内容。

（1）服务意识的内涵

服务就是满足别人期望和需求的行动、过程及结果。服务也是工作人员借助一定的设施设备为满足客户需求而提供的行为和过程的总和。服务具有无形性、非储存性、同时性、主动性，服务的产品是无形的。

服务意识是指自觉主动做好服务工作的一种观念和愿望。服务意识的内涵包括：

① 发自服务人员内心。

② 是服务人员的一种本能和习惯。

③ 可以通过培养、教育训练形成。

（2）服务意识的价值

物流行业属于传统行业，在新的时代背景和市场要求下不断创新发展，但是，提供优质服务、满足客户需求是一个不变的需求。

首先建立服务意识，企业的一切行为从顾客的需求出发，设身处地地考虑顾客的感受，不断改进服务品质以契合顾客需求。而在新时代的物流行业中，顾客的要求除了方便、快捷、安全、经济等基本要求外，还增加了更高的要求，比如个性化服务、隐私服务、技术支持、链接服务等，对物流企业和从业人员也提出了更高的要求。

（3）服务水平的衡量

服务意识主要体现在两个方面：

① 态度。顾客对服务人员的态度极为敏感，他们常常通过员工的情绪来体验服务态度，并在自己的精神上产生某种感受。服务态度是使顾客在感官上、精神上感受到的亲切、温暖、舒适、安全等情感。良好的情绪和亲切的态度以礼节、礼仪为媒介，通过面部表情、语言、神态等来表达。

提升服务态度是提高服务质量的基础，提升服务态度就必须提高服务人员的主动性、创造性和积极性，以及基本素质和职业道德，使顾客在相互的交流互动中能感受到亲切、温暖、舒适和美好的情感。

② 行为。行为是人类在生活中表现出来的生活态度及具体的生活方式。行为是人们对内外环境因素刺激所做出的能动反应。人的行为可分为外显行为和内在行为。外显行为是可以被他人直接观察到的行为，如言谈举止；而内在行为则是不能被他人直接观察到的行为，如意识、思维活动等，即通常所说的心理活动。提升服务意识必须改变内在的思想意识和思维方式，进而真实地改变人的外显行为，以提升服务水平的等级。

（4）物流服务水平的提升

① 顾客会从时间、服务人员、场所、服务内容、服务方式五个方面具体衡量企业的服务水平，如图1-4所示。

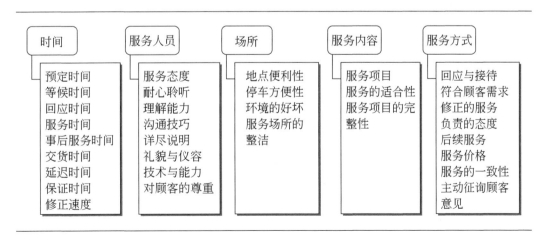

图1-4　衡量企业服务水平的五个方面

② 在物流企业服务产品设计和服务过程中，必须把握以下五个要素，如图1-5所示。

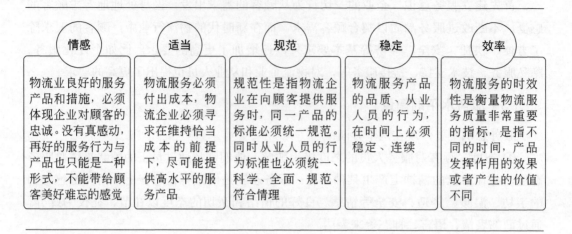

图1-5　物流企业服务的"五要素"

③ 服务境界不同，顾客的反应和体验不同。当顾客（客户）在我们的服务中，体验到我们利他的动机和真实的情感时，服务就进入最高的境界：顾客被感动。人在被感动时，会有献身的愿望，此时，就成就了一个忠诚的客户。服务的四层境界如图1-6所示。

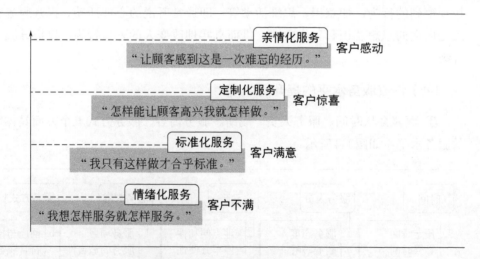

图1-6　服务的四层境界

1.4.3　物流行业客户服务礼仪

（1）上门服务礼仪

物流行业中，尤其是在业务终端，经常需要提供上门服务，服务中需要遵循如下礼仪规范：上门服务要提高效率，减少打扰客户的时间，不讲、不问与业务无关的事情，不开玩笑。

① 按时到达。

② 着装整洁规范，精神饱满。

③ 立于门侧，门铃响后静候；没有门铃，敲门用中指，3～5声后静候。不能拍打，不能用脚踢门，不能频繁敲门。

④ 按响门铃后报出公司名称和事由，声音响亮，吐字清晰。

⑤ 不经客户邀请，不得随意进入客户家中。

⑥ 专业、快速、高效处理业务，节省客户时间。

⑦ 业务处理结束，确认无误，与客户道别后，方可离开。

（2）电话服务流程（图1-7）

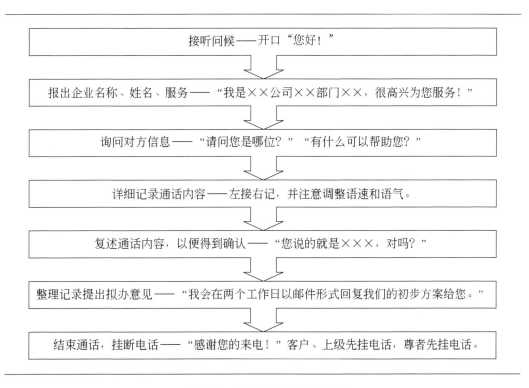

接听问候——开口"您好！"

报出企业名称、姓名、服务——"我是××公司××部门××，很高兴为您服务！"

询问对方信息——"请问您是哪位？" "有什么可以帮助您？"

详细记录通话内容——左接右记，并注意调整语速和语气。

复述通话内容，以便得到确认——"您说的就是×××，对吗？"

整理记录提出拟办意见——"我会在两个工作日以邮件形式回复我们的初步方案给您。"

结束通话，挂断电话——"感谢您的来电！"客户、上级先挂电话，尊者先挂电话。

图1-7 物流行业电话服务流程

（3）投诉接待步骤

物流行业经常会遇到客户投诉，接待投诉的一般会是特定的部门，但是行业中任何岗位都有可能遭遇到投诉并需要立即处理。如果投诉得到很好的接待和解决，客户对于企业的满意度会大幅上升，忠诚度也会更高，对企业的发展和行业的进步也有毋庸置疑的促进作用；反之，一旦投诉接待出现问题，这给企业带来的损失是不可估量的。

接待投诉时，先要应对的是客户的情绪，然后才是解决方案，所以一定要有耐心，站在对方立场上思考，不要一味强调客观事实和公司制度。

要妥善接待投诉，要记住"五个多一点"：耐心多一点，态度好一点，动作快一点，补偿多一点，层次高一点。具体可以遵循如下步骤：

第一步：倾听，让客户发泄。不先了解客户的感觉就试图解决问题是难以奏效的，只有在客户发泄完后，他们才会听到你要说的话。

第二步：充分道歉。让客户知道你已经了解了他的问题。

第三步：收集信息。通过提问的方式，收集足够的信息，以便帮助对方解决问题。

第四步：给出解决的方法。在你明确了客户的问题之后，下一步是要解决它，你需要拿出一个双方均可接受的解决方案，推荐使用"补偿性关照"。

第五步：如果客户仍不满意，寻求他人协助。如果客户的要求超出你的权限范围，尽快移交有权限处理的部门和个人。

第六步：跟踪服务。通过电话、电子邮件或信函，向客户了解解决方案是否有用、是否还有其他问题，如果你与客户联系后发现其对解决方案不满意，则要继续寻求一个更可行的解决方案。

第2章

物流市场开发
与客户管理

2.1

市场信息处理

2.1.1 信息收集与数据收集

（1）市场信息收集来源

通常来说，收集资料的基本途径有：

① 通过本企业营销人员、驻外机构。

② 通过企业的供应商、中间商、顾客以及其他合作者。

③ 向市场调查公司、信息咨询公司、广告公司邮政业务购买。

④ 通过查阅报纸杂志和其他出版物。

⑤ 通过本行业的各种商业展览会。

⑥ 购买竞争产品和服务，进行剖析。

⑦ 向有关物流专业人士购买。

这些途径有利有弊，以上方式的共同优势在于所获数据具有可靠性，数据来源一般都相对真实可信，但存在以下弊端：通过企业营销人员、驻外机构可能会遇到语言方面的障碍，从而延长数据分析的时间；通过企业的供应商、中间商、顾客以及其他合作者则可能会遇到不配合的企业或第三方，从而影响数据获取效率；而无论是向市场调查公司、信息咨询公司、广告公司购买竞争产品和服务，还是向有关物流专业人士购买，都不可避免地需要花费较大财力，并且获得的数据有一定的局限性；若通过本行业的各种商业展览会，或通过查阅报纸杂志和其他出版物，则不一定能获取最新、最全面的信息，从而导致数据分析结果不能达到预期效果。

（2）数据采集基本方法

除了市场调查获取信息之外，更为具体的数据获取方法主要包括资料查阅法、问询法和观察法。

1）资料查阅法

资料查阅多为二手资料，其中包括客户主动分享的二手资料（例如公开或半公开的行业媒体报道、学术期刊、已分享的信息等）和调研获得的一手资料（例如问卷、观察、访谈等）。二手信息收集的优点是简单、低成本、准确率高等；缺点是时效性差、不能及时更新等。

2）问询法

问询法包括直接拜访、电话调查、邮寄调查和互联网调查。

① 直接拜访。好处是可进行深入交谈，获得文书无法获得的信息等；缺点是效率

低、开销大，并且每个人想法不尽相同等。

② 电话调查。同面谈相似，只是更换了交流媒介，即用电话代替了面对面交谈。电话调查的优点是有机会进入深度交谈，效率高、成本低等；缺点是受时间限制，无法进行深入解释说明，不适用调查专业性较强的内容等。

③ 邮寄调查。即发送问卷调查，优点是简单、成本低，并且量化率高等；缺点是时效性差，问询内容受限制，无法进行深入解释说明等。

④ 互联网调查。发送媒介有网络弹出广告、邮箱发送和问卷平台等。互联网调查的优点是简单、成本低、准确率高（因为有人工智能），并且量化率高；缺点同邮寄调查一样，时效性差，问询内容受限制，无法进行深入解释说明等。

3）观察法

与问询法不同的还有观察法。观察法是指能够通过观察被调查物流企业的活动来取得一手数据的一种调查方法，一般仅适用于以下三种情况：

① 被调查企业合作概率很低。

② 对收集对象尚未有明确的了解。

③ 在陌生环境收集信息遇到沟通障碍时。

观察法收集信息的好处是可深度了解情况，解决调查瓶颈，时效性强，灵活等；缺点是有可能存在误解，结果相对主观，适用率相对较低等。

数据整理与分析工具有如下几种。

① SPSS。SPSS是世界上应用最广泛的统计分析软件。最初，SPSS英文为Statistical Package for the Social Sciences，即社会科学统计软件包。后来，SPSS公司将软件的英文全称改为Statistical Product and Service Solutions，即统计产品与服务解决方案。这意味着SPSS产品定位和战略方向的转变。

② SAS。SAS是由美国SAS软件研究所研制的一套大型集成应用软件系统。SAS的主要功能有数据存取、数据管理、数据分析和数据展现，其中最强大的是统计分析功能。

③ Tableau。Tableau公司将数据运算与美观的图表完美地嫁接在一起。它的程序很容易上手，各公司可以用它将大量数据拖放到数字"画布"上，转眼间就能创建好各种图表。这一软件的理念是，界面上的数据越容易操控，公司就能越透彻地了解自己在所在业务领域的做法是正确还是错误的。

2.1.2 数据整理与分析

（1）数据整理

数据整理是数据处理过程中最重要的环节，是根据调查目的，对调查所得的各种原始资料进行审核、编码、录入分类和汇总，并借助各种综合指标，对调查对象的相互联系、总体特征及发展规律做出概括性的说明。

1）数据审核

数据审核是指对已经收集到的资料进行审查和核实，检查其是否齐全、有无差错，以决定是否采用此份调查资料。

① 数据审核的内容。包括真实性审核、完整性审核、一致性审核、及时性审核。

② 数据审核的方法。包括逻辑审核、计算审核、抽样审核。

2）数据编码

① 含义。数据编码是指将问卷信息（包括调查问题和答案）转化为统一设计的计算机可识别的数值代码的过程，其作用是便于数据录入和做进一步处理与分析。

② 数据编码设计。是指确定各问卷、问卷中的各问题和问题中各答案对应的代码的名称、形式、范围及与原数据的对应关系，以便能够将调查中所得到的各种回答分成若干有意义且有本质差别的类别。

（2）数据分析

数据分析是指用适当的分析方法对收集来的大量数据进行分析，为提取有用信息和形成结论而对数据加以详细研究和概括总结的过程。

2.2
物流客户开发与管理

2.2.1　物流客户开发

（1）寻找客户

1）获得客户信息

获得客户信息主要有以下十种途径：

① 同事介绍。该类方法可行性和可靠性较高。

② 网上寻找。寻找潜在客户，建立诚信，适时联络，主动出击。

③ 参加展会。直接面对客户，了解客户的相关情况，认识潜在客户，及时跟进。物博会是"物流博览会"的简称。近年来，国内多个城市都在举办物流博览会，很多都以"物博会"作为简称，但是真正上规模、够档次的并不多，很多物流展在举办一两届之后就停办了。目前，相对权威并形成品牌的是由国家交通运输部和深圳市政府联合主办的中国（深圳）国际物流与运输博览会（简称物博会）。

④ 黄页、报纸、广告。

⑤ 登门拜访。登门拜访是客户开发的必然方式，是与客户充分交流意见和看法的

重要渠道，也是客户开发成功与否的关键步骤。

⑥ 电话、传真。

⑦ 邮件。通过发邮件的方式与客户进行联络。

⑧ 通过老客户介绍新客户。

⑨ 广告开发。该种方法兼有视听效果并运用了声音、文字、形象、动作、表演等综合手段进行信息传播，面向大众，覆盖面广，普及率高。

⑩ 网络推广。网络是时下最流行的媒体，是一个很好的销售渠道，可在各大网站加大宣传力度。

2）开发客户

① 客户开发基本流程。客户开发主要包括表2-1中的四个步骤。

表2-1　客户开发基本流程

步骤	说明
发现客户	在众多企业中，如何去发现客户，是客户开发的第一个步骤，也是必不可少的基本环节。企业的业务人员通过上门拜访、朋友介绍、参加展会、广告业务等方式方法，寻找可能合作的客户。在这个环节中，业务人员敬业的态度及沟通的方法将是成功的关键
认知客户	在发现目标客户后，要对客户进行进一步了解和认识。首先要了解目标客户的企业性质，如是国有企业，还是民营企业。其次要了解客户对服务有什么样的要求，比照企业自身的特点，测算出利益最大化的方式。最后要了解目标客户可能存在的潜力，并寻找预期建立合作关系的可能性，做好准备。对客户的认知程度越高，越有利于有效开发客户
开发客户	在充分认知客户后，就要尽快展开企业的营销工作，包括开始的接近客户和之后的接触客户。据统计，很多客户的开发往往因为无法接触客户而终止。企业的知名度越高，越容易接触到客户；中小型企业接触客户的难度往往较大，所以需要找准客户的需求，摸准客户的"脉门"，选择正确的接触方式。接触客户后，开发客户的成败将取决于企业所提供的服务和报价，以及业务人员的营销水平
开展合作	在经过开发客户的过程后，初始的合作随之而来。如果成功，企业与企业之间会以协议、合同等方式确定合作事项的细节。企业必须通过全方位、优质、贴心的服务，培养客户的忠诚度，使之转化为稳定客户。如果失败，企业必须寻找原因，积累经验，下一次面对同类型客户时不犯同样的错误

② 建立物流服务体系。要做好客户开发，需要建立良好的物流服务体系，培养高素质物流客服人员，进行精准的物流市场定位，并不断为客户提供满意的服务。做好自身物流服务包括表2-2中的四个方面。

表2-2　建立物流服务体系的内容

服务内容	说明
建立良好的物流服务体系	良好的物流服务体系是开拓物流客户的基本途径，也是开展一切物流活动的基础。物流服务体系包括物流服务设施和物流服务作业体系
培养高素质的物流客户服务人员	物流企业是以服务客户为导向的企业，在为客户提供服务的过程中，物流客服人员的素质至关重要
进行精准的物流市场定位	即实行物流市场细分、找准物流客户，做到有的放矢，从而有效地开拓物流客户。与其说物流市场定位是一个策略与结果，还不如说是一个过程，即一个探索、寻找定位结果的过程。物流市场定位主要包括"找位""定位""到位"三个步骤。目前，由于服务同质化产生的价格大战是导致物流市场无序竞争、盲目发展的重要因素
为物流客户提供满意的服务	不断为物流客户提供满意的服务，这是物流企业开发物流客户资源的关键

（2）拜访客户

1）客户拜访

拜访是指企业为了收集信息、确认需求、加强联络、改善沟通而采取的活动。拜访客户是建立客户关系的第一步，是突破客户关系、提升销售业绩的重要砝码。只有在拜访客户前、拜访客户中以及拜访客户后做好充足的准备，才能够实现获得新客户、维持客户关系、解决客户问题等目标。

① 确定拜访方式。拜访客户是业务员的日常工作。不但在市场调查阶段需要拜访客户，在新品推广、销售促进、客情维护等方面都需要拜访客户，然而，由于一些业务员拜访客户的方式不当，消费者对业务员的拜访不配合，导致很多业务员拜访客户困难。

其实，业务员只要找准切入点、用对方法，客户拜访工作就没那么棘手，以下三种方式是企业拜访客户常用的方式：开门见山，直述来意；突出自我，赢得注目；察言观色，投其所好。

② 做好拜访前的准备工作。

a.提前与客户确定拜访时间。拜访客户前，一定要提前与客户约好拜访时间；如果没有与客户约好拜访时间，就直接登门拜访，那是对客户的不尊重，容易导致商业合作中断。

b.提前了解客户相关信息。拜访者必须提前了解客户的姓名、性别、职位、年龄、地址、联络方式、兴趣爱好、专业背景等相关信息。

c.提前准备好拜访资料。拜访者必须提前准备好相关的拜访资料，包括公司宣传资料、个人名片、笔记本电脑、笔记本等。如果有必要，还需要带上产品报价单、合同文本等。

d.提前收集竞争对手信息。拜访者必须提前准备好击败主要竞争对手的措辞，包括本公司与主要竞争对手的区别、本公司的优势、竞争对手的优势和弱势等问题。提前搜集竞争对手信息，有助于拜访者在拜访过程中直接"攻克"客户的内心，确保在拜访客户时，不会因为竞争对手而处于"被动"的局面。

e.提前确定拜访人数。针对不同的客户，在不同的时间段内，根据客户需求的不同，拜访者的人数也应当相应调整。如果是一般性质的拜访，1人拜访即可。如果是正式的、重要的拜访，尤其是对谈判技术要求较高的拜访，拜访者的人数应至少为2～3人。

③ 总结拜访效果。拜访客户后要及时进行总结和反思，以便提高日后拜访的成功率。总结会谈中应当对营销技能存在的问题、收获的经验、目标达成度、意向重要信息和客户个人情况等方面信息进行总结。同时第一时间将洽谈信息等相关内容反馈至公司领导寻求指导，拟定二次拜访方案及策略。

④ 撰写客户拜访纪要。撰写客户拜访纪要，记录客户的拜访过程及结果，防止遗漏细节。拜访纪要中应写明拜访时间、地点，受访人姓名、职务，具体需求，以及谈话过程中所遇问题及相应解决方案，并为下一次拜访工作制订计划。

2）拜访技巧

客户拜访要做到"三准备""三必谈""三必到"。

① 三准备。"三准备"主要内容包含：明确拜访目的，了解市场状况和发展形式；提前电话预约时间和地点；提前查阅近期销售记录并准备提供给客户的相关资料。

② 三必谈。"三必谈"主要内容包含：产品在当地网络销售情况及商业、连锁的销售现状，客户对产品的销售工作进展和发展预期；市场动态，市场对产品的反应和接受程度，了解市场和竞争对手；目前销售存在的问题和解决的方法。

③ 三必到。"三必到"主要内容包含：必到市场了解产品销售情况，检查市场；必到商业街了解产品流向；必到客户单位接触具体销售人员，有机会给予一定的产品培训。

（3）客户谈判

与客户谈判应注意"高度""角度""态度"三个方面。

① 谈判要有"高度"。谈判的目的是明确的，公司为大客户提供的是一揽子解决方案，而非简单的仓储运输。公司致力于为中高端客户提供服务，提供的是高品质的物流服务。则在国际商务谈判时，要穿着传统、庄重、高雅。对于男性，一般应穿深色西装，系领带；对于女性，职业套装则是最佳选择，切忌穿得太露、太透，也切忌佩戴太多首饰，适当点缀一两件即可。

② 谈判要有"角度"。在谈判中不断转变思路，采取灵活的谈判方式，引导谈判局势向对己方有利的方向转变，这样才能在谈判中保持主动，从而体现出本公司谈判的能力。谈判时，一方面要善于用证据说话，事实善于雄辩，回答问题要切中要害、准确到位，解决问题的方案必须有理有据，让对方信服；另一方面可以采用横向的谈判方式，当谈判陷入僵局时，可以适当转移话题重点，洽谈其他方面的问题，为谈判

争取时间。此外，还应了解客户的企业文化，求同存异，寻找共同话题以取得突破。

③ 谈判要有"态度"。营销人员一定要有维护自身利益的决心，要明白双赢不是双方平均得利，而是各取所需。谈判中，为了各自的利益，双方人员很可能产生争执，这时，营销人员应该牢记底线，时刻保持头脑清醒。哪怕在谈判中有所交锋，最终也需赢得客户的信任和尊重。另外，也要适当协调双方的利益，要具备同理心，立足自身，换位思考，在共赢的基础上提出自己的看法，不要过多在自身立场上讨价还价、争执不休，这样只会降低谈判的效率，不能体现谈判的水平。

商务活动中最重要的莫过于谈判。谈判不是口若悬河、滔滔不绝、与对方辩论，而是围绕己方目的循循善诱，引导对方达成共识。

营销人员在客户开发工作中，要学会运用和把控谈判的"高度""角度""态度"，机智灵活，步步为营，争取在更多谈判中获得成功。

（4）客户跟进

1）客户跟进的主要内容

① 对客户进行分类。

② 制订跟进规则。

③ 及时客观地记录跟进过程。

④ 定时更新客户状态，总结跟进进展。

⑤ 借助有效的客户资源整理工具。可以分散地借用多个工具来协助你进行客户记录和资源整理，比如笔记软件、提醒软件等。当然也可以用"好笔记""销售云笔记"等整合型的客户资源整理软件工具，来统一记录和管理客户资源和跟进情况。借助这类资源整理软件可以极大提升工作效率，加强信息管理。

2）客户跟进策略

针对不同的客户情况可以将跟进分成三类：服务型跟进、转变型跟进、长远型跟进。服务型跟进是成交后的跟进；转变型跟进是指通过预约或者拜访知道通过努力可以达成合作的一种跟进方法；长远型跟进是指短期内还难以达成合作的跟进方法。

① 服务型跟进。比如，在平时或节假日多与客户进行沟通，帮客户做一些工作外的事情，给客户赠送一些小礼物等。

② 转变型跟进。转变型跟进是根据客户的态度决定的。情况有以下几种：

a.客户对产品比较感兴趣，也需要这种产品，只是对价格还有不同意见。针对这种客户的跟进，最好是收集同类产品的价格情况，以取得客户对己方产品价格的认可，为了达成协议可在原报价的基础上有所下调。

b.客户对产品很感兴趣，也想购买公司的产品，但由于暂时的资金问题无法购买。对这类客户应与其做好协调，共同制订出一个时间表，让客户把购买公司的产品费用做好预算。

c.客户对公司的产品了解不深入，在购买产品方面态度暧昧，对这类客户要尽量深入浅出地对产品进行介绍，将产品的好处量化，激起客户的购买欲。

③ 长远型跟进。长远型跟进主要针对根本就不想使用公司的产品或者已经购买了同类产品的客户群体。该类客户不会由于销售人员积极地跟进就会采购公司的产品或者与公司合作。针对该类公司，应当采取坚持不懈的方式。周末一个温情的短信，逢年过节一张祝福的明信片，生日一个小小的礼物，通过行动争取此类客户群体。

2.2.2　客户档案管理

（1）客户档案管理分类标准及方法

1）客户档案管理分类标准

为了有利于今后档案资料的不断充实，便于企业各类人员、部门使用，介绍档案分类的标准要求如下。

① 逻辑性。作为一种基本的认识和管理方法，客户档案管理的分类必须具有逻辑性，符合基本的逻辑规则。否则，具体分类行为就会因操作上的困难而无法正常进行，使档案管理出现混乱。这种逻辑性具体表现为，所分类别应包括所有的客户管理对象。

客户档案管理分类的标准应具有一致性，每一层的划分只能使用一种分类标准，不同层次不同类别之间所用的分类标准可以互相不一致；客户之间应含义明确、所指确定，在现实业务中有明确的对象，而且各类之间的界线应十分清晰，避免交叉。

② 实际性。分类是企业认识和管理客户的基本方法，应从客户的实际情况出发，决定档案管理是否需要分类、怎样对客户档案管理分类、分多少类及分类的层次等。一般而言，如果企业的客户数量少、特征相似，可以简单分类，甚至只按某种顺序排列或编号即可。而在客户数量大、种类繁多和行为特征有明显差异的情况下，就应进行多层客户档案管理分类。

③ 客观性。为了使档案尽可能地反映客户的实际情况和基本特征，应当使具体的分类标准具有客观性。现在不少企业提出为小微企业或初创企业服务，但小微企业或初创企业的差别很大，所以简单分类难以反映客观情况。

2）客户档案管理分类方法

根据客户档案管理分类要求，物流企业可以根据实际情况和客户管理的需要，分别选择客户性质、产品类别、交易历史等多种客户档案管理分类方法。

① 按客户性质分。这是最为常用的分类方法，首先可以将物流企业客户分为个人消费者、零售商客户、中间商客户、制造商客户、政府和社会团体客户等。每类客户又可以进一步分类，例如，零售商客户又可分为专营店、超级市场、连锁店、邮购商店等。具体细分到第几层取决于一次客户档案管理分类后，所划分出的客户类别在需求特征、购买行为等方面的差异大小——差异明显时就要进一步分类，以识别不同客户，进而便于档案的管理、使用和分析。

② 按产品类别分。这种方法要求按照物流企业的主要产品类别进行分类。在日益

激烈的市场竞争中，很多大型物流企业采取多元化经营的战略，为了降低风险和获取高额利润而向截然不同的产品类别发展，从原本性质单一的物流服务拓展到综合物流服务，从提供物流服务到其他服务等。但这种方法难以全面满足客户服务要求，与物流企业的产品类别关联程度低，在生产、销售、服务等方面吻合度不高，客户的性质和需求特征也因产品类别不同而存在明显差异。

③ 按交易历史分。这种方法主要是根据交易过程和关系稳定程度对客户档案进行分类。包括：

关系稳定的长期客户：又称为老客户，与物流企业关系良好，定期重复购买物流企业的服务产品。

新客户：开始购买和使用物流企业服务产品的时间不长，是否能赢得他们的重复购买还是未知数。

问题客户：双方关系不太融洽，交易中发生了摩擦，或对方提出修正再购买的条件苛刻，潜在着转向其他供应商的危机。

过去的客户：曾经有过交易业务的客户，但已经停止购买。

潜在客户：正在开发中的客户，还没有正式开展业务。

各种方法适用的条件不同，相应地，亦要求物流企业根据客户服务的需要及客户的特征进行选择。有时需要几种客户档案管理分类方法结合使用，如第一层按客户性质划分，第二层再按交易历史划分。

显然，老客户档案管理资料比较完整；新客户的档案则刚刚建立，有待完善；潜在客户则是资料分析的重点，应尽量争取使其成为现实客户。

常用的客户档案管理分类标准还有按客户购买规模划分，即大型客户、中型客户和零散客户。按对物流企业利润的影响分为高盈利户、合理盈利户、微盈利户及亏损户等。

（2）客户档案管理原则

长期以来，客户档案在我国物流企业管理实践中没有得到应有的重视，客户资料分散化，数据信息更新缓慢、滞后，缺乏恰当的客户分类等问题十分突出。档案管理方面存在的问题对物流企业的客户管理与开发、财务安全等造成了诸多不利的影响。例如，客户档案管理不善限制了客户档案在物流企业应收账款管理和坏账风险控制方面应有作用的发挥，使物流企业大量本可提前介入避免或减少的坏账损失风险成了现实。客户档案管理原则如下。

1）集中管理

物流企业客户资料分散化通常有两种情况：一是分散在业务人员手中，二是分散在物流企业各个部门。

① 分散在业务人员手中。如果分散在业务人员手中，可能导致客户是业务人员的客户而不是物流企业的客户，因为物流企业的管理层并不熟悉每一位客户，所以当业务人员离开物流企业后，客户及业务也随之离去，给物流企业造成重大的经济损失。

更严重的是，如果业务人员带走了销售合同和发货单据，就会使某些客户拖欠的账款变成坏账，无法追回。再加上物流企业长期支付业务人员的工资和维护客户的费用，损失不可低估。

② 分散在物流企业各个部门。客户资料分散在各个部门，虽然可以杜绝个人掌握企业客户资源的问题，但也会引起部门之间、部门与企业之间利益关系平衡的问题。在实践中，具体表现在多个部门与同一客户交易时，不同的部门为了赢得订单而提供一个比一个更优惠的条件。部门的利益虽然保住了，但物流企业的整体利益将遭受损害，同样的情况还可能发生在总公司和分公司之间。因此，针对客户资料分散化的问题，物流企业唯一的解决办法就是对客户档案进行集中管理。集中管理客户档案后，公司可以进行统一授信、全面跟踪，及时规避可能出现的问题。

2）动态管理

动态管理是指对于客户档案信息要不断进行更新，因为客户本身的情况是在不断变化的。就客户的资信报告来讲，它是一份即期的客户档案，有效期一般在三个月到一年。超出这个时间，就要对客户进行新的调查。

对客户档案实施动态管理的另一个目的，是随着客户的财务、经营、人事变动情况，定期调整对客户的授信额度。信用管理部门的授信应该按客户协议进行，一般以年度为单位确定本期授信的有效期。当客户的基本情况发生变化后，信用额度也要随之进行调整。长期积累客户信息亦非常关键，通过完整的历史记录可以看到客户发展趋势，从而更好地对客户的发展潜力进行分析。此外，历史积累数据是进行统计分析的基础，可以帮助挤掉客户财务报表的部分"水分"，提供相对比较准确的预测基础。总之，客户档案不是静态的，而是一个动态变化的集成过程。

3）突出重点

首先，对主要客户的档案管理，不应停留在一些简单的数据记录和单一的信息渠道来源上，要坚持多方面、多层次了解大客户的情况，如业务员信息、市场反馈、行业人士、网站、内部消息以及竞争对手的情况。同时，应重视大客户的亲情化管理，如节假日的问候、新产品上市和销量上升的祝贺等，让客户知道我们一直在关注。对客户信息要经常加以分析，处理后归档留存。其次，对风险性大的客户应加强管理，如出现经营状况差、欠账、信誉度下降、面临破产改制等，要随时了解其经营动态，做好记录，确保档案信息的准确性、时效性，并不定期访问调查，及时提醒业务经理、业务员关注客户当前状况，把风险控制在最小范围内。这些重要客户的档案管理都要定期向领导汇报，发现不正常现象应及时上报，避免给企业造成损失。

4）分类管理

对客户档案进行恰当的分类，主要是基于客户对物流企业的重要性和客户档案管理费用进行考虑。由于物流企业客户的规模大小不一，导致对物流企业销售额的贡献程度也不尽相同，理应区别对待；另一方面，进行客户档案管理也要考虑到成本效益原则，尽量使有限的资源发挥最大的经济效用。

考虑到客户对物流企业的重要性因素，信用管理部门可以将客户分成普通客户和核心客户。划分的标准是企业与客户的年平均交易额，同时要考虑与客户合作的时间长短。核心客户与企业的交易量大，是利润的主要来源，一旦将某客户划入到核心客户范围，对其档案进行管理的复杂程度就会提高，对应的档案管理费用也会有所提高。费用提高的主要原因在于，对核心客户要进行深层次的资信调查，同时要保证信息的及时更新。因此对于经费预算相对困难的企业应该在短期内控制企业核心客户的总数。对核心客户的重点管理并不意味着对普通客户的管理可以放松，普通客户数量多、交易额小，应用群体分析和评分控制更为简便、有效。

5）灵活运用

规范客户档案管理后，企业领导只要进入内部网络系统的客户档案一栏，就可以找到客户的相关情况，做到心中有数。

客户信息直接来源于销售人员和市场部人员，并服务于企业管理。客户档案也记录了一些客户的需求和产品偏好，为销售人员的分析判断起到很好的参考作用，同时也使销售人员能有针对性地开展工作，更好地满足客户要求。

6）专人负责

客户是企业的命脉，客户档案的泄露，势必危害企业的生命安全。客户档案管理人员的忠诚度必须要高，要有一定的调查分析能力，能基本掌握企业业务全局。

2.3
物流管理项目投标

2.3.1　寻找招标需求

（1）获取招标信息

网络是获取招标信息最有效的途径，政府、企业都会在网站上发布相关招标信息。中国采购招标网是一个发布招标信息的综合性网站。此外，可以使用"标讯快车""喜鹊招标"等应用程序；同时，针对专业的地方性物流行业、企业项目，可以通过业内朋友或者客户介绍的方式获得信息。

（2）分析招标方物流采购需求

在获取招标信息后，要深入分析标书内容，特别是准确识别甲方的物流采购需求。结合企业自身的基本条件和主营业务，就招标方的需求进行逐条比对，在此过程中可以借助SWOT分析法，列出本企业的优势和不足，为后续投标小组的成立和投标书的撰写做准备，以提高中标的概率。

（3）成立投标小组

业务员应及时刷新相关的招标网站，更新招标项目备选，当有新项目产生，则应根据招标内容来初步筛选，筛选项目业务的同时也应将相关信息及时汇报给领导。由领导抽调有物流服务经验、物流方案策划和设计能力的人员组成技术完备的物流项目投标小组。

（4）收集招标企业资料

为了做好项目的投标工作，不仅要分析招标公告的信息，还要广泛收集招标企业的资料，深入了解招标企业的状况，包括发展经历、产品类型和特点、市场状况等，掌握招标企业的组织结构和未来企业发展态势。

2.3.2　投标相关流程

（1）准备投标

公司在人、财、物、时间等方面给予充分的支持。广泛收集招标企业的资料，深入了解招标企业的状况，主要包括发展经历、产品类型和特点、市场状况、企业的组织结构、企业发展态势等方面的内容。

（2）确定投标

1）研究招标文件

研究招标文件，分析招标内容，提出相关问题，并做好询标工作。重点注意投标须知和实质要求，比如：运输供应商须为专业的物流企业或配送货运公司，具有两年以上物流运营经验，并具有相关资质证明，可进行及时回应。

2）分解招标内容

组成针对各个有关内容的工作小组，编制投标文件，确定项目实施所需资源（人力、物力及其他费用等），进行投资效益分析、可行性研究等。

3）确定投标时间节点

严格按照招标书的时间要求，确定投标活动的时间表，并制订投标工作计划。

4）组织编写投标书

物流项目投标书是物流企业在分析招标企业的概况和物流需求后，做出的向招标方应标的一种表示。同时，投标书也是给物流企业介绍自己服务能力的机会，对投标的成功与否起着决定性作用。物流项目投标书的组成部分如表2-3所示。

5）装订及封装标书

投标文件要按照要求进行装订及封装，一般使用A4纸（个别较大的图表可用A3纸编制）左侧装订，用不褪色的材料打印和（或）复印，装订采用不可拆卸装订，封面要显得专业和高贵，但不要花哨。标书装订整体的观感要体现公司的价值。

表2-3 物流项目投标书组成部分

组成	说明
总则	物流企业表明投标意愿，向招标方表示以本企业拥有的物流资源提供招标方所需的物流服务，以及与招标方共同发展的愿望
企业介绍	物流企业将自身发展历程、企业的实力，尤其是取得的物流服务的历史业绩向招标方进行说明
服务优势	物流企业提出自身物流服务优势，如具有经验丰富的物流运作团队、先进的信息技术和物流信息网络技术、高效而实用的物流运作平台、充足的物流服务资源、现代化的仓储设施和强大的运输网络等，能为客户高质量地完成各项物流服务
服务措施	物流企业针对招标方的物流需求，提出实施物流服务的具体办法
报价	物流企业根据物流服务的种类和数量，结合市场实际，对提供的物流服务进行报价

投标文件要采用投标专用袋来封装，投标专用袋上要标明投标编号、包号、投标设备名称及投标单位名称；投标专用袋封口处要注明"××××年×月×日×时×分前不得启封"字样，或使用带有上述字样的小纸条封住袋口，加盖公章。

2.3.3 开标与评标

开标和评标由招标公司来组织，开标人和评标人由招标公司提前确定，也可以由招标的企业抽调各部门人员来进行开标和评标。

（1）开标流程

① 密封情况检查。检查由开标人组织，当众检查投标文件密封情况，检查时发现投标文件未密封或者存有拆封痕迹的则不能进入拆封流程。

② 拆封。拆封文件应该是在投标截止时间前接收的合格的投标文件。

③ 唱标。招标或者其委托招标代理机构工作人员应根据法律规定招标文件要求进行唱标，即当众宣读投标名称、投标价格、投标文件的主要内容。

④ 记录并存档。招标或者其委托招标代理机构应在招标现场进行开标记录，由参加投标的代表签字确认开标记录，并存档备查。

（2）评标

1）评标方法

物流项目评标一般考虑物流服务质量、服务价格、企业发展潜力、物流服务建议、参加项目与管理的人员素质等，综合考虑企业的实力。常见的评标方法有单项评议法、综合评议法、合理低价评议法。

① 单项评议法。单项评议法又称单因素评议法、低标价法，是一种只对投标人的

投标报价进行评议从而确定中标人的评标定标方法，主要适用于小型项目。该方法的主要特点是仅对价格因素进行评议，不考虑其他因素，报价低的投标人中标。采用单项评议法评标定标，决定成败的唯一因素是标价的高低，但不能简单地认为标价越低越能中标。

② 综合评议法。综合评议法是指对价格、方案、项目经理的资历和业绩、质量、信誉等因素进行综合评价，从而确定中标人的评标定标方法。该方法是适用最广泛的评标定标方法，目前各招标项目都主要采用这种评议方法。

③ 合理低价评议法。合理低价评议法是对最低价中标的改进，存其优化竞争的一面，弃其不能排除恶性竞争的一面，从而达到有序竞争的目的。

2）评标流程

① 评标准备。由执行小组根据招标项目的特点和需要决定评标委员会的组成成员，一般情况下，评标委员会由当次执行小组成员组成，特殊情况可外聘。

评标委员会成员应认真研究招标文件，了解和熟悉招标目的、招标范围、主要合同条款、招标项目的技术标准和工期要求，掌握评标办法、标准和过程中的相关条件要求。

② 投标文件符合性与完整性评审。为保证评标的准确和公正，提高评标活动的效率，评标委员会将根据开标记录、招标文件中要求的实质性内容及各投标文件的具体内容等，对各投标文件进行评审，判定投标文件是否满足招标文件实质性要求，如果根据招标文件中有关规定投标文件应予废除的或属实质上不响应（重大偏差）的，评标委员会将拒绝其投标。投标文件内容不完整的，属于细微偏差性质的可以要求投标人补正；投标人拒绝补充的，评标委员会可以根据相关规定对评分结果进行折减或拒绝其投标。被评标委员会拒绝的投标人的投标文件，不再进行后续评审。

2.4
客户异常处理

为了规范客户关系维护流程，及时、有效地处理异常事件，需要公司专门针对异常情况进行处理，加强公司对终端客户的维护和管理。客户异常处理流程如图2-1所示。

受理异常事件 　采取应急措施 　调查并调整 　反馈并改善

图2-1　客户异常处理流程图

（1）异常事件的类型（表2-4）

表2-4 异常事件的类型

按照异常事件业务性质分类	计划异常	因计划临时变更或安排失误等导致的异常
	物料异常	因物料供应不及时（断料）导致的异常
	设备异常	因设备故障或水、气、电等原因导致的异常
	品质异常	因服务过程中发生或发现品质问题导致的异常
	技术异常	因产品设计或其他技术问题导致的异常
按照异常事件发生特点分类	潜在异常	较难发现，需要工作人员具有一定的工作经验和敏锐的洞察力
	持续异常	持续发生，异常事件发生的原因不易很快找到，且容易被忽视为正常
	显在异常	异常事件浮现在表面很容易被发现
	突发异常	突然性的变异引起

（2）异常事件的处理原则（表2-5）

表2-5 异常事件的处理原则

原则	说明
快速反应	快速反应原则是指物流企业面对多品种、小批量的买方市场，在用户遇到异常事件时，能以最快的速度解决出现的异常
统一指挥	统一指挥原则也称统一与垂直性原则，它是最经典的、也是最基本的原则，是指组织的各级机构及个人必须服从一个上级的命令和指挥，只有这样才能保证政令统一、行动一致
步调一致	步调一致原则是指处理异常事件，各部门之间务必保持行动和谐一致，共同解决问题，维护企业形象
以人为本	以人为本原则是指在处理异常事件时，应坚持以人为本，充分考虑现场的情况，避免出现措施不当、疏散不力的现象

（3）异常事件的处理方法

遇到异常事件不要慌张，应仔细检查现场，判断异常问题的关键，对过程采取处置措施，暂时控制异常现象发展势态，并迅速通知有关单位进行处理。最后将处置内容记入异常报告单，制订应急措施和再发防止措施。

表2-6以货损货差异常为例，分析异常事件发生后的处理方法。

表2-6 货损货差异常原因处理方法

出现异常环节	原因	处理方法
入仓环节	① 发货方单据处理错误，导致货物交叉错发 ② 货物包装数量短少，导致数量不符产生货差 ③ 货物打板不规范，导致货物包装箱受损 ④ 操作人员疏忽，多装或者少装货，产生货差	① 借助RFID、手持终端等技术，结合仓储管理系统进行复核 ② 采用自动包装技术，减少人工操作的错误，如采用感应电子秤自动复核 ③ 加强人员培训，按流程规范化操作
库存环节	① 受仓库环境影响，导致货物包装箱受损或货物受潮、发霉等 ② 货物在库摆放不规范，导致货物变形受损 ③ 仓库安保不到位，发生被盗、丢失等情况，导致货损	① 增设仓库环境监测及环境改善设备，如温湿度感应控制、抽湿机等 ② 加强仓库人员技能培训，定时进行检查 ③ 增加仓库安保设施，强化仓库安全管理，确保仓库及货物安全
出仓环节	① 出仓时打板不规范，导致货物包装箱受损 ② 操作人员疏忽，导致多装或者少装货产生货差 ③ 出货单据处理错误，导致单据与货物交叉产生货差	① 加强仓库员工培训，明确包装规范与要求 ② 优化操作流程，提高仓库人员操作技能 ③ 规范操作流程，通过培训增强仓库员工服务意识
运输环节	① 包装不合理（包括货物外包装箱和打板）：货物在运输途中，包装受损或者货物受损 ② 车辆行驶不安全，运输途中发生交通事故或者被盗 ③ 运输工具的原因：如集装箱、车厢受损，使货物在运输途中无法得到保护，产生货损	① 选择合适的包装物与包装方式 ② 加强运输途中的安保（如加装摄像监控、红外报警），提高驾驶员的驾驶技能 ③ 加强运输工具的检查，包括车厢和集装箱的检查，发现问题及时修理与更换

（4）异常事件的预防措施

除了针对已发生的异常事件制订相应解决方案，企业还应针对频发的异常事件，制订相应的预案措施，避免相关异常事件的发生，确保企业高效运行。

① 从源头抓起。与资信好、业务操作非常规范的客户进行合作是物流业风险防范的起点，选准这样的客户，即使出现一些问题，也能较快较好地协商解决。

② 签订合同需慎之又慎。现代物流不是简单的代理、运输、仓储、保管、报关等合同的签订。它所提供的是按一定流程管理的设计方案，该流程要解决企业的各种疑难问题，达到简化程序、减低成本、提高管理水平、提高企业经济效益和市场竞争力的效果。合同涉及的环节多、时间长、要求复杂，所以签订时应注意合同的合理性、完善性及是否具有可行性，是否考虑到其经济性等。

③ 投保责任险。有关现代物流业务的风险保险已在逐步开展，但大多数的传统物流商还只停留在投保货运代理责任险的阶段。所以，一些专门从事现代物流的物流商应慎重考虑投保自己的责任险，将其责任风险事先予以转移才是上策。值得注意的是，当所适用的法律与合同条款中的物流商免责条款越少，赔偿限额越小，保费就越高；反之，保费就越低。由一家物流商分散单项去投保，营业额较小，保费较高；由几家公司集中多项去投保，营业额较大，保费较低。当然，影响保费高低的还有其他一些因素，如公司的资信情况、营业额的大小、人员素质的高低、管理水平的高低、采用运输工具的好坏、采用何种运输方式、去哪些国家与地区、适用何种法律，以及采用何种设施、何种单据、有无豁免条款、责任赔偿限额条款、曾发生过事故与否等。

另外，物流商之所以要投保其责任险，目的就是为了当发生风险导致物流商承担责任时，能及时从保险公司得到赔偿，而索赔手续对于物流商来说，是极为重要的。

④ 成立应急中心。成立处理突发性事件的应急中心，由具有权威性和有经验的人员组成。在加强风险预防和控制的基础上，建立起风险发生的应急管理机制。

⑤ 高度重视商品的特殊性。对每一个项目都要进行评估，分析风险的性质，找出主要风险可能出现在哪几个环节，而最容易出问题的又在哪里，从而给予高度重视。尤其对一些特殊商品，如贵重的、价值高的商品及危险品，或条件较苛刻的，如在运送时间方面要求严格的物品。当信息发生故障，引起电脑系统失灵时，对于特殊商品更要有一套应急的机制与处理办法。

⑥ 寻求有效补救办法。当风险发生时，应尽早向上级报告，防止损失的扩大。平时所有员工都应详细阅读并牢记如何避免过失与疏忽的规定，使工作尽可能准确、安全。然而，如果确实发生了差错，千万不要试图隐瞒。对错误或疏忽处理得越早，就越有机会阻止更加严重的问题发生。

⑦ 建立风险评估机制。现代物流的建设投资较大，周期较长，效益较好，风险也较大。因此，开拓现代物流业务只有规划是不行的，需邀请曾经做过现代物流项目、既有理论又有实践经验的人士，配合规划制订出一份客观的、实事求是的、既有现象又有分析的"风险评估报告"。

⑧ 制订风险管理程序。根据实际情况制订出一套风险管理程序，并严格按照程序进行操作。持续开展风险管理意识培训，增强风险意识，尤其是增强各级领导的风险管理意识。

第3章

仓储与
库存管理

3.1
仓储作业管理

3.1.1 仓储作业基础

3.1.1.1 仓储作业安全制度和处理措施

为了加强企业的仓储安全管理工作，确保库存物品和人员安全，相关部门要负责企业仓库安全管理的日常工作，见表3-1。

表3-1 仓库安全管理日常工作

内容		说明
仓库安全管理原则	"六要"	① 堆放物品与墙要有一定的距离 ② 要保持走道通畅 ③ 要保持货物干爽，内外整洁，堆放整齐 ④ 要保证仓库外附近火种和易燃品 ⑤ 物品和电源的距离要不小于1m ⑥ 要提高警惕，防止盗窃
	"六不准"	① 不准带进火种，切勿吸烟 ② 不准点蜡烛 ③ 不准乱接电线 ④ 不准随便破坏消防器材 ⑤ 不准随便触碰消防报警按钮 ⑥ 不准在消防设施前堆放物品
仓库物资安全管理		① 仓库应该设立专职安全管理员，负责仓库物资安全的日常管理，并协助贯彻执行安全生产法律法规 ② 仓库利用专用系统对管辖物资进行登记，设置标示卡、台账，做到账、物、卡一致 ③ 对辅助材料、半成品、成品和工装器具等物资应按规定放置，并分类标识管理、分规格存放，有计划、有秩序地安排物资的进仓、出仓及存放地点 ④ 存放物品的仓库应保持整洁通风，防潮防湿，码放整齐；在仓库存取物品应该办理相关单据作业；分类物品应该标示清楚，分类分区存放，不合格商品应该隔离在不良品区 ⑤ 对辅助材料零部件、在制品和成品的管理应该严格按照公司的管理制度和程序执行 ⑥ 注意安全，离开仓库后必须关闭仓库门，不得磕、碰、摔、挤压物资 ⑦ 严格坚持物资出库手续，坚持做到先进先出，减少物资积压仓库时间；监督库存量，根据企业库存量标准，如有超标和不足现象及时向仓库负责人反映情况 ⑧ 仓库安全员应该定时检查物资库存量状况和消防设施情况，管理部门定期组织盘点和检查

内容	说明
仓库设施设备管理	① 保持库容库貌，不得带食品进入仓库，每天做好5S管理 ② 仓库设施设备需要有专人进行管理，各种设备和仪器要正确使用，经常维护，定期检修，有计划地更新和改造 ③ 电气设备和线路应该符合国家的相关安全规定 ④ 生产用房、建筑物必须牢固、安全，通道平坦、顺畅，光线充足，有危险的场所必须有安全防护措施和明显可见的提醒标志
库房消防安全管理	① 库房负责人作为主要消防责任人，全面负责库房的消防安全管理工作 ② 库房管理部门应该把库房作为安全巡逻、例行安全检查的重点，及时发现、处置安全隐患，防止意外事故发生 ③ 库房管理部门协助库房做好定期消防演习工作，提高库房员工的消防意识 ④ 易燃易爆物品与一般物品或化学性质、防护灭火方法抵触的化学危险品不能共同存放 ⑤ 严格控制易燃易爆、有毒有害化学用品的出库，需要领用时必须有相关领导签字 ⑥ 库房应该张贴醒目的防火标识，做好目视化管理，禁止带入火种

3.1.1.2 货物保管保养方法

（1）货物的堆码保管

堆码是指将物品整齐、规则地摆放成货垛的作业（GB/T 18354—2021《物流术语》）。在堆码过程中，要根据物品的性质、形状、质量等因素，结合仓库储存条件，将物品堆码成一定的货垛。在堆码过程中，要保证人员与物品的安全，物品摆放要合理、方便清点和收发货作业，货垛应整齐，便于查找、节约空间等。相关内容见表3-2。

表3-2　货物的堆码

内容		说明
货物堆码方法		在托盘上集装同一形状的立体包装货物时，可采取各种交错组合的办法码垛，以提高货垛的稳定性 从货物在托盘上堆码时的行列配置来看，托盘集装方式有重叠式码垛、纵横交错式码垛、旋转交错式码垛和正反交错式码垛四种
码垛注意事项		码垛时应注意商品码放层数；要避免不同的货物品种、规格型号、生产厂家、生产批号的商品出现混堆；码垛要合理、牢固，要求奇偶压缝、旋转交错、缺口留中、整齐牢固；垛高不能超出货架规定高度
货垛紧固方法	捆扎	用绳索、打包带等对托盘货体进行捆扎以保证货体稳定
	黏合紧固	黏合有两种方法，一是在下一层货箱上涂上胶水使上下货箱黏合；二是每层之间贴上双面胶，将两层通过胶条黏合在一起，防止物流过程中托盘货物从层间滑落

内容		说明
货垛紧固方法	加框架紧固	将墙板式的框架加在托盘货物相对的两面或四面以至顶部，用以增加托盘货体刚性
	网罩紧固	这种方式主要用于装有同类货物托盘的紧固，多用于航空运输
	专用金属卡具固定	对某些托盘货物，最上部如能伸入金属夹卡，则可用专用金属卡具将相邻的包装物卡住，以使每层货物通过金属卡形成一个整体，防止个别货物分离滑落
	收缩薄膜紧固	将热缩塑料薄膜制成一定尺寸的套子，套于托盘货垛上，然后进行热缩处理，塑料薄膜收紧后，便将托盘与货物紧固成一体
	拉伸薄膜紧固	用拉伸薄膜将货物和托盘一起缠绕裹包，形成集装件
	平托盘周边垫高紧固	将平托盘四边稍垫高，托盘上所放货物向中心靠，在物流中发生摇摆、振动时，可防止层间滑动错位，防止货垛外倾，起到稳定的作用

（2）库存货物的储存保管

商品在仓库储存过程中的各种变质现象，如霉变、锈蚀、虫蛀、融化、挥发、燃爆等，几乎都与空气温湿度有密切关系，仓储商品保管的中心环节就是控制好仓库的温湿度。实践证明，采用密封、通风与吸潮相结合的办法，是控制和调节库内温湿度行之有效的办法。仓储商品常见变质现象的防治措施见表3-3。

表3-3　仓储商品常见变质现象的防治措施

变质现象	防治措施
霉腐	商品防霉腐就是针对商品霉腐的原因采取有效措施。在仓库储存中，主要是针对商品霉腐的外因，用化学药剂抑制或杀死寄生在商品上的微生物，或控制商品的储存环境条件 针对商品霉腐所需的条件，商品防霉腐的方法有：化学药剂防霉腐、气相防霉腐、气调防霉腐、低温冷藏防霉腐、干燥防霉腐等
虫蛀	商品中的害虫若不及时采取措施进行杀灭，常会造成严重损失。仓库害虫的防治法如下： ① 杜绝仓库害虫来源。要杜绝仓库害虫的来源和传播，必须做好以下几点：第一，商品原材料的杀虫、防虫处理；第二，入库商品的虫害检查和处理；第三，仓库的环境卫生及备品用具的卫生消毒 ② 药物防治。使用各种化学杀虫剂，通过喂毒、触杀或熏蒸等方式杀灭害虫，是当前防治仓库害虫的主要措施。常用的防虫、杀虫药剂有驱避剂、杀虫剂、熏蒸剂

变质现象	防治措施	
虫蛀	此外，仓库害虫的预防，还有高温、低温、电离辐射、灯光诱杀、微波、远红外线杀虫等方法	
锈蚀	金属锈蚀是指金属受到周围介质的化学作用或电化学作用而被损坏的现象	
	金属制品的防锈	主要是针对影响金属锈蚀的外界因素进行的 a.控制和改善储存条件。金属商品储存的露天货场，要尽可能远离工矿区，特别是化工厂，应选择地势高、干燥的场地。较精密的五金工具、零件等金属商品必须在库房内储存，并禁止与化工品或含水量较高的商品同库储存 b.涂油防锈。在金属制品表面涂（或浸或喷）一层防锈油脂薄膜。防锈油分为软膜防锈油和硬膜防锈油两种：软膜防锈油防锈能力稍差，但容易用有机溶剂清除；硬膜防锈油防锈能力强，但油膜不易清除。防锈油都具有易燃成分和一定的毒性 c.气相防锈。利用一些具有挥发性的化学药品，在常温下迅速挥发，并使空间饱和。它挥发出来的气体物质吸附在商品表面，可以防止或延缓商品的锈蚀
	金属制品的除锈	目前除锈的方法大体有手工除锈、机械除锈和化学除锈三种。手工除锈主要是进行探、刷、磨以除去锈迹；机械除锈常见的有滚筒式除锈、抛光机除锈等；化学除锈是利用能够溶解锈蚀物的化学品，除去金属制件表面锈迹的方法。化学除锈液一般由两部分组成：一部分是溶解锈蚀物，大多是采用无机酸，其中磷酸使用最多，因为它的腐蚀性较小；另一部分是对金属表面起钝化（保护）作用的铬酸等。金属制品的化学除锈主要是在各种酸液中进行，所以又叫"酸洗"
老化	防老化是根据高分子材料的变化规律，采取各种有效措施，以减缓其老化速度，达到延长其使用寿命的目的。防老化要从两方面进行，首先从老化内因着手，在生产中采用改进聚合和成型加工工艺或改性的方法，提高商品稳定性。其次，可采用添加抗氧化剂、紫外光稳定剂和热稳定剂等防老剂，抑制光、氧、热等外因的作用，也可用物理防护的方法，如涂漆、涂蜡、涂油、复合材料、浸渍或涂布防老剂等，使商品免受外因的作用	
防燃爆	火灾与爆炸事故通常是在明火、摩擦和冲击、电火花、化学能或曝晒等外界因素作用下发生的。所以，库内绝对禁止吸烟和明火，禁止带入火种；禁止使用易因机械作用而产生火花的工具，禁止穿鞋底带铁钉的鞋入库，防止搬运中相互撞击、摩擦；必须对搬运用的电瓶车等装配防爆或封闭式马达，平时应切断库内电气设备的电源；禁止使用能产生大量热量的吸湿剂；禁止聚焦效应的日光照射，避免日光暴晒	

3.1.1.3 作业异常处理流程（表3-4）

表3-4　作业异常处理流程

异常环节		处理流程
到货入库异常	单据核对	单据核对过程中，若发现单据中货品品种或数量与实际货品存在差异，应及时确认并更正： ① 货品品种或数量缺少：修改订单，留下记录 ② 货品品种或数量多余：删除多余信息
	货品验收	① 货品品种或数量少：按实际验收 ② 货品品种或数量多：拒收 ③ 验收后未在单据上签字确认的，应及时补签
验收作业异常	数量方面的问题	物品验收主要包括数量检验（计件、检斤、检尺求积）和质量检验（外观、尺寸、理化） ① 数量短缺在误差规定范围内的，可按原数入账 ② 数量短缺超过误差规定范围的，应做好验收记录，交主管部门会同货主向供货单位交涉 ③ 实际数多于原发料量的，可由主管部门向供货单位退回多发数或补发货款
	质量方面的问题	① 物品质量不符合规定要求时，应及时向供货单位办理退货、换货 ② 物品规格不符或错发时，应将情况做成验收记录交给主管部门办理退货
	资料方面的问题	入仓物资必须具备入仓通知单，订货合同副本，供货单位提供的材质证明书、装箱单、磅码单、发货明细表以及承运单位的运单等资料。凡资料未到或资料不齐的，应及时向供货单位索取。该物品则作为待验物品堆放在待验区，待与物品相关的资料到齐后再验收
上架作业异常	上架确认	① 若储位记录错误，则通知信息部更正 ② 若储位错放，应重新上架处理。
	货物破损	① 仅外包装破损，则更换包装 ② 若货物质量受损，应照价赔偿
补货作业异常	货位错放	一旦发现货物放错货位，应及时更正调整
	货物错误	货物补货确认时，若发现货物是非补货货物，应及时更换或放回原货架
移库作业异常	目标货位错误	移库作业如目标货位选择错误，则重新选择货位进行移库作业
	移库商品错误	移库商品错误，则调整后重新进行移库
盘点作业异常	盘盈	实物比账面记录的数量多，则检查存货，查明原因，并进行调整或退仓

异常环节		处理流程
盘点作业异常	盘亏	实物比账面记录的数量少，则检查存货，查明原因，并进行调整或赔偿
拣货作业异常	数量错误	若货物数量不足，应及时补足；若货物数量出现多余，则查处后及时送回
	货物错误	若货物错拣，应及时拿出错拣货物并送回；若货物破损，应及时调换与报备
退货作业异常	数量错误	若数量多，则退回；若数量少，则追回或赔偿
	货物错误	若送货发生错误，则无条件重新送货；若运输过程中货物发生损坏，则由运输单位进行赔偿

3.1.2　入库与出库作业

（1）入库管理

仓库管理的作业过程一般分为入库管理、在库管理和出库管理三个阶段，此处只讲述入库管理和出库管理两项内容。

仓库作业过程的第一个步骤就是验货收货，物品入库。它是物品在整个物流供应链上的短暂停留，而准确的验货和及时的收货能够提高此环节的效率，一般来讲，在仓库的具体作业过程中，入库主要包括以下几个步骤。

① 核对入库凭证。根据物品运输部门开出的入库单核对收货仓库的名称、印章是否有误；商品的名称、代号、规格和数量等是否一致，有无更改的痕迹等，只有经过仔细核对后才能确定是否收货。

② 入库验收。物品的验收包括对物品规格、数量、质量和包装方面的验收。规格主要是指物品的品名、代号、花色等；数量主要是指对散装物品进行称量，对整件物品进行数目清点，对贵重物品进行仔细查收等；质量方面主要包括物品是否符合仓库质量管理的要求，产品的质量是否达到规定的标准等；包装方面主要有核对物品的包装是否完好无损，包装标志是否达到规定的要求等。

③ 记账登录。如果物品的验收准确无误，则应该在入库单上签字，确定收货，安排物品存放的库位和编号，并登记仓库保管账目；如果发现物品有问题，则应另行作好记录，交付有关部门处理。

（2）出库管理

仓库作业过程的最后一个步骤是发货出库，其具体步骤如下。

① 核对出库凭证。仓库管理员根据提货单，核对无误后才能发货。除了保证出库

物品的品名、规格和编号与提货单一致外，还必须在提货单上注明物品所处的货区和库位编号，以便能够比较准确地找出所需的物品。

② 配货出库。在提货单上，凡是涉及较多的物品，仓库管理员应在认真复核后，再交与提货人。凡是需要发运的物品，仓库管理员应当在物品的包装上作好标记，而且可以对出库物品进行简易包装，再填写有关的出库单据，办理好出库手续之后再予以放行。

③ 结账清点。每次发货完毕之后，仓库管理员应该作好仓库发货的详细记录，并与仓库的盘点工作结合在一起，以便于以后的仓库管理工作。

3.1.3　盘点作业

（1）盘点作业概述

1）盘点作业的含义

在配送中心，货品不断地进出库，在长期的累积下，库存资料容易与实际数量不符。有时，部分产品因存放过久、养护不当，导致质量受到影响，难以满足客户的要求。为了有效地控制货品数量和质量，而对各储存场所进行数量清点的作业，称为盘点作业。

2）盘点作业的目的

① 为了确定现存量，并修正货账不符产生的误差。通常，货物在一段时间不断接收与发放后容易产生误差。

② 为了计算企业的损益。企业的损益与总库存金额有相当密切的关系，而库存金额又与库存量及其单价成正比。因此为了能准确地计算出企业实际的损益，就必须针对现有数量加以盘点。一旦发觉库存太多，即表示企业的经营受到压力。

③ 为了稽核货品管理的绩效，使出入库的管理方法和保管状态变得清晰。如呆滞品与废品的处理状况、存货周转率、物料的保养维修，均可通过盘点作业发现问题，以方便改善。

3）盘点作业的步骤

① 事先准备。盘点作业的事先准备工作是否充分，关系到盘点作业进行的顺利程度。为了使盘点能在短促的时间内，利用有限的人力迅速达到准确的目标，事先的准备工作内容如下：

a.明确建立盘点的程序和方法。

b.配合会计决算进行盘点。

c.训练盘点、复盘、监盘人员。

d.盘点人员熟悉盘点用的表单。

e.事先印制盘点的表格。

f.准备确实结清的库存资料。

② 决定盘点时间。一般性货品就货账相符的目标而言，盘点次数愈多愈好，但因

每次实施盘点必须投入人力、物力、财力，这些成本耗资不菲，故也很难经常为之。事实上，导致盘点误差的关键在于出入库的过程，可能是因出入库作业单据的输入、检查点数的错误，或是出入库搬运造成的损失，因此，一旦出入库作业次数多时，误差也会随之增加。所以，对一般生产企业而言，因其货品流动速度不快，半年至一年实施一次盘点即可。但在配送中心货品流动速度较快的情况下，我们既要防止过久盘点对公司造成的损失，又碍于可用资源的限制，因而最好能视配送中心各货品的性质制订不同的盘点时间。

4）盘点的方式

① 账面盘点法。账面盘点又称为"永续盘点"，就是把每天出入库货物的数量及单价记录在电脑或账簿的"存货账卡"上，并连续地计算汇总出账面上的库存结余数量及库存金额，这样随时可以从电脑或账册上查悉货物的出入库信息及库存结余量。

② 现货盘点法。现货盘点又称为"实地盘点"或"实盘"，也就是实地去库内清点数量，再依货物单价计算出实际库存金额的方法。

现货盘点法按盘点时间频率的不同又可分为"期末盘点法"及"循环盘点法"。期末盘点法是指在会计计算期末统一清点所有货物数量的方法；循环盘点法是指在每天、每周清点一小部分商品，一个循环周期将每种货物至少清点一次的方法。

a.期末盘点法。由于期末盘点是将所有货物一次点完，工作量大、要求严格。通常采取分区、分组的方式进行，其目的是为了明确责任，防止重复盘点和漏盘。分区即将整个储存区域划分成一个一个的责任区，不同的区由专门的小组负责点数、复核和监督，因此，一个小组通常至少需要三人分别负责清点数量并填写盘存单，复查数量并登记复查结果，第三人核对前两次盘点数量是否一致，对不一致的结果进行检查。待所有盘点结束后，再与电脑或账册上反映的账面数核对。

b.循环盘点法。循环盘点通常对价值高或重要的货物盘点的次数较多，且监督也严密一些，而对价值低或不太重要的货物盘点的次数较少。循环盘点一次只对少量货物盘点，所以通常只需保管人员自行对照库存资料进行点数检查，发现问题按盘点程序进行复核，并查明原因，然后调整。也可以采用专门的循环盘点单登记盘点情况。

（2）仓库月度、年度盘点工作内容

1）仓库月度盘点的工作内容

月度盘点是指每月工作结束时进行的账物检查和确认，其目的是对当月的工作结果进行一次全面检查，以便及时发现并纠正问题。与月度盘点类似的还有周盘点、旬盘点、季度盘点等，这些盘点的性质基本相同，只是盘点的周期不同。

① 月度盘点的工作内容。

a.账物数量的盘查。

b.包装状态的检查。

c.环境、质量状态的检查。

d.安全、放置状态的查验。

② 月度盘点的具体内容。在开展月度盘点工作时，仓库主管要确定一些必要的工作要素，如盘点计划、盘点责任人等，具体内容如下：

a.盘点计划：盘点实施的依据。

b.盘点责任人：仓库管理人员。

c.盘点内容：重点是当月的收发和搬动部分的物料，但要全面兼顾。

d.盘点时间：当月月末适当时间，一般选择夜班进行。

e.盘点方式：采用封闭式盘点与半封闭式盘点均可。

f.盘点确认人：仓库主管。

g.盘点记录：按表单格式记录。

2）仓库年度盘点的工作内容

年度盘点是指每年工作结束时进行的账物检查和确认，其目的是对本年度的仓库管理工作进行一次全面检查，以便及时发现并纠正问题。年度盘点的工作内容如下：

① 库存物料、总账及数量的盘查。

② 包装状态的检验。

③ 环境、质量状态的检查。

④ 物料安全、存入状态的查验。

⑤ 盘点结果的分析与工作评价。

⑥ 提出盘点工作改进措施。

3.2
仓储技术

3.2.1 条码和条码技术

（1）条码

条码是由一组规则排列的条、空及其对应字符组成的，用以表示一定信息的标识：深颜色、反射率低的称为"条"，浅颜色、反射率高的称为"空"。条形码可以标出物品的生产国、制造厂家、商品名称、生产日期、图书分类号、邮件起止地点、类别、日期等信息，因此在商品流通、图书管理、邮政管理、银行系统等许多领域都得到了广泛的应用。

1）条码的组成

一个完整条码符号由两侧静区、起始字符、数据字符、校验字符、终止字符组成。

① 静区。位于条码两侧无任何符号及信息的白色区域。

② 起始字符。条码符号的第一位字符，标志一个条码符号的开始。

③ 数据字符。位于起始字符后面的字符，标志一个条码符号的数值，其结构异于起始字符，可允许进行双向扫描。

④ 校验字符。校验字符代表一种算术运算的结果，阅读器在对条码进行解码时，对读入的各字符进行运算，如运算结果与校验字符相同，则判定此次阅读有效。

⑤ 终止字符。条码符号的最后一位是终止字符，它的特殊空条结构用于识别条码符号的结束。

2）条码的分类

条码根据码制不同，分为一维条码及二维条码。

① 一维条码。一维条码只在一个方向（一般是水平方向）表达信息，而在垂直方向则不表达任何信息。一维条形码的应用可以提高信息录入的速度，减少差错率。但是一维条形码也存在一些不足之处：数据容量较小，只有30个字符左右；只能包含字母和数字；条形码尺寸相对较大（空间利用率较低）；条形码遭到损坏后便不能读取。

② 二维条码。二维条码是在水平和垂直方向的二维空间内存储信息。与一维条形码一样，二维条形码也有许多不同的编码方法，通常可分为以下三种类型：线性堆叠式二维码、矩阵式二维码、邮政编码。

（2）条码技术

① 作用。条码技术是实现物流信息技术自动采集和输入的重要技术。它在配送中心的保管技术中占有重要地位，通过条码对货品从入库到出库的全程进行跟踪和管理，可实现仓库作业的无纸化、快捷化和准确化，以提高客户满意度，增强企业竞争力。

② 应用。入库时分别读取商品、托盘和货位上的条码，一同存入数据库。通过条码传递信息，有效地避免人工录入的失误，实现了数据的无损传递和快速录入，将商品的管理变得更简单。出库时，要扫描商品或物流箱上的条码，对出库商品的信息进行确认。在库存管理中，一方面，条码可用于存货盘点（通过移动终端收集盘点商品信息），然后将收集到的信息由计算机进行集中处理，从而形成盘点报告；另一方面，通过移动终端扫描条码，可准确完成整仓、补货等库内作业。

（3）条码制作

① 确定条码类型。条码的制作与读取企业应根据货品特性和所在地区实际情况，为货品选择合适的条码类型。

② 条码印制规范。如图3-1所示，标准EAN13条码的印制尺寸为宽度37.29mm，高度26.26mm。商品条码符号的倍率以1.0为标准，最大可放大到2.0倍，最小可缩小到0.8倍。印制条码应首选货品的底面，其次选择货品的背面，再次选择货品的侧面。若上述各面均不能使用，可采用悬挂标签。凡有提手的货品，条码在提手侧面左下角。另外，印制条码时不可选用弯曲、隔断、转角的位置。

图3-1 货品条码

③ 条码打印选择。条码直接印刷在商品或外包装上，或间接印刷在载体上。载体要有一定的强度、稳定的物理性能、适当的几何尺寸、一定的附着力和光学特性。应采用专业的条码打印机进行印刷。

3.2.2 货物堆码技术

堆码就是将物品整齐、规则地摆放成货垛的作业。货品堆码是仓储作业中的一项重要的技术工作。堆码的重要性、原则及方式见表3-5。

表3-5 堆码的重要性、原则及方式

堆码的重要性		① 堆码对货品质量具有维护作用。正确的堆码方式可以减少货物的损坏，可以识别和检查货品质量，确保其安全，不发生变质、变形等异常情况，对于维护货品的质量具有重要的意义 ② 堆码能够充分利用库房容积并提高装卸作业效率。合理的堆码能够提高仓库的空间使用率。堆码后的货品要整齐、牢固，在进行装卸搬运作业时货品才不易掉落，避免造成货品损失，可节省搬运时间，提高作业效率
堆码原则	分类存放	分类存放是货物储存保管的基本原则，具体表现为不同类别、规格、批次、等级、流向或经营方式的货物应分区、分类存放
	面向通道	货垛和货位的一面与通道相连，并使货物的正面面向通道，以便查看货物包装上的标注和对其直接作业
	上轻下重	堆码货物时要遵循轻货置上、重货置下的规则，以免下方货物被压坏或发生货垛倒塌现象
	充分利用空间	堆码货物时，应根据地面承重和单位面积堆存量，尽可能地将货物往高处码放，以提高仓库利用率
堆码方式	散堆法	将无包装的散货直接堆成货堆，适用于露天存放的大宗散货，如煤炭、化肥、谷物等
	货架存放法	直接使用货架存放货物，适用于小件、品种规格复杂且数量较少、价值较高的货物。如医药用品、贵重零件
	堆垛法	将有包装的货物堆成货垛的堆码方法，如重叠式、纵横交错式、俯仰相间式、压缝式、宝塔式、栽柱式、衬垫式、通风式等

3.2.3　储位管理技术

储位管理是利用储位来管理货品的储存状态，能够准确显示货品在仓库中的存放位置，当货品的位置发生变化时能够准确更新记录，使管理者能够随时掌握货品的位置、数量和去向。

（1）储位管理的原则

① 根据货物的尺度、货量、特性、保管要求选择储位。储位的通风、光照、温度、排水、防风、防雨等条件应满足货物保管的需要；储位尺度与货物尺度应匹配；储位的容积与货量应接近；选择储位要考虑相近货物的情况，防止与相近货物相互影响。

② 保证先进先出、缓不围急。先进先出是仓储保管的重要原则，能避免货物超期交货。在安排储位时，要避免后进货物围堵先进货物，存期较长的货物不能堵住存期较短的货物。

③ 入库频率高的货物使用方便作业的储位。需持续入库或持续出库的货物，应安排在靠近出口的储位，以方便出入；流动性差的货物可以离出入口较远。同理，存期短的货物应安排在出入口附近。

④ 小量集中、大不围小、重近轻远。多品种小批量货物，应合用一个储位或集中在一个储位区，避免夹存在大批量货物的储位中；重货应离装卸作业区近，以减少搬运作业或直接采用地面堆垛作业；使用货架时，重货放在货架下层；需要人力搬运的重货，应存放在腰部高度的储位，避免搬运人员腰部受伤。

⑤ 方便操作。所安排的储位能保证搬运、堆垛、上架方便，有足够的机械作业场地，能使用机械设备进行直达作业。

⑥ 作业分布均匀。所安排的储位应尽可能避免仓库内或同作业线路上同时有多项作业进行，以免相互妨碍。

（2）储位编码

储位的分配，是指在仓库内为每一种库存商品分配适当的储存地点。合理分配储位的目的在于力求物得其所，库尽其用，地尽其力。

1）仓库储位分配方式

① 固定储位。指储位只用于存放确定的货物，对其必须严格区分使用，绝不混用、串用。对于长期货源和有计划性的库存，大都采用这种方式。固定储位便于拣选、查找货物，但是仓容利用率较低。

② 随机储位。指货物任意存放在有空的储位，不加分类。这种方法有利于提高仓容利用率，但是仓库内会显得混乱，不便查找和管理。对于周转快的配送企业，货物保管时间短，大都采用这种方式。不固定货物的储位在计算机配合管理下，不仅能充分利用仓容，也方便查找。需要注意的是，采用不固定储位方式时仍然要遵守储位选

择原则。

③ 分类固定货物的储位。指所有的储存货物按照一定特性加以分类，每一类货物都有固定存放的位置，而同属一类的不同货物又按一定的法则来指派储位。通常按货物相关性、流动性、货物尺寸和质量以及货物特性来分类。这种方式有利于货物保管，也较方便查找货物，仓容利用率亦可以提高。大多数仓库都采用这种方式。

④ 分类随机储存。指每类货物有固定存放位置，但在各类储区内，每个储位的指派是随机的。分类随机储存兼具分类储存及随机储存的特色，需要的储存空间介于两者之间。

⑤ 共用储存。指在确切知道各货物的进出仓库时间，不同的货物可共用相同储位的方式。共用储存在管理上虽然较复杂，但所需的储存空间及搬运时间却更经济。

2）储位编码实施

为了建立良好的保管秩序，必须对储位进行统一编号。我国商品仓库多采用"四号定位"，即由库房号、货架号、货架层号和仓位顺序号等四组号数来表示一个储位。储位编号的表示方法有数字表示法、字母表示法和数字字母混合表示法：数字表示法是利用 0～9 共 10 个数字表示；字母表示法是用汉语拼音字母或英文字母表示；数字字母混合表示法是同时用数字和字母表示。一般用数字字母混合表示法易记且直观，在实际中运用较多。

3.3
仓储布局设计与物流中心规划

3.3.1　仓储布局设计

（1）仓储空间布局

物流仓储的空间布局是指一个仓库的各个组成部分，如库房、货棚、辅助建筑物、库内道路、附属固定设备等，在规定范围内进行平面或立体的全面合理的安排。仓储空间布局的原则及类型见表3-6。仓库的空间布局直接影响企业作业效率和作业成本，因此，使仓库的布局合理化对企业有着重要意义。

表3-6　仓储空间布局的原则及类型

空间布局原则	近距离原则	在条件允许的情况下，使人员、货物在仓库内移动的距离最短，使货物在各功能区间流动，以最快的速度、最小的成本送达用户，提高配送中心的效率和有序性运作

空间布局原则	布局优化原则	在配送中心布局规划时，应尽量使彼此之间货物流量大、关系密切的功能区靠近，而物流量小、关系不密切的功能区与设施布置得远一些。同时尽量避免货物运输的迂回和倒流，迂回和倒流现象会严重影响配送中心整体效率与效益，甚至会引发环保问题。将迂回和倒流减少到最低程度，使整个配送中心的功能区布局达到整体最优
	系统优化原则	由于现代物流作业与管理离不开信息技术的支撑，系统优化包含仓储信息系统和配送信息系统，以及配送园区或中心的管理系统。物流的无纸化管理和智能化发展，都离不开互联网和物联网技术的开发和应用
	柔性化原则	配送中心的布局应随物流量和进货物品种类以及社会经济发展而做出相应的调整。随着社会经济的发展，配送中心的流量及种类会发生变化，原布局规划的局限性就会显露出来，因此，配送中心功能布局应该预留发展的空间以适应变化
	便于管理原则	配送中心的功能布局要有利于货畅其流，有利于作业和管理。完善物流增值配套功能，有利于各环节的协调配合，使配送中心的整体功能得到充分的发挥并获得最好的经济效益
空间布局类型	平面库	平面仓库（简称平面库、平库）是指平面布局、自然码放、无高层货架的普通仓库，包括平房仓库、楼房仓库和露天货场等，是一类较为传统的仓库 平面仓库所具有的特点仍符合某些领域实际运用的需要。因此平面仓库依然是我国企业应用非常普遍的仓库。如何提高平面仓库存储效率，提高仓库操作人员工作效率，将成为企业管理者所面对的重要问题之一。面对繁多的出入库流程和信息，以及平面仓库错综复杂的货区和货物的码放，传统的手工管理和普通的信息管理系统无法快速、直观地提取有效信息，成为提高平面仓库存储及作业效率的瓶颈。运用管理信息系统并与可视化技术相结合，用简单的图形和颜色直观地表示库存状态和信息，有助于提高平面仓库的存储和作业效率，使之满足现代化高效物流系统的要求
	立体库	立体库也称为高架库或高架仓库，一般是指采用几层、十几层乃至几十层高的货架储存单元货物，用相应的物料搬运设备进行货物入库和出库作业的仓库。由于这类仓库能充分利用空间储存货物，故常形象地将其称为"立体仓库" 立体仓库是采用高层货架等进行物流仓储作业的，这样做的好处就是能够让仓库中的货物存储集中化、立体化，能够将仓库的空间利用率尽可能地提高，也能尽可能地降低土地的购置成本费用，并且使用立体仓库存储货物时，能够在有限的空间范围内对货物进行集中存储，这样对于一些特殊的仓库环境和有特殊需要的货物，就能够进行统一管理。例如需要温度控制的话，就能够对货物进行统一升温或者降温处理，在提高效率的同时降低能源额外损耗

空间布局类型	自动库	自动化立体库（AS/RS）是物流技术的革命性成果，可以在计算机系统控制下完成单元货物的自动存取作业，是利用自动化存储设备同计算机管理系统的协作来实现立体仓库的高层合理化，并结合不同类型的仓库管理软件、图形监控及调度软件、条形码识别跟踪系统、搬运机器人、AGV小车、货物分拣系统、堆垛机控制系统、货位探测器等构成完整的现代化、立体化仓储管理系统。自动化立体库由高层货架、托盘（货箱）、巷道堆垛机、输送机系统、AGV系统、自动控制系统、库存信息管理系统（WMS）等几个部分组成
		总之，自动库是采用高层货架及有轨巷道堆垛机，配合多种周边设备，实现自动存取和货物管理的一种现代化仓库。采用更多计算机控制和管理技术使自动库的功能得到最大限度发挥，可为企业提供从存储、自动化输送、自动化生产到成品配送的完整物流自动化解决方案

（2）仓储功能区域的划分（表3-7）

仓储功能区域的划分主要是根据库区场地条件、仓库的业务性质和规模、商品储存要求以及设备的性能和使用特点等因素，对储存空间、作业区域、站台及通道进行合理安排和布置。

在进行商品储存场所布置时主要考虑两个方面的要素：一是充分提高储存空间的利用率，二是提高物流作业效率。储存区域是仓库的核心和主体部分，提高储存空间的利用率是仓库管理的重要内容。储存空间在规划和布局时，首先必须根据储存货物的体积大小和储存形态来确定储存空间的大小，然后对空间进行分类，并明确其使用方向，再进行综合分析和评估比较，在此基础上进行布置。

表3-7 仓储功能区域的划分

存储面积的确定		在进行仓位划分时，仓库管理人员首先需要正确地计算并规划出仓库中可以使用的、能够用于保存货物的面积
		一般来说，仓库的面积可以分为建筑面积、使用面积和有效面积三种
	建筑面积	库房所占用的土地面积，即库房外墙线所围的水平面积
	使用面积	库房内可供使用的面积，即库房内墙线所围成的面积除去库房内立柱、电梯、消防设施、办公设施等所占的面积
	有效面积	实际用来存放物资的面积，即货位和货架等所占的面积，同样也是使用面积除去过道、垛距、墙距及进行验收备货的区域后所剩的面积 仓库中能够真正用来摆放储存商品的面积是仓库的有效使用面积。因此必须正确地规划出仓库的有效区域
通道设计		设计通道时应尽量扩大保管面积，缩小非保管面积。非保管面积包括通道、墙间距、收发货区、库内办公地点等。库房内的通道分为运输通道（主通道）、作业通道（副通道）和检查通道

其他非保管区设计	墙间距	一方面是使货垛和货架与库墙保持一定的距离，避免物品受潮，同时也可作为检查通道或作业通道。墙间距一般宽度为0.5m左右，当兼作作业通道时，其宽度需加倍。墙间距兼作作业通道是比较有利的，它可以使库内通道形成"网络"，方便作业
	收发货区	收发货区是指供收货、发货时临时存放物品的作业场地，可分为收货区和发货区，也可以规定一个收发货区，即收货、发货共用 收发货区的位置应靠近库门和运输通道，可设在库房的两端或适中的位置，并要考虑到收货、发货互不干扰。对靠近专用线的仓库，收货区应设在专用线的一侧，发货区应设在靠近公路的一侧。如果专用线进入库房，收货区应在专用线的两侧
	库内办公地点	仓库管理人员需要一定的办公地点，可设在库内也可以设计在库外。最好设在库外，另建办公室，使仓库存放更多的物品
存储区域的划分		根据仓库作业的需要，将仓库中可存储商品的区域划分为待检区、处理区、合格品储存区、不合格品储存区，各区域可用不同颜色标志加以区分

（3）仓库动线

1）仓库动线规划

① 按出货频率规划。仓库动线的规划通常先要考虑仓库物品的出货频率高低，而如何有效快速管控仓库的货品，最常用的方法是ABC分类法。ABC分类法是按照销售量、缺货成本、周转次数、供应商的稳定性、库存风险成本等指标来分类。例如：将出货频率高的货品存放在接近出入口处，出货率低的货品存放在远离出入口处，以缩短出入库搬运距离，减少所需的作业时间和物流成本，有效提高仓库的利用率。

② 按搬运难易规划。在仓库布局时，常常需要考虑货品的搬运难易度来设计合理的动线。需考虑货品体积、形状、重量，以确定货品所需堆码的空间。通常，重而大的货品保管在地面上或货架的下层位置，越是轻的货品则越是可以储放上层的货架。为了货架的安全并方便人工搬运，人的腰部以下的位置通常宜储放重物或大型货品，而体积小或重量轻的货品则可使用较远或较高储区。因此，仓库管理基本思路中，会将重量重、体积大的货物储存于坚固层架并接近出货区或易于移动的位置，由此可缩短拣货时间和搬运路径，并简化清点工作。

2）仓库动线类型

动线优化遵循的基本原则是"不迂回、不交叉"。"不迂回"的目的是防止无效搬运，"不交叉"的目的是为了避免动线冲突，给搬运带来安全隐患。为了使动线设计最优化，需要根据行走距离最小原则进行精细计算，但常常受限于缺乏真实数据来源。因此，实际操作中往往根据整体进出货的特性来选择合适的动线类型。常见的动线类型有U型动线、L型动线、I型动线三种。

①U型动线。U型动线描述：进货区和出货区设置在仓库的同一侧。货物的"进→存→出"形成了一个类似倒U字形的移动路线。在传统仓储中，经常会将入库月台和出库月台合并为进出库月台，作为货物进出作业共用，也属于U型动线。

U型动线的仓库各功能区的运作范围经常重叠，交叉点也比较多，容易降低运作效率。另外，由于进出仓库的货物在同一个月台上进行收发，也容易造成混淆，特别是在繁忙时段及处理类似货物的情况下。解决的方法可以是组建不同小组，分别负责货物进出。

由于U型动线的出、入库月台集中在同一边，只需在配送中心其中一边预留货车停泊及装卸货车道，这样一方面可以更有效利用配送中心外围空间；另一方面也可以集中月台管理，减少月台监管人员。在土地少而人工成本高的时期，采用U型动线的配送中心是最常见的。

U型动线主要特点如下：

a.月台资源能综合运用。

b.适合越库作业。

c.使用同一车道供车辆出入。

d.易于控制货物安全。

②L型动线。L型动线货物的进货区和出货区设置在仓库相邻的两侧。货物的"进→存→出"形成一个类似L字形的移动路线。需要快速处理货物的配送中心通常会采用L型，把货物出入配送中心的途径缩至最短。

L型动线主要特点如下：

a.可以应对进出货高峰同时发生的情况。

b.适合有库存和无库存同时并存的配送作业。

c.可同时处理高频率和低频率的货品。

d.适用于流通加工中心。

③I型动线。I型动线出货区和进货区设置在仓库相对的两侧。货物的"进→存→出"形成了一个类似I字形的移动路线。由于I型配送中心的运作流向是呈直线型的，各运作动线平行性进行，因此无论是人流或是物流，相互的碰撞交叉点相对来说是最少的，可降低操作人员和物流搬运车相撞的可能性。

I型配送中心存在的最大问题是出、入库月台相距甚远，增加货物的整体运输路线，降低效率，但是由于直线型的流程较为简单，操作人员比较容易适应，可以弥补该方面的不足。此外，由于出、入库月台分布在配送中心的两旁，需最少两队保安小组负责两个月台的监管，增加了人力投入及运作成本。I型配送中心特别适合一些快速流转的货物，进行集装箱或是货物转运业务。

I型动线主要特点如下：

a.可以应对进出货高峰同时发生的情况。

b.适用于无库存的转运中心。

在实际规划过程中，因为业务流程的复杂性，有可能将两种动线结合起来应用，例如L型动线和I型动线结合成T型动线等。如果仓库分为上下两层或多层，动线立体设计会更加复杂。

3.3.2　物流中心规划

（1）物流中心规划

物流中心规划是在分析和研究物流中心所在地的经营环境和物流市场需求的基础上，确定物流中心的发展目标和达到目标的策略与行为的过程。

从物流中心的系统构成角度看，物流中心规划包括物流系统规划、信息系统规划、运营系统规划三大层面。物流系统规划包括设施布置设计、物流设备规划设计和作业方法设计，信息系统规划是对物流中心信息管理与决策支持系统的规划，运营系统规划包括组织机构、人员配备、作业标准和规范等的设计。从物流中心的功能角度来看，物流中心规划包括设施选址、规模确定、设施布置、设备规划、信息系统规划、配送系统规划、分拣系统规划、组织管理系统规划等内容。

（2）规划资料的收集与分析

1）规划资料的收集

根据计划建设的物流中心类型，首先进行规划所用的基本资料的收集和调查研究工作。收集方法有现场访问记录和厂商实际使用的表单收集等。规划资料的收集过程分为宏观资料的收集和企业自身相关资料的收集两大内容。其中企业自身相关资料的收集包括两个阶段，即现行作业资料的收集分析和未来规划所需资料的收集。

① 宏观资料的收集。宏观资料的收集包括区域经济发展背景资料、交通运输网及物流设施现状、城市规划和环境保护与社会可持续发展。

② 企业自身相关资料的收集。企业自身相关资料的收集包括现行资料的收集和未来规划所需资料的收集，具体内容见表3-8。

表3-8　企业自身相关资料的收集

现行资料	未来规划所需资料
基本运营资料	营运策略与中长期发展计划
商品资料	商品未来需要预测资料
订单资料	品项数量的变动趋势
物品特性资料	可能的预定厂址与面积
作业流程	作业实施限制与范围
事物流程与使用单据	附属功能的需要
厂房设施资料	预算范围与经营模式

现行资料	未来规划所需资料
人力与作业工时资料	时程限制
物料搬运资料	预期工作时数与人力
配送据点与分布	未来扩充的需要

2）规划资料的定量分析

① PCB分析。所谓PCB分析，即物流特性和储存分析，是以物流中心的各种接受订货的单位来进行分析，对各种包装单位的EIQ资料表进行分析，以得知物流包装单位特性。考察物流系统的各个作业（进货、拣货、出货）环节，可看出这些作业均是以各种包装单位（P表示托盘单位、C表示箱单位、B表示单品单位）作为作业的基础，每一个作业环节都需要人员、设备的参与，即每移动一种包装单位或转换一种包装单位都需使用到设备、人力资源，而且不同的包装单位可能有不同的设备、人力需求。因此掌握物流过程中的单位转换相当重要，应将这些包装单位（P、C、B）要素加入EIQ分析。结合订单出货资料与物品包装储运单位的EIQ-PCB分析，可将订单资料以PCB的单位加以分类，再按照各类别分别进行分析。

一般企业的订单资料中同时含有各类出货形态，订单中包括整箱与零散两种类型同时出货，以及订单中仅有整箱出货或仅有零星出货为使仓储与拣货区有适当的规划，必须将订单资料依出货单位类型加以分割，以便正确计算各区实际的需求。物流系统常见的储运单位组合形式如表3-9所示。

表3-9 储运单位组合形式

入库单位	储存单位	拣货单位
P	P	P
P	P、C	P、C
P	P、C、B	P、C、B
P、C	P、C	C
P、C	P、C、B	C、B
C、B	C、B	B

注：P—托盘单位；C—箱单位；B—单品单位。

② 物品特性分析。其他物性资料也是产品分类的参考因素，如依储存保管特性分为干货区、冷冻区与冷藏区，依产品重量分为重物区、轻物区，也有依产品价值区分出贵重物品区与一般物品区等。

③ EIQ分析。物流中心的规划除了必须先了解其类型外，还要注意物流中心的E、I、Q、R、S、T、C等规划要素，其主要含义如表3-10所示。

表3-10　规划要素的含义

序号	缩写	全称	含义
1	E	Entry	客户：配送的对象或客户
2	I	Item	品项：配送商品的种类
3	Q	Quantity	数量：配送商品的数量、库存量
4	R	Route	通路：配送通路
5	S	Service	服务：服务水平
6	T	Time	时间：交货时间
7	C	Cost	成本：配送商品的成本或建造的预算

3）规划资料的定性分析

进行物流中心规划过程中，除了数量化信息的分析以外，一般物流与信息流程等定性化资料的分析也很重要，包括：

① 作业流程分析。可针对一般常态性及非常态性的作业加以分类，并整理出物流中心的基本作业流程。由于产业与产品类别的不同，物流中心的作业流程也不尽相同，可依个别企业的特性找出原有作业流程，并逐步分析其必要性与合理性，经合理化分析后再依序建立其作业流程的规划。

② 作业时序分析。在物流中心的规划过程中，需了解过去的作业形态及作业时间的分布。例如，目前大部分的便利店和超市采用夜间进货，可避免日间车流量过大，也可在购物低谷时段处理进货点收作业。因此基于服务客户的原则，配送时段的配合已成为必要的规划考虑因素。相应的，物流中心内拣货及分货作业首先需配合配送时段的需求，向前或向后调整，其次才考虑与厂商进货时段的制定。通常对商品或通路主导权较大的物流经营者常约束厂商进货的时段，以有效规划作业人力及设施的利用。若不限定厂商进货的时段，则容易造成进、出货同时进行，人力与设备调度困难及作业空间混乱等问题。将物流中心一个正常工作日内各项作业的工作时段，逐一进行条例化描述及分析，有利于观察物流中心的作业时序与特性。

（3）物流中心系统规划

1）项目立项

项目立项指成立项目，执行实施。项目通过项目实施组织决策者申请，得到政府发改委部门的审议批准，并列入项目实施组织或者政府计划的过程，称为发改委立项。报批程序结束即为项目立项完成。申请项目立项时，应将立项文件递交给项目的有关审批部门。项目可行性研究报告或项目建议书是主要的项目审批资料，包括项目实施前所涉及的各种由文字、图纸、图片、表格、电子数据组成的材料。

2）物流中心总体规模规划

物流中心的总体规模包含两个方面：一个方面是物流中心的占地总面积；另一个

方面是物流中心的总货物吞吐量。

① 影响物流中心规模的主要因素。

a.物流中心在供应链中的位置。为了提高效率、降低成本，供应链中的物流活动应该按专业化原则进行组织，物流中心在供应链中的位置是物流中心规模的重要影响因素。

b.物流中心的性质。与自用型物流中心相比，公共型物流中心面对的客户更加广泛。

除以上因素外，物流中心处理的商品品种、区域物流中心的数量、物流中心的市场需求等因素也影响着物流中心的规模。

② 建设规模的确定方法。

a.经验估算法。可以通过确定当前及未来物流量需求、考虑未来物流需求要求等方式来估算占地面积。

a）测算当前及未来的业务量。首先要明确所经营货品的品种，确定划分货品重点与次要属性的因素，做出货品的ABC分类；再根据货品的在库时长、最高入库量、最高出库量等数据，大体测算出物流中心的平均储存量和最大储存量。

根据企业的中长期规划、当前货品的年销售增长率、当前货品的生命周期等因素，概算出未来一定时期内物流中心的吞吐能力。

b）确定占地面积。一般来说，物流中心分为生产作业区、生产作业辅助区和办公生活区，而生产作业区又分为收货验收作业区、存储保管作业区、拣选作业区、复核区、配送待发区等，通过各生产作业区的面积加总，就可以得到作业区的建筑面积。

在总体规模设计时，可以根据以下指标来概算物流生产区的建筑面积。

存储保管作业区：单位面积作业量为0.7 ～ 0.9t/m²。

收验货作业区：单位面积作业量为0.2 ～ 0.3t/m²。

拣选作业区：单位面积作业量为0.2 ～ 0.3t/m²。

集货作业区：单位面积作业量为0.2 ～ 0.3t/m²。

通常，辅助生产区建筑面积占物流中心建筑面积的5% ～ 8%，办公生活区建筑面积占物流中心建筑面积的5%左右。因此，通过以上数据的加总就可以测算出物流中心的总建筑面积。

b.综合评判法。综合评判法主要是综合利用多位专家的知识、经验和能力，在对各评价目标和影响目标的各种影响因素的综合分析基础上，对各评价目标进行综合评价与择优。目前国际上还没有一套较成熟的确定物流中心规模的方法，一般可以通过横向对比国内外已有的物流中心的类型、建设规模、经营货品的类型等条件，为确定新建物流中心的规模提供数据支持。

3）作业流程规划

不同功能的物流中心和不同商品的配送，其作业过程和作业环节会有所区别，但都是在基本流程的基础上对相应作业环节进行调整。

① 作业流程设计目标与原则。

a.设计目标。作业流程是否科学、合理，直接影响着整个物流中心的运作效率。

在设计作业流程时，应努力实现高效、创新，并且要便于决策。

b.设计原则：

a）满足工艺要求。物流中心经营的物品种类繁多，作业对象和内容是不同的，因而其工艺过程是有区别的，在设计作业流程时首先应该满足作业对象各自的工艺要求，以实现物流中心的配送功能，提高作业质量。

b）确保流程最短。作业流程的每道工序都需要一定的人员进行作业和管理，所以，在设计作业流程时应该减少环节，相同相近的作业内容要合并在一个作业环节中，使作业流程最短，节约工时，降低作业成本。

c）注意工作合并。将能够合并的任务尽量合并，以减少交接手续，共享信息，对顾客变化做出快速反应。

d）采用同步流程。在连续流程和平行流程的基础上，将能够同步进行的任务设计为同步流程，以减少整个流程的实际运行时间。

e）物流与信息流分开。物流需要搬运费用，而物流中心内信息流成本与传送距离无关，所以应该将物流与信息流分开设计，缩短物流距离，降低搬运成本。

② 作业流程设计方法。作业流程设计常见方法包括企业流程再造、EIQ分析法、模块化设计等。这里主要介绍模块化设计法。

a.模块的定义和特征。模块是可组合成系统且具有某种确定功能和接口结构的典型通用独立单元，它既能从系统中分离、拆卸和更换，同时又能够组合成新系统。模块通过接口相互连接，各个模块通过输入、输出接口的连接组成系统。

b.模块化。模块化是为了取得系统最佳效益，从系统观点出发，研究系统（或产品）的构成形式，用分解和组合的方法，建立模块体系，并运用模块组合成系统（或产品）的全过程。

c.作业流程模块构成。物流中心的作业流程功能模块可以分为信息功能模块和实体功能模块，见表3-11。

表3-11 作业流程功能模块

模块		说明
信息功能模块	订单信息模块	主要功能是接收订单和订单的审核确认
	集货信息模块	主要功能是为物流中心采购进货
	库存信息模块	主要功能是记录储存货物信息资料，对入库货物进行有效管理，配合储存实体模块的实施
	流通加工信息模块	依据客户订单要求形成货物加工信息，为流通加工实体模块提供加工技术要求。具体作业内容包括分割、分选、分装、包装等
	拣选信息模块	拣选信息模块与拣选实体模块向信息中心传递信息。根据客户订单信息生成拣选单和分拣单，并提供给拣选实体模块

模块		说明
信息功能模块	组配货信息模块	组配货信息模块与组配货实体模块向信息中心传递信息。主要功能是按客户订货量及客户地理位置形成组配货信息，安排送货车辆
	送货信息模块	主要功能是根据客户地理位置及订货量制定送货路线，跟踪送货情况，管理司机资料
	退货信息模块	主要功能是收集退货信息及跟踪处理退货情况。退货分为上游退货和下游退货，上游退货是物流中心对供应商的退货下游退货是客户对物流中心的退货
	财务会计信息模块	主要功能是进行财务会计处理。将物流中心每日的交易逐笔记录统计，实施实时统计，提供准确的账目资料，为结算提供依据
实体功能模块	入库实体模块	主要功能是完成物流中心货物的入库作业。包括从上游客户送货抵达直到货物入库为止所实施的一系列实体作业。包括进货确认、卸货、验收计量、进货记录
	储存实体模块	主要功能是对货物进行储存作业，并辅助其他作业顺利进行存取作业。包括储存分析、入库到位、库存管理、货物出库、存储设备管理、储存信息记录等
	流通加工实体模块	主要功能是对货物进行流通加工作业，使货物达到客户要求。此模块为物流中心的核心模块之一，经过流通加工作业满足客户对所订购商品的要求
	拣选实体模块	主要功能是按拣选信息模块提供的拣选单，将货物从储存区和流通加工区取出，搬运至拣选区。组配货实体模块：将按客户订单分拣后的货物进行组合配货装车，以提高车辆利用率
	送货实体模块	按送货信息模块安排的路线将货物及时送达客户
	退货实体模块	物流中心的退货主要是下游客户退货。因送货运输所发生的货物损坏和数量差错等，需将货物返回物流中心进行处理，把供应商提供的不合格货物退给供应商

流程模块的建立为物流中心作业流程设计提供了基础，可以根据需要将模块组合构成作业流程。

d.作业流程设计步骤。某核心业务是仓储和配送的物流中心，以模块化设计方法为例，进行作业流程设计，其具体设计过程为：

a）建立信息功能模块。依次建立订单信息模块、进（补）货信息模块、存储信息模块、拣选信息模块、送货信息模块、用户退（换）货信息模块。

b）建立实体功能模块。依次建立进（补）货实体模块、存储实体模块、拣选实体模块、送货实体模块、退（换）货实体模块。

c）模块组合。对所建立的功能模块进行适当组合，安排相关接口对接实现设计功能，得到组合图。

d）形成合理化作业流程。对模块组合图进行梳理，形成合理化作业流程图。

（4）区域功能规划

在作业流程规划后，可根据物流中心运营特性进行作业区域规划。根据作业区域性质，物流中心作业区域可划分为物流作业区域、辅助作业区域和办公生活区域，每一个区域又可以细分为多个功能区。在进行区域功能规划时，从细分的功能区入手，主要分析其功能及规划点。

（5）区域布置规划

区域布置规划是指在一定的诸如物料搬运费用最小目标下的各分区空间位置的设计问题。

① 区域布置逻辑。

a.内围式程序。先决定厂房（或厂区）板面积的大小与长宽比例，然后在此范围内配置各相关作业区域。

b.外张式程序。先配置各作业区域的相邻关系，完成可行的面积组合形式，再框出外部厂房（或厂区）的面积范围，并进行各区域的局部调整，以完成各区域面积的配置。

② 布置方法及步骤。

a.流程性布置法。流程性布置法是将物流移动路线作为布置的主要依据，适用于物流作业区域的布置。因其具有流程性的作业关系，在以模板进行配置时需考虑区域间物流动线的形式，将其作为配置过程的参考。

a）决定物流中心对外的连接道路形式。确定物流中心与外部的连接道路、进出口方位及厂区配置形式。

b）决定物流中心厂房空间范围、大小及长宽比例。

c）决定物流中心内由进货到出货的主要行进路线形式。决定其物流动线形式，如U型、L型等。

d）按作业流程顺序配置各区域位置。物流作业区域由进货作业开始进行布置，再根据物料流程前后相关顺序按序安排其相关位置。其中作业区域内如有面积较大且长宽比例不易变动的区域，应先置入建筑平面内，如自动仓库、分类输送机等作业区；其次，再插入面积较小而长宽比例较易调整的区域，如理货区、暂存区等。

e）决定管理办公区与物流仓储区的关系。一般物流中心管理办公区均采取集中式布置，并与物流仓储区相隔，但仍应考虑配置关系与空间利用的可能方案。由于目前一般物流中心仓储区均采用较多的立体化设备，其高度需要与办公区不同，故办公区布置需进一步考虑空间效率化，如采用多楼层办公室规划、单独利用某一楼层、利用进出货区上层的空间等方式。

f）决定管理活动区域内的配置。将与各部门活动相关性最高的部门区域先行置入规划范围内，再按活动关系将与已入区域关系最重要者按序置入布置范围内，再逐步调整各办公及管理活动区域。

b.相关性布置法。相关性布置法是根据各区域的活动相关表进行区域布置，一般用于整个厂区或辅助性区域的布置。布置时以整个厂房作业区域或厂区配置为主，经由活动相关性分析得出各区域间的活动流量。为减少流量大的区域间活动经过太长的距离，应该将流量大的区域尽量接近。

a）物流相关性分析。对物流中心的物流路线和物流量进行分析，用物流强度和物流相关表来表示物流作业区域之间的物流关系强弱，从而确定各区域间物流相关程度。

b）非物流相关性分析。属于定性分析，各作业区域间的相互关系可以概括为：程序性的关系，因物料流和信息流而建立的关系；组织上的关系，部门组织上形成的关系；功能上的关系，区域间因功能需要而建立的关系环境上的关系，因环境操作或安全原因而保持的关系。

c）综合相关性分析。综合考虑物流和非物流关系时，要确定两种关系的相对重要性。重要性比值用 $m：n$ 来表示，一般不应超过（1：3）～（3：1）。可以用综合密切程度计算公式计算两作业单位 i 和 j 之间的相关密切程序 CR_{ij}：

$$CR_{ij}=mMR_{ij}+nNR_{ij}$$

式中，MR_{ij} 和 NR_{ij} 分别是物流相互关系等级和非物流相互关系等级。

d）物流动线分析。包括I型、双直线式、S型、U型、L型等。

e）总平面布置设计。根据各功能区的关系密切程度，从与其他功能区关联度最高的作业区开始，结合物流动线类型，依次布置功能区，确定各功能区的相对位置。

③ 物流路线类型。一般情况下，物流中心内部动线可以分为I型、L型、U型、S型。I型、L型和U型参见前述。

需要经过多步骤处理的货品一般采用S型动线，在有限的用地范围内，可以安排较长的作业流线。其动线特点为：可以满足多种流通加工等处理工序的需要，在宽度不足的仓库可作业；可与I型动线结合在一起使用。

（6）作业流程管理制度

① 制度编制思路及宗旨。物流中心作业流程管理制度编制的宗旨是为强化标准化作业，规范作业人员行为和各环节作业流程，真正实现现场操作的规范化、标准化和程序化。目的是让每一个员工明确自己是干什么的以及怎么做（即按制订的相关作业流程）。管理制度要符合物流中心的实际工作情况，求实务实。

② 管理制度的主要内容。根据物流中心作业流程，针对物流中心各作业环节，包括入库、库存管理、订单处理、拣选、送货等环节的作业流程，编制操作要点及注意事项。

3.4
仓储设施设备

3.4.1　存储设备

（1）货架（表3-12）

表3-12　货架

按货架承重或者存放模式划分	重型货架	主要以托盘为储存单元，广泛应用于食品、日用品等快消品物流仓库。采用优质冷轧钢板经辊压成型；立柱可高达6m而中间无接缝；横梁选用优质方钢，承重力大，不易变形；横梁与立柱之间挂件为圆柱凸起插入，连接可靠、拆装容易，适用于大型仓库
	中型货架	主要以箱为储存单元，其造型别致，结构合理，装拆方便，不用螺栓，且坚固结实，承载力大，广泛应用医药物流、服饰物流、电商物流等仓库
	轻型货架	主要以单品（最小销售单位）为储存单元，广泛用于拆零拣货区。轻型货架通用性很强，长度可按刻度快捷切割，用螺栓任意组装、修正并重新安装
按货架功能划分	托盘货架	货物以托盘作为装载单元存放的货架
	搁板式货架	摆放货物的承载构件为搁板的货架
	驶入式货架	叉车等装卸机械可以驶入存储区域并进行存取作业的货架
	悬臂式货架	存放货物的承载构件为悬臂结构的货架
	重力式货架	装载单元在自身重力的作用下，沿设置在货架上的滚筒组成的滚道自主下滑并排序的货架
	流利式货架	箱式及小件单元货物在自身重力的作用下，沿设置在货架上的有坡度的流利条组成的滚道自主下滑并排序的货架
	压入式货架	装有单元货物的托盘小车沿设置在货架上的有坡度的轨道进行单端存取的货架
	移动式货架	可在轨道上移动的货架
	阁楼式货架	具有楼面板层，有楼梯，可人工上下存取货物的货架
	抽屉式货架	抽屉可沿轨道方向抽出或推进的货架

按货架功能划分	旋转式货架	装载单元能在垂直或水平方向循环移动的货架
	穿梭式货架	通过提升设备控制穿梭车，换层次、换巷道搬运存储托盘类单元货物，对托盘类单元货物进行存取运输的货架系统
	自动化立体仓库货架	应用于自动化立体仓库中，由立柱、隔板和横梁等组成的立体存储货物的高层货架
按货架使用环境划分	常温库用货架	使用温度为–5 ～ 40℃的货架
	冷库用货架	以型钢制成的构件通过插接组合或用螺栓连接组装而成的、使用温度为–40 ～ –5℃的货架

（2）托盘

为了使物品得以有效地装卸、运输、保管，将其按一定数量组合放置于一定形状的台面上，这种台面配有供叉车将台板托起的插入口。以此为基本结构的平台和各种在此结构上形成的集装器具都可统称为托盘。

1）托盘的优缺点

优点：自重小、返空容易、装盘容易、装载量适宜，且节省包装材料。

缺点：保护性能比集装箱差，露天存放困难，需要有仓库等设施。托盘本身的回运需要一定的成本支出。托盘本身也占用一定的仓容空间。

2）托盘的种类

① 平托盘。平托盘是最通用的托盘。我们一般所说的托盘，大多都是指平托盘。

平托盘的类型

a.按台面分：单面形、单面使用型、双面使用型和翼型四种。

b.按叉车插入托盘的方式分：单向叉入型、双向叉入型和四向叉入型三种。

c.按制造托盘采用的原材料分：木制平托盘、钢制平托盘、塑料制平托盘、复合材料平托盘和纸制平托盘五种。

② 柱式托盘。柱式托盘是在平托盘基础上发展起来的托盘，托盘的四个角上有固定式或可卸式的柱子。其主要作用：一是利用立柱支撑货物承重，保护最下层托盘的货物；二是防止托盘上放置的货物在运输、装卸等过程中发生塌垛的情况。

③ 箱式托盘。箱式托盘是在平托盘的基础上，通过沿托盘四个边安装板式、栅式或网式等各种平面而制成的箱式设备。箱式托盘可以做成固定式、可卸式和可折叠式三种。箱式托盘的防护能力很强，除了能装运包装整齐统一的货物外，还可装运形状不规则的货物，且因四周有护板护栏，可有效防止塌垛与货损。

④ 轮式托盘。与柱式托盘、箱式托盘相比，轮式托盘只是在它们底部安装了小型轮子，以实现短距离移动、自行搬运、滚上滚下式装卸等作业。

⑤ 特种专用托盘。特种专用托盘是根据产品特殊要求专门设计制造的托盘。它与

通用托盘的区别在于它具有适合特定货物（或工件）的支撑结构，在一些要求快速作业的场合，它可保障更高的作业效率与安全稳定性。如油桶专用托盘，是一种专门装运标准油桶的异型平托盘。托盘双面均有稳固油桶的波形沟槽或侧挡板，油桶放置在此托盘上不会发生滚动，同时还可多层堆码以提高仓储和运输能力。

（3）物流箱

在仓储作业过程中，物流箱主要用于拆零拣货。一般物流箱都采用塑料材质，有尺寸大小的区别，分有盖和无盖物流箱。

3.4.2　搬运设备

（1）叉车

叉车是装卸搬运车辆中应用最广泛的一种。它由自行的轮胎底盘和能垂直升降、前后倾斜的货叉、门架等组成，主要用于整件货的装卸搬运。

（2）手动搬运车（手动液压叉车）

手动搬运车是一种在国内外应用广泛的轻小型仓储工业车辆，是物料搬运过程中不可缺少的辅助工具，适合于狭窄通道和有限空间内的作业，是仓库、超市、车间内装卸和搬运托盘货物的理想工具。

（3）输送机

① 定义：输送机是以连续的方式，沿着一定的线路，从装货点到卸货点匀速输送货物和成件包装货物的机械。其可以采用较高的运行速率，且速率稳定；具有较高的生产率；输送货物线路固定，动作单一，便于实现自动控制。

② 输送机的维护：放置货品位置要均匀，应及时加注润滑剂保证润滑，以减小摩擦阻力；向上输送物料的倾角过大时，最好选用花纹输送带，以免物料滑下；要经常检查和调整输送带的张紧程度，防止输送带过松而产生振动或走偏。

（4）堆垛起重机

堆垛起重机是指采用货叉作为取物装置，在仓库或车间堆取成件物品的起重机。堆垛起重机是立体仓库中主要的起重运输设备，亦是随立体仓库发展起来的专用起重设备。适用此类设备的仓库高度一般都比较高，最高可达40m以上，大多在10～25m。堆垛起重机的主要用途是在立体仓库的巷道间反复穿梭运行，将位于巷道口的货物存入货格。

堆垛起重机的整机结构高而窄，适用于巷道内运行。堆垛起重机装有特殊的取物装置，如货叉和机械手等。堆垛起重机的电力控制系统具有平稳、快速和准确等特点，能保证货物快速、准确、安全地取出和存入。

3.5
库存调控与调整

3.5.1 库存及库存控制

（1）库存

库存是指处于储存状态的、尚未被利用的商品，是储存的表现形式。库存是具有经济价值的任何物品的停滞与储藏，是供将来使用的所有闲置资源。

库存可以从库存物品的经济用途、存放地点、所处状态等几个方面来分类，常见的库存类型有以下几种：

① 周转库存。周转库存又称经济库存，是指为满足客户日常需求而建立的库存。周转库存的目的是为了衔接供需，缓冲供需之间在时间上的矛盾，保障供需双方的经常性活动都能顺利进行。

② 安全库存。安全库存又称缓冲库存，是指为了防止不确定因素出现而准备的缓冲库存，如突发性大量订货、厂商交货期延迟等。

③ 在途库存。在途库存包括处在运输过程中的库存，以及停放在两地之间的库存。在途存货取决于输送时间和在此期间的需求率。

④ 预期库存。预期库存是指为迎接一个高峰销售季节、完成一次市场营销计划等而预先建立起来的库存，是为未来需要或限制生产速率而储备的工时与时机。

（2）库存控制

库存控制又称库存管理，是指在保障供应的前提下，为使库存物品的数量最合理所采取的有效措施。

库存控制主要是针对仓库或库房的布置，物料运输和搬运以及存储自动化等的管理；库存控制的对象是库存项目，即企业中的所有物料，包括原材料、零部件、在制品、半成品和产品，以及辅助物料。库存控制的主要功能是在供需之间建立缓冲区，达到缓和用户需求与企业生产能力之间、最终装配需求与零配件之间、零件加工工序之间、生产厂家需求与原材料供应商之间的矛盾。

库存控制的作用主要体现在以下几个方面：

① 满足预期顾客要求。持有一定的库存可以使客户很快采购到他们所需要的物品，能够缩短客户的订货提前期，也有利于提高客户满意度。

② 平滑生产要求。生产过程中需要的原材料和产品，是生产的物质保证。为保障生产的正常进行，必须储备一定量的原材料，否则可能会造成生产中断、停工待料现象。

③ 防止脱销。延迟送货和意料之外的需求会增加缺货风险。延迟的发生可能是由于气候条件、供应商缺货、运错货物、质量问题等。持有安全库存能降低缺货风险。

库存控制是受许多环境条件制约的，库存控制系统内部也存在"交替损益"现象，这些制约因素可以影响控制水平，甚至决定控制的成败。主要制约条件包括：需求的不确定性、订货周期、运输、资金、管理水平、价格和成本等。

（3）库存控制实施流程

① 做好商品分类分级工作。按照ABC分类原则，根据企业仓库所储存物品的实际情况确定A类、B类、C类物品范围，对商品类别进行库存量统计。按库存量或物品单价或实际库存金额进行排序和分类，根据ABC分类的管理原则对商品进行分区规划布置、物品采购、人力资源配置、工具设备的选用等规划工作。

② 确定订购批量和订购时点。因为采购时间和采购数量会影响企业经营资金的调度和库存成本，所以对于各类物品的采购都要根据企业的库存安排来考虑物品的经济采购批量和订购时间点。主要依据商品的采购单价、达到经济规模数量、商品现有库存量、采购提前期、采购成本、单位库存成本等数据来综合计算商品的经济订购批量和作出订购时间点的安排，以及时实现采购和入库作业，并充分利用库存空间，降低库存成本，提高仓储物流的有效程度与效率。

③ 对物品货位进行跟踪管理。对各类物品的储存库位、储存区域和分布状况分日、周、月进行跟踪管理，确保每项物品的货位和区域的分布能够随时间、数量情况的变化而做出相应的改动，避免物品在仓库积压，确保货位的安排能合理利用仓库空间，货位与存放的物品一一对应。

④ 做好定期盘点和循环盘点。应确定仓库的定期盘点期限，以月度、季、半年、年为盘点时段对库存物品盘点，确保仓库的物品能物畅其流、物尽其用，并及时对积压、滞销物品进行处理；在普通工作日对某些重点管理的A类物品进行盘点，及时了解该类物品的库存数和货位数据，对盘盈和盘亏物品及时进行处理，以批量方式修正库存量和库存安排，确保对仓库库存物品的数量管理控制能够严格按规定执行。

（4）库存控制的发展趋势

随着计算机和网络通信技术的发展、全球经济一体化的推进以及企业对库存管理重视程度的增加，库存管理呈现出向计算机化和网络化、整合化和零库存方向发展的趋势。

① 计算机化和网络化管理。利用计算机不仅能把复杂的数据处理简单化，而且能使库存管理系统化，从而把复杂的库存管理工作推向更高的阶段。同时，计算机和网络的高效率能及时解决库存管理的临时变动和需要。

② 整合化管理。库存成本是企业物流管理的主要部分，必须实行整合化，即把供应链上各相关的供应商、零售商、批发商、厂家等库存管理设施整合起来，实行企业库存管理的优化，达到降低物流总成本的目的。

③ 零库存管理。"零库存"有两层含义：一是库存数量趋于零或者等于零；二是库存设施、设备的数量及库存劳动耗费同时趋于零或等于零。

（5）库存管理基本决策

1）确定订购点

所谓订购点，是指库存量降至某一数量时，应即刻订购补充的点或界限。如果订购点抓得过早，必将使库存增加，相对增加了货品的库存成本及空间占用成本；如果订购点抓得太晚，则将造成缺货，甚至流失客户、影响信誉。因此，对订购点的把握非常重要。

2）确定订购量

所谓订购量，是指库存量已达到订购点时，需决定订购补充的数量。按此数量订购，方能配合最高库存量与最低库存量的基准。一旦订购量过多，则货品的库存成本增加；若订购量太少，货品会有供应断档的可能，且订购次数必然增加，提高了订购成本。随着订购量的变化，费用也将发生变化，根据其相互关系，从理论上计算出的最小费用的订购量即为经济订购批量。

3）确定库存基准

库存基准包括最低库存量和最高库存量。

① 最低库存量。最低库存量是指管理者在衡量企业本身特性、需求后，所订购货品库存数量应维持的最低界限。最低库存量又分为理想最低库存量及实际最低库存量两种。

a.理想最低库存量。理想最低库存量又称购置时间（从开始订购货物到将货物送达配送中心的采购周期时间，有时称前置期）使用量，也就是采购期间尚未进货时的货品需求量，这是企业需维持的临界库存，一旦货品库存量低于此界限，会有缺货、停产的危险。

b.实际最低库存量。既然理想最低库存量是一种临界库存量，为了保险起见，许多企业多会在理想最低库存量外再设定一个"安全库存量"，以防因供应不及时而发生缺货，这就是实际最低库存量。

② 最高库存量。为了防止库存过多、浪费资金，各种货品均应限定其可能的最高库存水平，也就是货品库存数量的最高界限，以此作为内部警戒的一个指标。

对一个不容易准确预测也不容易控制库存的配送中心，最好制订"各品种的库存上限和下限"（即最高库存量和最低库存量），并在计算机中设定。一旦计算机发现库存低于库存下限，则会发出警示，提醒有关管理人员及时采购；一旦发现货品库存量大于库存上限，同样会发出警示。

（6）库存模型建立步骤

传统库存控制的任务是用最小的储备量保证供应不缺货，谋求"保证供应而又最小的储备量"。而现代库存控制的任务是通过适量的库存达到合理的供应，实现总成本最低的目标。库存管理要遵循经济性原则，管理成本不能超过由此带来的库存成本。

库存管理者需要在库存成本和客户服务水平之间寻求平衡。百分之百满足客户的服务水平往往不是最佳选择，企业总是试图寻找在达到"满意"的客户服务水平基础上的最低库存量。

在建立库存模型时，一般采用如表3-13所示的流程步骤。

表3-13 库存模型建立步骤

序号	步骤	说明
1	品种分类	由于是按每个分类的物品建立模型，因此对需求预测服务水平和管理费用等必须按物品类别分类的管理单位进行研究。对重点管理的物品，要每隔一定时期进行库存补充以适应定期订货方式；其他品种的物品，应预先决定需要掌握的库存管理水平，当达到该水平时，就采用订货点方式订货。品种分类必须慎重，通常采用ABC分析法作为分类的一种手段
2	计算预测量	要确定需要预测的方式和预测期间（间隔期），进而计算预测值。预测方式不但要考虑提高重要物品的预测准确程度，还要重视其他类物品预测方式的简单易行。预测期间分为按年和按供应期间预测两种。可先求出一个月的平均单位间隔期，然后再乘以期间数即可。除了预测平均需要量以外，还必须计算它的误差（如标准偏差等）
3	确定服务率（或缺货率）	重要物品的服务率达到95% ~ 98%时为最高水平。而对于新产品以及有为客户开拓新商业地区的意图时，也可能达到最高服务水平。从理论上说，应当考虑服务水平每提高1%，随之增加的库存管理费上升率。总之，服务率（或缺货率）最终取决于经营者
4	确定费用项目	确定与库存管理有关的费用项目和掌握费用概况。费用是根据各种不同的管理方式分别确定的，对于费用项目的确定，必须进行充分详尽的讨论。然而，按品种划分费用是十分困难的。例如，事务通信费、劳务费等按比例分摊并不是那么容易。此外，对于不能从会计账目中推算的费用，必须寻求解决的办法
5	确定供应间隔期	供应间隔期是指从订货到交货所需的时间，即供货期，它主要是根据对方的具体情况决定其内容。供货方即使是本企业自己的工厂，也必须充分了解生产工艺流程、生产日程计划、工厂仓库的能力等，要进行全面沟通后再确定。对于其他企业更有必要相互加深了解。所谓供货期间长，意味着库存量增加（通常指库存量与供应间隔期的比例成正比），应尽量缩短供应期。另外，供应期间有变动时，就要增加安全库存量。因此，为了满足交易条件，就要努力确定有约束的安全供应期间。作为模型所规定的供应间隔期，是平均供应间隔期和标准误差（如标准偏差等）。如达到正常的速度，那就是理想的、最大的供应间隔期间。总之，应当确定一个合理的供应间隔期数值
6	确定订货周期与定期订货方式	定期订货方式是指在一定期间内补充库存的方式。这种方式适用于管理上重要性高的品种。订货时间点是以每周星期一，或每月月初，或三个月作为一个周期进行预先确定的订货，以防止缺货。订货周期与供应间隔期间一样，应先对合作方进行充分了解，在相互间进行充分协商之后，再确定其内容。要把它与理论上计算出的最经济有利的周期值相比较，力争实现理想的供货间隔期

3.5.2　库存控制的方法和工具

（1）经济订货批量法

1）概念

经济订货批量法是通过平衡订货成本和保管成本，确定一个最佳的订货批量，来实现最低总库存成本的方法。经济订货批量就是与库存有关的成本达到最小的订货批量。

2）库存成本的构成

库存量的变化规律如图3-2所示。

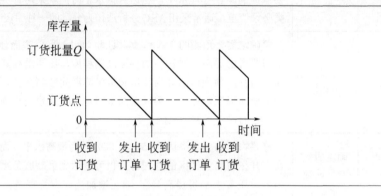

图3-2　库存量的变化规律

与物资仓储有关的费用有两大类，即订货费和库存保管费。

① 订货费。每一次订货时所发生的费用，主要包括差旅费、通信费、手续费以及跟踪订单的成本等。订货费与每次订货量的多少无关，在年需求一定的情况下，订货次数越多，则每次订货量越小，而全年订货成本越大，分摊每次订货费也越大。

② 库存保管费。保管存储物资而发生的费用，包括存储设施的成本、搬运费、保险费、折旧费、税金以及货物变质损坏等支出的费用，这些费用随库存量的增加而增加。

经济订货批量公式的推导如下。

假设条件：

① 需求量已知。

② 库存的需求率为常量。

③ 订货提前期不变。

④ 订货费与订货批量无关。

⑤ 所有费用是库存量的线性函数。

⑥ 全部订货一次交付。

⑦ 无数量折扣。

则年总库存成本与订货量的关系如图3-3所示。

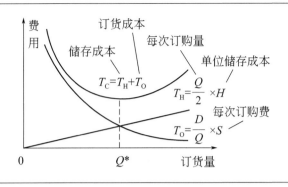

图3-3　总成本曲线图

年总库存成本可用下式表示：

$$T_C=DP+\frac{DS}{Q}+\frac{QH}{2}$$

（DP 与 Q 无关，在图3-3中未体现）

式中　T_C——年总库存成本；

　　　D——年需求量；

　　　P——单位采购成本；

　　　Q——每次订货批量；

　　　S——单位订货成本；

　　　$\frac{Q}{2}$——年平均存储量；

　　　H——单件货物平均年保管费用；

图3-3中，Q^* 为经济订货批量（也叫EOQ）。

在 $\frac{\mathrm{d}T_C}{\mathrm{d}Q}=0$ 的情况下满足年总库存成本最小。

T_C 对 Q 得到　　　　　　　　　　　$\dfrac{H}{2}-\dfrac{DS}{Q^2}=0$

求得　　　　　　　　　　　　　　　　$Q^*=\sqrt{\dfrac{2DS}{H}}$

每年的订货次数　　　　　　　　　　　$N=\dfrac{D}{Q^*}$

经济订货周期　　　　　　　　　　　　$T^*=\dfrac{1}{N}=\dfrac{Q^*}{D}=\sqrt{\dfrac{2S}{DH}}$

（2）定期库存控制法

1）概念

定期库存控制法是指按预先确定的订货时间间隔进行订货补充的库存管理方法。

2）基本原理

预先确定一个订货周期T和最高库存量Q_{max}，周期性地检查库存，根据最高库存量、实际库存、在途订货量和待出库商品数量，计算出每次订货批量，发出订货指令，组织订货。

定期库存控制法中库存的变化如图3-4所示。

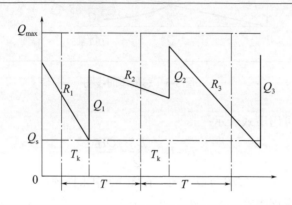

图3-4　定期库存控制法的库存变化图

Q_s—安全库存量；Q_{max}—最高库存量；Q_i—订货批量；R_i—需求速度；T_k—平均订货提前期；T—订货周期

3）订货周期的确定

在定期库存控制法中，订货点实际上就是订货周期，其间隔时间总是相等的。它直接决定最高库存量的大小，即库存水平的高低，进而也决定了库存成本的多少。

从费用角度出发，如果要使总费用达到最少，可以采用经济订货周期的方法来确定。

4）最高库存量的确定

定期库存控制法的最高库存量是用以满足$T+T_k$期间的库存需求的，因此可以$T+T_k$期间的库存需求量为基础。考虑到随机发生的不确定库存需求，再设置一定的安全库存。

最高库存量的公式如下：

$$Q_{max}=R(T+T_k)+Q_s$$

式中　Q_{max}——最高库存量；

R——$T+T_k$期间的库存需求量平均值；

T——订货周期；

T_k——平均订货提前期；

Q_s——安全库存量。

5）订货量的确定

定期库存控制法每次的订货数量是不固定的，订货批量的多少都是由当时的实际库存量的大小决定的。考虑到订货点时的在途到货量和已发出出货指令尚未出货的待出库货物数量，则每次订货的订货量的计算公式为：

$$Q_i=Q_{max}-Q_{ni}-Q_{ki}-Q_{mi}$$

式中　Q_i——第i次订货的订货量；

　　Q_{max}——最高库存量；

　　Q_{ni}——第i次订货点的在途到货量；

　　Q_{ki}——第i次订货点的实际库存量；

　　Q_{mi}——第i次订货点的待出库货物数量。

6）适用范围

① 价格高，需要实施严格控制管理的物品。

② 需要经常调整生产或采购数量的物品。

③ 需求量变动幅度大，而其变动具有周期性，可以正确判断的物品。

④ 需要定期制造的物品。

（3）定量库存控制法

1）概念

定量库存控制法是指预先设定一个订货点和订货批量，随时检查库存，当库存下降到订货点时就发出订货通知并按订货批量补充订货的库存控制方法。

2）基本原理

定量库存控制法的基本原理是预先确定一个订货点，在销售的过程中如果库存下降到Q时，就发出一个订货批量。定量库存控制法原理如图3-5所示。

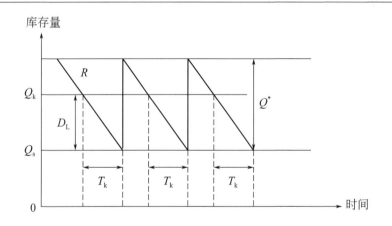

图3-5　定量库存控制法原理图

Q_k—订货点；Q_s—安全库存量；R—货物需求速率；Q^*—订货批量；T_k—订货提前期；D_L—订货提前期的需求量

3）订货点的确定

订货点是指订货提前期的需求量。

如果考虑安全库存，则订货点Q_k的公式为：

订货点（Q_k）＝订货提前期的需求量（D_L）＋安全库存（Q_s）

其中，订货提前期的需求量（D_L）＝需求速率（R）×订货提前期（T_k）。

4）订货批量的确定

一般取经济批量（EOQ）。

5）适用范围

① 单价比较便宜且不便于少量订货的物品。

② 比较紧缺，订货较难、管理复杂的物品。

③ 特别适合于均匀稳定的需求物品。

④ 需求预测比较困难的物品。

3.5.3　库存计划与分析

（1）库存计划（表3-14）

表3-14　库存计划

库存计划 的内容	库存计划是指企业以物资储备定额为基础，为使生产过程不受干扰，以最少的物资储备费用保证其正常活动进行，而合理确定物资储备数量的计划 库存计划包括确定订货的时间以及订货的数量	
降低库存 水平的策略	降低周转 库存策略	此策略基本做法是减少库存批量，同时采取一些具体措施，寻求降低订货成本或作业交换成本的办法。此方面较为成功的是日本企业的"快速换模法"，利用一人多机、成组技术和柔性制造技术，即尽量利用"相似性"来增大生产批量、减少作业交换。此外，还可以尽量采用通用零件来减少库存
	降低在途 库存策略	影响在途库存的变量有需求和生产配送周期。由于企业难以控制需求，因此，降低这种库存的基本策略是缩短生产配送周期。可采取的具体措施：一是前文所述的标准品库存前置；二是选择更可靠的供应商和运输商，以尽量缩短不同存放地点之间的运输和存储时间；三是可以利用计算机管理信息系统来减少信息传递上的延误。此外，还可以通过减小批量来降低在途库存
	降低调节 库存策略	降低调节库存的基本策略是尽量使生产速度与需求变化吻合。一种思路是尽力把需求的波动"拉平"，有针对性地开发新产品，使不同产品之间的需求"峰""谷"错开，相互补偿；另一种思路是在需求淡季通过价格折扣等促销活动转移需求
	降低安全 库存策略	安全库存是一种额外持有的库存，它作为一种缓冲器用来补偿在订货提前期内实际需求量超过期望需求量，或提前期超过期望提前期所产生的需求，其目的是防止不确定因素（如不能按时到货、进货品质不符合要求或大量突发性订货等）对生产和销售的影响。降低这种库存的具体策略是使订货时间尽量接近需求时间，订货量尽量接近需求量。有如下四种措施可供使用

		改善需求预测	预测越准，意外需求发生的可能性就越小，所以可以采取一些方法鼓励用户提前订货
降低库存水平的策略	降低安全库存策略	缩短订货周期与生产周期	周期越短，在该期间内发生意外的可能性也越小
		增加设备、人员的柔性	可以通过生产运作能力的缓冲、培养多面手人员等方法来实现。这种措施更多地用于非制造业，因为对于非制造业来说，服务无法预先储存
		减少供应的不稳定性	一是让供应商知道企业的生产计划，以便及早做出安排；二是改善现场管理，减少废品或返修品的数量，从而减少由于这种原因造成的不能按时按量供应；三是加强设备的预防维修，以减少因设备故障而引发的供应中断或延迟

（2）库存分析

1）订货点的控制

前文在定量库存控制法中已提到订货点。订货点指的是对于某种物料或产品，由于生产或销售的原因而逐渐减少，当库存量降低到某一预先设定的点时，即开始发出订货单（采购单或加工单）来补充库存。此订货的数值点，即订货点。

由于市场瞬息万变，订货点的控制较复杂。例如，某种物料库存量虽然降到了订货点，但是可能在近一段时间企业没有收到新的订单，所以近期内没有新需求产生，可以暂时不用考虑补货。因此，完全按订货点订货可能会造成一些较多的库存积压和资金占用。

2）订购量的控制

每批订购量的大小，既影响经营活动，又涉及成本和利润。订购数量过多，会占用大量资金，影响资金周转，增加存储成本，导致商品存放时间过长、质量下降、损耗等。订购数量过少，会增加订货和验收的费用；失去大批量订购享受的折扣优惠；甚至引起库存中断，无法生产某些产品，引起客户不满。因此，订购量控制就是通过使用经济订货量方式确定最适当的订货量，降低与订购和储存相关的成本，增加利润。订购量控制的重点是确定最经济的订购量。订购量的确定，既关系到订购资金的使用和周转，也关系到仓库的占用，更直接影响生产加工部门的使用，如果订购量不适度，多了或少了，都将影响生产加工的正常进行，因此，确定订购量具有非常重要的作用。订购量的确定要考虑诸多因素。比如餐饮企业食品原料订购量的确定，需要考虑菜肴成本、菜肴销售数量、仓储容量、安全存储量、现有存储量、最低送货量、包装方式等方面的因素。只有全面系统地综合考虑各方面的因素，才能确定最合理的订购量。另外，订购量的确定，还需要考虑市场变化情况、原料涨价的可能等。

3）库存基准的制定

不论是库存不足还是库存过剩，都是因为在订购、作业、保管等方面的疏忽所产生的，因此在库存管理上要尽量避免。为了预防，一般要先设定必要的库存基准，而维持这个库存基准就十分重要。这个标准就是"最低库存量"及"最高库存量"。要预防库存不足，库存量的最低标准就是"最低库存量"。相对于此，为了不让库存过多，必要的库存标准就是"最高库存量"。用这两个标准监控库存状况是必要的。

以下是可参考的两个最低库存量、最高库存量的计算公式：

① 最低库存量的计算公式：

$$最低库存量（成品）=最低日生产量×最长交付天数+\frac{安全系数}{天}$$

$$最低库存量=安全库存+采购提前期内的消耗量$$

$$最低库存量=日销售量×到货天数+\frac{安全系数}{天}$$

② 最高库存量的计算公式：

$$最高储备日数=供应间隔日数+整理准备日数+保险日数$$

$$最高库存量=平均每日耗用量×最高储备日数$$

当某种物资库存量达到或将超过此定额时，应暂停进货。其超过部分，即构成超定额储备。

3.5.4 仓储质量管理

（1）仓储质量管理基本概念（表3-15）

表3-15 仓储质量管理基本概念

定义		仓储质量是指按照仓储合同的规定履行职责，妥善保管仓储物资，有效防范仓储风险，及时响应客户需求，与客户友好合作，为客户提供细致周到的服务，满足客户的质量要求，实现及时准确的服务 仓储质量管理是指与储存在仓库的物资有关系的一切质量活动的过程，具体包括物料储存质量、装卸质量、储存设施设备质量及储存质量
仓储质量 主要内容	储存物资质量	仓储的对象是具有一定质量的实体，即有合乎要求的等级、尺寸、规格、性质、外观。这些质量是再生产过程中形成的，仓储是转移和保护这些质量，最后实现对用户的质量保证
	服务质量	仓储业有极强的服务性质，仓储服务主要体现在满足用户要求方面，各个用户要求不同，需要企业有很强的适应性及柔性
	工作质量	工作质量是指仓储各环节、各工种、各岗位具体工作的质量。为实现总的服务质量，要确定具体的工作要求，工作要求以质量指标的形式确定下来，则为工作质量指标。这是将仓储服务总的目标质量分解成各个工作岗位可以具体实现的质量，是提高服务质量所做的技术、管理、操作等方面的努力

仓储质量 主要内容	仓储工程质量	和产品生产的情况类似，仓储质量不但取决于工作质量，还取决于工程质量。优良的工程质量对于物流质量的保证程度，受制于物流技术水平、管理水平和技术装备。好的仓储质量是在整个仓储过程中形成的，要想能"事前控制"仓储质量，预防仓储造成的不良品，必须对影响仓储质量的诸因素进行有效控制
仓储质量 管理目标		仓储质量管理目标，是指在"向用户提供满足要求的质量服务"和"以最经济的手段来提供"两者之间找到一条优化的途径，以同时满足这两个要求。为此，必须全面了解生产者、消费者、流通者等各方面所提出的要求，从中分析出真正合理的、各方面都能接受的要求，作为管理的具体目标
仓储质量 管理基本 原则	全面管理	仓储全面质量管理是以仓储质量为中心，通过一定的组织体系和科学管理方法达到最优的质量、最低的消耗和最佳的服务
	预防为主	仓储质量管理必须明确"事前管理"的重要性，明确唯有"事前管理"才是避免事故发生、减少残次品的切实可行的出发点。在上一道工作环节就要为下一道工作环节着想，估计后续工作可能出现的问题，通过事先检查、事先要求、事先防范，做到事先控制、以防为主来保证仓储质量
	细节入手	质量管理是一项系统的工作，需要从全局进行规划。但仓储的质量管理主要是通过对众多细节的控制与协调来达到总体目标的，所以，要重视对细节的管理，通过一系列小改革解决小问题，不断进行质量改进的良性循环，逐步提高整体质量，大幅度降低质量管理的成本

（2）仓储质量管理常用指标

1）账物相符率

$$账物相符率 = \frac{实际库存货物量}{账面库存货物数量} \times 100\%$$

此数据通常以盘点方式得出，或按月开展抽查进行计算而得。抽查时抽查货物实际数量与抽查货物账面库存数量比例，可以较为准确地反映出管理水平。而盘点方式则能全面而准确地反映管理水平。

2）收货差错率

$$收货差错率 = \frac{收货差错次数}{收货总次数} \times 100\%$$

本算法反映收货次数的误差率，重在对收货人员的监控与管理。差错率高时，需加强对收货员的教育与收货过程管理。

$$收货差错率 = \frac{一定时期内收货差错数量}{该期发货总数量} \times 100\%$$

本算法反映某类货物的差错率，更能用于对货品的监控和管理。差错率高时，需加强对货物本品的易损性、相似性采取有效的管理措施。

3）发货差错率

$$发货差错率 = \frac{发货差错次数}{发货总次数} \times 100\%$$

本算法反映发货次数的误差率，重在对发货人员的管理与规范发货过程。

$$发货差错率 = \frac{一定时期内发货差错数量}{该期发货总数量} \times 100\%$$

本算法反映某类货物的差错率，更能用于对货品的监控和管理。如果货物经常被错发或错发率高，说明发货过程中有相似物品需要进行有效区分与隔离。如薄钢板的1mm板与0.8mm板很容易被误发；再如汽车零部件，零件相似但用于不同车型时很容易发货出错。

4）订单完成率

$$订单完成率 = \frac{订单完成数}{应完成订单总数} \times 100\%$$

本指标为总体指标，反映公司业务服务能力。

$$订单按时完成率 = \frac{按时完成订单数}{应完成订单总数} \times 100\%$$

本指标为过程指标，反映公司在运营过程中的问题。如果订单按时完成率过低，需要运用因果分析图法查找原因，并逐步改进。确实无法改进时，需要与客户进行协调，采用进一步措施来共同应对。

5）客户满意率

$$客户总投诉率 = \frac{投诉客户数}{服务客户总数} \times 100\%$$

本指标反映公司整体服务质量，常用于月度、季度或年度考核。

$$客户投诉率 = \frac{某客户投诉次数}{服务该客户总次数} \times 100\%$$

本指标反映服务该客户的水平与质量，往往用于过程质量控制。如果投诉率指标偏高，则容易失去客户。因此当投诉出现时，一定要高度重视，需要加强沟通与协调，对于重要的客户应安排客户专员进行监督与管理。

$$客户满意率 = \frac{客户满意数量}{服务客户总数} \times 100\%$$

本指标通常在年度通过对客户的调查而得到，往往用于年度绩效考核。

（3）质量管理常用工具与方法（表3-16）

表3-16　质量管理常用工具与方法

序号	工具	定义及基本思想	操作步骤
1	统计分析表法	统计分析表法是利用统计表来进行数据整理和粗略原因分析的一种方法，是最基本的质量原因分析方法，也是最常用的方法。在实际工作中，通常把统计分析表和分层法结合起来使用，可以把影响质量的因素分析得更为清楚	① 明确收集资料的目的 ② 确定为达到目的所需要收集的资料 ③ 确定对资料的分析方法和负责人 ④ 设计调查表的格式，其内容应包括调查者、调查时间、调查地点和方式等栏目 ⑤ 对收集和记录的部分资料进行预先检查，审查表格设计的合理性 ⑥ 评审和修改调查表的格式。调查表的格式多种多样，可根据需要调查的项目灵活设计
2	因果分析图法	因果分析图又名"鱼骨图"，是整理和分析影响质量各因素的一种工具。因果分析法运用于质量管理中，是以结果作为特性，以原因作为因素，逐步深入研究和讨论项目目前存在问题的方法。因果分析法是通过因果图表现出来，其反映的因果关系直观、醒目、条例分明	① 明确调查问题的特性 ② 从左向右画一宽箭头，指向质量问题（画出主骨） ③ 分析造成质量问题的可能原因（画出大骨，填写大要因） ④ 在主要原因基础上分析第二、三层原因（画出中骨、小骨，填写中、小要因） ⑤ 检查各个要因是否有错误 ⑥ 标明各个要因的重要程度（用特殊符号标识重要因素）
3	分层法	分层法又称分类法，即把收集来的原始质量数据，按照一定的目的和要求加以分类整理，以便进行分析比较的一种方法。分层法的目的在于把杂乱无章和错综复杂的数据加以归类汇总，使其增加可比性和规律性，使之能确切地反映客观事实。原始数据按其来源、性质，根据使用目的和要求加以分类，以便进行分析比较，从而发现问题，找到影响质量的原因，有的放矢，采取措施，解决问题。分层法的原则是使同一层内的数据波动幅度尽可能小，而层间的差距尽可能大	① 收集数据 ② 将采集到的数据按目的的不同选择分层标准 ③ 分层 ④ 按层归类 ⑤ 画分层归类图

序号	工具	定义及基本思想	操作步骤
4	直方图法	直方图法是通过将所收集的质量数据分成若干间隔相等的组，并统计出每组质量数据的频数，计算出平均值和标准差，然后在以横坐标标注质量特性、以纵坐标标注频数的直角坐标系中，作出以组距为底边、以落入各组的频数为高的若干长方形排列而成的图，即所谓的直方图，再对所作成的直方图进行观察分析。通过观察直方图本身的形状，看其是否属于所谓的正常型而作出生产过程是否处于稳定状态的判断，在异常状况下亦可根据图形所具特点来究其原因，并通过将直方图与标准（公差）进行比较以发现产品在生产过程中的质量状况。对于可能生产出不合格产品的那些状况也可根据比较结果而有的放矢地采取相应的改进措施，以保证生产合格产品	① 收集数据 ② 求极差 R：$R=X_{max}-X_{min}$ ③ 确定分组的组数 K 和组距 h：$h=R/K$ ④ 确定各组界限 ⑤ 制作频数分布表 ⑥ 画直方图 ⑦ 在直方图的空白区域记上有关的数据资料
5	排列图法	排列图法也称 ABC 分析图法或帕累托图法。它是指将重要改进项目从最重要到最次要进行排列而采用的一种图示技术。图形由两个纵坐标、一个横坐标、若干直方形和一条曲线组成。通常是将影响质量的因素分为 A、B、C 三类，A 类为主要因素 B 类为次要因素，C 类为一般因素。根据所作出的排列图进行分析得到哪些因素属于 A 类，哪些属于 B 类，哪些属于 C 类，从而寻找影响产品质量的主要因素，以便对症下药，有的放矢地进行质量改善，提高质量，以达到取得较好经济效益的目的	① 针对问题收集一定时间的数据 ② 将数据按频数大小从左到右排列，并计算各自所占比率（频率）和累计比率（频率） ③ 以左侧纵坐标为频数，横坐标按频数从大到小用条状块依次排列，以右侧纵坐标为累计频率，绘制累计频率曲线 ④ 找出主要因素，按累计百分百将因素分为三类：0 ~ 80% 为 A 类因素，是主要因素；80% ~ 90% 为 B 类因素，是次要因素；90% ~ 100% 为 C 类因素，是一般因素
6	散布图法	散布图法又称相关图法。它是寻求两个变量或两种质量特性之间有无相关性、相关关系如何的一种直观判断的方法。在质量问题的原因	① 确定研究对象 ② 收集数据

序号	工具	定义及基本思想	操作步骤
6	散布图法	分析中，常常会接触到各个质量因素（变量）之间的关系，如工序条件和工序结果（质量特性值）之间的关系。这些变量之间的关系，有些是可以用函数关系表达的，即存在所谓的确定性关系。有些变量之间虽有密切关系，但不能由一个变量的数值精确地求出另一个变量的值，这种关系称为非确定性关系。散布图法就是通过将两个非确定性关系和变量的数据对应列出，并以散点的形式画在坐标图上，即作出所谓的散布图，然后对此散布图进行观察分析（这种分析有的称为相关分析），判断出两变量之间的相关关系，进而利用相关系数、回归直线进行定量分析处理	③ 画出横坐标X和纵坐标Y，添上特性图并标明刻度 ④ 根据数据画出坐标点
7	PDCA法	PDCA法也称戴明循环法，是管理学中的一个通用模型，被广泛应用于持续改善产品质量的过程中。所谓PDCA，即是计划（plan）、实施（do）、检查（check）、处理（action）的首字母组合。PDCA循环模式可概括成四个阶段：P阶段是在分析研究的基础上，确定管理目标，拟定相应的措施，制订活动计划的阶段；D阶段是在预定的目标和措施计划的基础上，组织实施的阶段，是质量控制和质量改进实施的过程；C阶段是检查计划实施情况，衡量取得效果的阶段；A阶段是总结经验和教训，巩固成绩，处理未解决问题，以保证持续改进的阶段 PDCA是一个可以对管理过程和工作质量进行有效控制的工具，每一项活动都需要经过固定的四个阶段，即计划、执行计划、检查计划、对计划进行调整并不断改善。它促使管理向良性循环的方面发展，能不断地提高工作效率	① 找出问题（P阶段）：通过对现状的分析，找出项目中可能存在的质量问题 ② 分析原因（P阶段）：根据找到的问题进行原因或影响因素的分析 ③ 确定主因（P阶段）：找出对质量产生影响的主要因素 ④ 制订措施（P阶段）：根据前阶段所找到的影响质量的主要因素，制订相应的措施及行动计划 ⑤ 执行计划（D阶段）：执行P阶段所制订的行动计划 ⑥ 检查效果（C阶段）：对实际执行的结果进行检查，以计划的目标和要求为基础，检测行动计划的执行是否达到预期的效果 ⑦ 纳入目标（A阶段）：是对检查结果进行分析总结的阶段，在制定有关的标准制度和规定时，应将前期成功的经验及失败的教训考虑其中，目的就是少走弯路 ⑧ 遗留问题（A阶段）：作为本循环的结果和下一个PDCA循环的开始，将本循环未解决的问题转入到下一循环

（4）仓储质量检查

1）质量检查的具体实施内容

① 物品储存质量控制的频率及物品定期检验的周期物品储存质量控制的频率，以货物的物理化学特性为基础，以保管保养条件为根据，开展质量监控和开展定期或不定期检查。凡存储超过一定时间，就必须开展定期检查。定期检查一般以周、旬或月为主，也可以根据货物的重要性和过去的统计数据制订检查周期。不定期检查包括随机抽查和入、出库时的同步查验。

② 物品定期检验的流程。物品定期检验是指在入库之后、出库之前所进行的查验过程。其流程如图3-6所示。

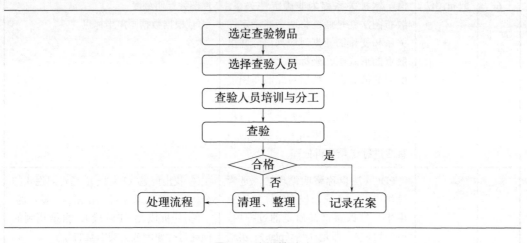

图3-6　定期检验流程

③ 物品定期检验结果的处理。物品定期检验结果处理通常包括物品检验结果合格与不合格两种情况。合格则登记检查日期、检查结论；不合格产品则按图3-7所示流程处理。

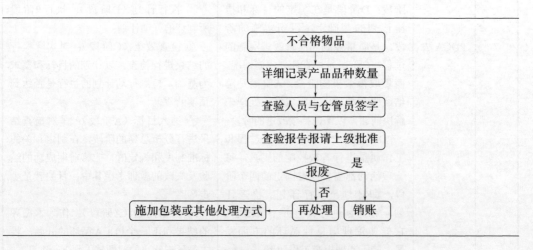

图3-7　定期检验不合格处理流程

④ 在库品质量变异的原因。

在库品质量有以下几种情况可能会导致变异，其中人为原因是主因。

a.产品本身的原因：产品质量由于其独特的物理化学性质，随着存储时间的加长，会自然变异。

b.人为产生的原因：包括储存条件（温度、湿度、通风条件等）变化，装卸、堆码、分拣等过程中的野蛮作业损坏，以及在入库前未检查出产品质量变异等情况。

c.产品之间相互影响：部分仓储业务为了提升空间利用率和扩大客户数量，将一些虽然保管条件相同，但相互有影响的货物储存在一个库，从而导致货物相互影响而产生变异。

⑤ 在库品质量管理的措施。

a.建立仓管人员稽核制度：仓管人员稽核制度是确保在库品质量的一个重要手段，其稽核的方式通常以分组、分区的方式进行。由区域保管负责人及装卸作业等相关人员组成其核查方式包括日常巡查及定期核查。检查的内容通常包括储存环境检查（温度、湿度、通风）、防火与防盗安全检查及储存期检查。针对特定的易变异的物品，还要制定检查制度，开展定期定人的专项检查。

b.建立质检人员稽核制度：除了仓管人员进行稽核之外，专业质检人员开展稽核是十分必要的。专业质检人员根据要检验物品的自然属性（物理、化学性质）及社会属性（物品所属客户、物品的重要性及价值、物品变异对社会的危害性）开展专项检查，检查过程要记录详细、处理得当。

⑥ 在库品检验结果的处理。对于在库品检验结果的处理，通常根据企业有关制度和工作规范进行处理。其处理流程如图3-8所示。

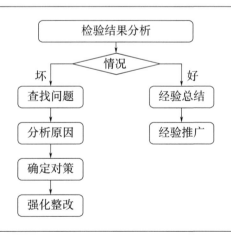

图3-8　在库品检验结果处理流程

2）质量报告撰写基本格式规范

撰写质量报告是目前许多从事仓储质量管理的企业正在积极改进的一个方面。一个完整的服务质量报告，能够准确反映出企业在经营管理过程中取得的成绩和进步，还能反映出各部门、各业务单位、各工作环节中存在的问题。通过撰写质量年报,可分析仓储企业在服务客户、强化内部质量监控与管理上存在的得失,找准问题、分析原因、提出改进措施,并提出相应的对策。质量年报的基本格式(样例)如下:

××企业年度质量报告

一、公司年度经营总体情况(数据说明)

二、公司各项指标完成情况(数据分析说明)

1.总收入、总利润完成情况

2.客户拓展与管理情况

3.各项指标完成情况

(1)客户满意度情况(通过调查或大数据分析得到)

(2)货物周转量与订单完成率情况

(3)货物储存与货品质量完成情况

(4)设施设备完好率统计情况

(5)安全指标达标情况

(6)……

4.公司质量管理上存在的问题与原因分析

(1)仓储业务质量问题分析

(2)增值服务质量问题分析

(3)……

5.改进措施与建议

对照第4项问题与原因进行

附件:各项指标完成数据

第4章

配送管理

4.1

认识配送

4.1.1　配送概述

（1）配送的主要概念

① 配送。《物流术语》（GB/T 18354—2021）对配送的定义为：根据用户要求，对物品进行分类、拣选、集货、包装、组配等作业，并按时送达指定地点的物流活动。

② 城市配送。城市配送是指专属服务于某一城区及其郊区的配送活动，在经济合理区域内，根据客户的要求对物品进行加工、包装、分割、组配等作业，并按时送达指定地点的物流活动。城市配送处理货物以商品为主。我国城市配送从业者包括企业自营配送车队、专业物流公司、短程货运公司和快递企业等。

③ 配送作业。配送作业是物流中一种特殊的、综合的活动形式，是商流与物流的紧密结合。配送作业几乎包括所有的物流功能要素，是物流的一个缩影或在某小范围中全部物流活动的体现。一般的配送作业集装卸、保管、包装、运输于一身，通过这一系列活动将货物送达目的地。特殊的配送作业还要以加工活动为支撑。分拣配货是配送作业的独特要求。

（2）配送的功能与类型（表4-1）

表4-1　配送的功能与类型

配送的功能	配送包括"配"和"送"两个功能："配"主要是指配货，包含保管、分拣、流通加工等功能；"送"主要指装卸、送货、收退等功能		
配送的类型	按配送组织者不同划分	零售商型配送中心	随着零售业连锁化，为了更好地服务门店，节约配送成本，总部会设立专属的配送中心。其经营模式既有自营，也有部门独立核算或委托给第三方物流企业
		专业型配送中心	组织者是专职从事配送的物流公司。专业型配送中心专业性强，与客户建立有良好关系。其经营特征就是把社会上闲散的资源进行整合利用，可体现出社会经济效益
		转运型配送中心	货运公司借由各区的营业所、营业集货站发展成专业的转运型配送中心。这些物流业者一般以货品转运为主，只提供"送"的功能。近年来，由于行业竞争，转运型配送中心的业务范围也逐渐增加了"配"的功能

配送的类型	按配送商品种类及数量不同划分	少品种大批量配送	这类商品大多由传统货运公司承接
		多品种小批量配送	这类商品大多由专业物流公司承接
	按配送时间及数量不同划分	定时配送	按规定的时间间隔进行配送，如一天一配、一天两配等；还有在指点的时间内送达，如承诺每天上午8～9点送达等
		定量配送	按规定的批量进行配送，但不严格确定时间，只是规定在一个指定的时间范围内配送。这种方式由于数量固定，备货工作较为简单，无须经常改变配货备货的数量，这就能有效利用托盘、集装箱等集装方式，也可做到整车配送，所以配送效率较高
		定时定量配送	在规定准确的配送时间和固定的配送数量的情况下进行配送，这种方式在用户较为固定又有长期的稳定计划时使用，有定时、定量两种方式的优点，具有较大优势。但这种方式特殊性强、计划难度大、适合采用的对象不多，虽较理想，但不是一种普遍采用的配送方式
		定时、定路线配送	在确定的运行路线上制订到达时间表，按运行时间表进行配送，用户可在规定线路站及规定时间接货，亦可按规定线路及时间表提出配送要求，从而进行合理选择。但这种方式的应用领域也是有限的，不是一种可以普遍采用的方式
		即时配送	在不预先确定配送数量、配送时间及配送线路的情况下，完全按用户要求的时间、数量进行配送。这种方式是以某天的任务为目标的
	其他分类方式		依据配送中心的功能，还可分为存储型配送中心、流通型配送中心、加工型配送中心 依据配送货物种类，可分为食品配送中心、日用品配送中心、医药品配送中心、化妆品配送中心、家电产品配送中心、化学危险品配送中心等

4.1.2　配送的模式与作用

（1）配送的模式（表4-2）

表4-2　配送的模式

模式	说明
绿色物流配送	① 对配送系统污染进行控制，即在配送系统和配送活动的规划与决策中尽量采用对环境污染小的方案，如采用排污量小的货车车型、近距离配送等。发达国家倡导的绿色物流配送是以污染发生源、交通量、交通流三个方面为着眼点制订的政策 ② 建立工业和生活废料处理的物流系统

模式		说明
加工配送		这种将流通加工和配送一体化的形式，能够使加工更有针对性，配送服务更趋完善
共同配送		共同配送是指由多个企业联合组织实施的配送活动（物流标准术语）。共同配送的主要追求目标是使配送合理化。共同配送可以分为以货主为主体和以物流企业为主体两种类型 共同配送通常由一个配送企业综合某一地区内多个用户的需求，统筹安排配送时间、次数、路线和货物数量，全面进行配送
同城配送		同城配送又被称为"最后一千米物流"，亦被称为城市"轻物流"，也叫本地派送。"同城配送"提供一个城市内A到B之间（尤其是市区范围内）的物流配送，追求的是速度快、效率最大化。随着新零售业行业变革的不断深化，同城物流配送平台从同城、小件、外卖领域切入，逐步拓展到生鲜、商超配送领域，现已发展到更为广泛的快递末端领域
即时配送		即时配送指依托社会化库存，可满足45min内送达要求的配送方式，是应O2O而生的物流形态 即时配送的核心流程是——用户配送订单需求直接推到即时配送系统，订单信息通过配送系统再直接推送给指定的本地第三方配送团队，团队接单后，由后台调度系统派单并规划最佳线路，配送员前往目的地取件，最后完成商品的物理转移，从而完成整个配送链条，实现从线上到线下的O2O闭环
跨境配送	国际邮政小包	如中邮、EUB、荷兰邮政、新加坡邮政、比利时邮政、马来西亚小包等。国际邮政小包适合低值轻小物品，一般可以平邮或挂号，挂号可以查询派送的轨迹，平邮则没办法知道是否妥投。国际邮政小包一般只能发2kg内的包裹，体积限制为最长边不超过60cm，三边之和不超过90cm
	国际专线	国际专线的特点是质量限制放宽，使用空运方式运至国外，再交给当地物流派送，时效稳定，性价比高，全程跟踪。适合高价值、对时效要求高的包裹。如"出口易"是国内较早提出专线概念的物流服务商，覆盖欧盟、俄罗斯等全球主流跨境电商市场
	国际快递	国际快递适合高值、时效快的产品，需要收件人协助清关。国际快递主要服务商有DHL、UPS、EMS等。EMS价格相对较低，限重30kg，时效根据地区不同，一般3～15天不等。国际快递需要计算泡重，根据经验估计，一般20kg以上才有价格优势
	海外仓储派送	海外仓已经成为跨境电商的标配和趋势，无品类限制，若追求时效可以空运补货，若考虑便宜可以选择海运补货。通过提前备货至海外仓，待买家采购后再从海外仓发货的方法，不仅时效快，成本低，买家物流服务体验亦较好。如"出口易"在英国、美国、澳大利亚、德国、加拿大、俄罗斯都有海外仓

（2）配送的作用

① 完善输送及整个物流系统。采用配送方式，从范围来讲，将支线运输与搬运统一起来，使输送过程得以优化和完善。发展配送制，通过建立大型的现代化的物流节点，

实现仓库布局合理，货物包装的集装化，装卸机械化、托盘化、省力化、自动化等来加强节点的改造和完善，促进物流系统的完善。配送的发展可以提高专业营运车辆的比例和运输效率，降低空载率，减少迂回运输、相向运输等，完善整个社会的输送系统。

② 实现企业的低库存或零库存。高水平的配送，尤其是采取准时配送方式之后，生产企业可以完全依靠配送中心的准时配送而不需保持自己的库存或者只需保持少量保险储备而不必留有经常储备，这就可以实现生产企业多年追求的"零库存"，将企业从库存的包袱中解脱出来，同时解放出大量储备资金，改善企业的财务状况。

③ 简化手续，方便用户。如果实行计划配送，用户一次购买活动就可以买到多种商品，简化了交易次数及相应的手续。由于配送的"送"的功能，用户不必考虑运输方式、路线及装卸货物等问题，就可在自己的工厂或流水线处接到所需的物品，大大减轻客户的工作量，节省开支，方便客户，从而提高客户满意度。

④ 提高物资供应保证程度。配送的发展在某种程度上可以提高供应的保证程度，使整个社会的生产比较协调地发展。主要是配送中心的出现，使配送的物资品种数量和种类可大大增加，时间的准确性等都有改善。

⑤ 降低成本，提高效益。引入专业化配送的企业在完成配送时能够比其他企业更好地承担实体分配功能，从而把经济性引入企业的物流系统，实现高效率、低成本。

⑥ 为电子商务的发展提供基础和支持。从商务角度来看，电子商务的发展需要具备两个重要的条件：一是货款的支付，二是商品的配送。网上购物方便快捷，无论怎样减少流通环节，唯一不能减少的就是商品配送，配送服务如不能相匹配，则网上购物就不能发挥其方便快捷的优势。因此，发展电子商务，首先必须发展物流配送。

4.1.3　配送异常处理与安全管理

（1）配送作业异常处理（表4-3）

表4-3　配送作业异常处理

异常环节	常见作业异常及处理措施
任务创建及拣选作业异常	任务创建及拣选作业异常多发生在订单创建、拣选汇总表分配、拣选货物等环节。常见的作业异常及处理措施包括： ① 信息员准确、及时操作WMS创建任务，准确打印拣选汇总表。在创建订单阶段如发现出错，要及时在系统中记录创建异常事件；批量打印拣选汇总表需要核对单据是否完成，并及时补打、领取汇总表 ② 拣选汇总表分配错误。一旦发现拣选汇总表分配错误要及时处理，如有中转中心发货汇总表，要及时转交中转分拨中心处理 ③ 仓位库存不满足需求时，应判断并登记原因（无货、不足、破损），并及时反馈 ④ 拣配员及时、准确、严格执行作业流程。扫码时要确保不漏扫；将商品放入拣选容器时不要放错、漏放、多放

异常环节	常见作业异常及处理措施
分货作业异常	分货作业环节异常多发生在分货和商品拣选完整性等方面。常见的作业异常及处理措施包括： ① 严格按照作业流程，准确扫描和分货，确保不错分、漏分。作业人员应按照分拣系统指引，将商品准确分配到对应的货格，一次只操作一个商品，防止错误发生 ② 根据系统指引，准确判断是否分拣完成。当所有订单商品全部分拣完成后再确认作业完成，一旦发现错误，应及时进行处理
包装作业异常	包装作业异常多发生在单证、装箱、填充物包装等环节。常见的作业异常及处理措施包括： ① 商品装箱错误。由于错误的拣选和分货，导致送至包装台的商品有误，一旦发现，应将拣选汇总表和错误商品放入物料箱并登记错误。同时，应避免包装装箱时将商品混装、错装 ② 单证处理错误。由于疏忽导致各类单证（含发票）漏打、错打，或者单证装箱（粘贴）错误。一旦发现应及时停止作业，补打或将单证放入正确的包装箱 ③ 填充包装物不合理。填充包装箱时，因填充物选择错误或填充未达到标准，致使包装出现质量问题。作业人员应严格按照作业标准选择、作业，完成填充工作
集货作业异常	集货作业异常多发生在集货完整判断的准确性、集货位存放的准确性等环节。常见的作业异常及处理措施包括： ① 将未完成的集货任务判断为完成。未能将订单上的所有商品集货至统一位置，或者漏了某些商品。作业人员应严格按照作业流程，使用系统辅助判断，确保不漏、不错 ② 将集货完成的包装箱放到错误的集货位。由于工作疏忽，将集货承载单元或包装箱送至错误的集货位。作业人员应严格按照作业标准操作，一旦发现错误，应及时将商品送至正确的集货位
装车交接作业异常	装车作业异常多发生在点货环节，其次是上车环节，常见的作业异常及处理措施包括： ① 货物多出。在装车环节发现货物多出时，应通知相关人员退还并放回原储位。同时应加强对其他货物的清点，防止货品少出 ② 货物缺少。在装车环节发现货物缺少，应通知相关人员确认，并立即进行补充。同时应加强对其他货物的清点，防止货品多出 ③ 货物发错。在装车环节发现不在出货清单上的货物，应通知相关人员退还并放回原储位，同时立即对缺少的货品进行补充 ④ 上车串货。在装车环节将月台上待装的运货品装错车辆，应立即停止作业并纠正错误。如果车辆已经驶离配送中心，应立即联系司机进行补救 ⑤ 上车漏装。在装车环节未能将全部货品装上配送车辆就结束上车作业，应立即停止车辆驶离，要将漏装货品装载上车辆并重新封签车辆，同时向上级管理部门汇报 综合来看，由于拣选作业人员对商品种类规格不熟悉（部分规品品类可能高度相似），或由于工作中的疏漏，在拣选作业时有可能造成货物多发、少发和发错等异常出现。因此，在装车作业点货作业环节，要认真、仔细地完成所有货品的清点工作，切实防止错误的货品进入配送作业环节。同时，上车串货和上车漏装异常的出现，往往是因月台作业人员的工作疏漏，或因月台分区间隔不清晰，或因搬运人员将清点完毕的货物搬运到了错误的装车月台等缘故造成的。一旦漏装或错装，往往因为配送车辆驶离配送中心，会造成不可逆转的物流成本产生。因此，在上车环节应提高作业人员的责任心，提高作业质量，确保不漏装、不错装

异常环节	常见作业异常及处理措施
中转分拨作业异常	中转分拨作业异常多发生在分拨环节。常见的处理措施包括： ① 单证破损、体积超大等，无法自动分拨。由于包裹面单破损、体积超过处理范围等原因，无法自动识别，应通过人工方式识别和判断，完成分拨作业 ② 分拨道口集包错误。由于分拨道口货物量大、工作人员疏忽等原因，可能造成将包裹集货至错误的承载容器。这类错误一旦发生，翻包的成本很高，往往要进入配送环节才能发现，造成的成本巨大且不可逆。作业人员应严格遵守作业流程要求，确保准确无误地完成分拨工作
配送站点作业异常	配送站点作业异常多发生在交货环节。常见的作业异常及处理措施包括： ① 多交货品。由于配送卸货环节工作疏忽，导致部分货品卸车数量大于应交付数量，造成多交货品。应及时核对，核实后带回 ② 少交货品。由于配送卸车环节工作疏忽，导致部分货品卸车数量小于应交付数量，造成少交货品。核实后，如配送车辆未离开应及时卸车交付；如车辆已经离开，若属于客户协议同意的情况，应及时补发 ③ 错交货品。由于配送卸车环节工作疏忽，导致部分货品卸车与应交付货品规格不符，造成错交货品。核实后，应及时与客户取得联系，并协调重发与退货 ④ 交错客户。由于配送环节工作疏忽，导致将货品配送至错误的客户并完成了交付，造成交错客户。核实后，应及时联系客户取回送错的货品 ⑤ 客户拒收。客户收货时发现配送货品在数量、质量等方面存在问题，拒收货物。应与客户确认拒收原因，并将货物作拒收处理，带回配送中心

（2）配送安全管理

在现代物流活动中，配送是一种较特殊的综合活动形式，几乎包含所有的物流功能要素，是物流的一个缩影或某小范围内全部物流活动的体现。考虑到配送作业活动涉及环节众多，其作业复杂性高，风险点多，因而安全管理尤为重要。配送作业的组织和管理部门应高度重视配送作业安全管理，建立安全管理制度和应急处理措施，以确保作业安全，减少安全事故的损失和影响。

1）配送安全管理影响因素

① 自我因素。自我因素产生的安全管理问题是由配送作业人员疏忽等个人原因造成的。这类问题常发生在拣货、装卸搬运、运输等配送作业环节。如果配送车辆属于公司财产，为了公司财产安全，严格执行配送车辆的安全管理制度是必然的。在道路运输活动中，驾驶员的个体差异对事故的发生有着很大的影响，反应能力不足、年龄等都是导致交通事故的原因。再如，在装卸搬运过程中，由于作业人员的疏忽大意，致使装卸搬运对象坠落，造成人员被砸伤或货品破损等风险和损失；或者在驾驶叉车等搬运设备时，由于疏忽大意与人员或货物发生碰撞，造成人员受伤或货物破损等风险和损失……这类问题，通过加强作业安全教育、提升作业标准规范化，是可以减少甚至避免的。

② 外来因素。外来因素产生的安全管理问题是在配送作业过程中，由外来突发事件造成的。这类安全管理问题常发生在配送中心以外，如配送环节的运输过程中遭遇

突发事件致运输中断，轻者使货物无法按时送达，重则造成车毁货损的结果。公司应充分认识突发事件有可能给客户带来的损失。

运输过程中所遇突发事件一般分为以下几类：

a.自然灾害。暴风、暴雨、水灾、地震、运输道路毁坏等自然灾害造成配送人员、车辆或货物的损失等风险。

b.车辆事故。配送车辆在送货过程中发生故障无法运行，造成潜在的安全问题。

c.交通事故。车辆在行驶过程中发生交通事故，尤其是其他车辆负主要责任的交通事故，对配送人员造成伤害、对车辆或货物造成损失等风险。

d.政府部门扣车检查。由于各类政府监管行为，对配送途中的车辆进行查扣造成的潜在风险。

e.货物车辆被盗或其他原因。配送车辆在配送途中货物被盗或其他原因造成的潜在风险。

2）配送安全管理风险及补救措施

① 配送安全管理风险。

a.与分包商之间可能产生的风险。主要包括传递性风险、诈骗风险等。

a）传递性风险。传递性风险是指第三方物流企业能否通过分包协议把全部风险有效传递给分包商的风险。例如，第三方物流企业与客户签订的协议规定赔偿责任限额为每件500元，但第三方物流企业与分包商签订的协议却规定赔偿责任限额为每件100元，差额部分则由第三方物流企业承担。在这里，第三方物流企业对分包环节造成的货损并没有过错，但依据合同不得不承担差额部分的赔偿责任。由于目前铁路、民航、邮政等公用企业对赔偿责任限额普遍规定较低，因此第三方物流企业选择由公用企业部门分包时将面临不能有效传递的风险。

b）诈骗风险。资质差的分包商，尤其是一些缺乏诚信的个体户运输业者配载货物后，有时会发生因诈骗而致货物失踪的风险。

b.与社会公众之间可能产生的责任风险。这类风险主要包括环境污染风险、交通肇事风险、危险品泄漏风险等。

a）环境污染风险。第三方物流活动中的环境污染主要表现为交通拥堵、机动车排放尾气、噪声等。根据环境保护法，污染者需要对不特定的社会公众承担相应的法律责任。

b）交通肇事风险。运输司机在运输货物的过程中如发生交通肇事，属于履行职务的行为，其民事责任应该由其所属的物流企业承担。

c）危险品泄漏风险。危险品物流有泄漏的风险，随时会给社会公众的生命财产安全带来威胁，这一点值得从事危险品物流的企业警惕。

② 补救措施（紧急救助）。

a.凡在运输过程中遇突发事件造成车辆中断运行或改变运输路线、无法按时送达货物、造成车毁货损等情况，司机必须及时报告公司调度。内容必须包括以下几个方面：突发事件种类、原因；车辆、货物的损坏情况；发生突发事件的地点和时间；建议施救办法。

b.凡遇自然灾害、车辆发生故障，但未造成货差货损的，可改道行驶，或及时联系修理单位，尽快修复车辆。凡遇自然灾害造成货物损坏的，司机应积极自救，力争减少货物损失，并尽快通知公司调度及技术安全部领导寻求处理办法。

c.凡交通事故但未造成货损，司机应积极主动地配合交警部门处理交通事故，尽快修复车辆。如造成货损的，应将货损情况立即通报公司调度和技术安全部领导寻求处理办法，并协助配合保险公司处理货物索赔事宜。

d.政府部门扣车、扣货，司机应了解扣车、扣货的原因，放车、放货所具备的手续，积极说服有关部门放车、放货，并报告公司调度以寻求处理办法，全力协助有关人员处理。

e.货物被盗应立即到当地公安部门报案，报告公司调度和技术安全部领导寻求处理办法。

f.如发生突发事件，司机必须在承运记录中做详细记录。在可能情况下，由公安交警部门签字证明。

3）配送安全管理制度

为了实现安全管理的目的，企业应建立健全各项必要的安全规章制度，为所有员工预先设立一个行动准则规范，以便员工照此行事，实现有组织、有秩序的安全生产。一般而言，物流企业为了实现配送作业安全生产的目的，需要建立健全表4-4所示的安全管理制度。

表4-4　安全管理制度

制度	具体内容
安全生产责任制度	物流企业应建立以目标管理为核心的安全生产责任制，把目标管理和安全生产责任制结合起来，以事故隐患的控制等安全目标作为安全责任的界定和奖惩的依据 在实施过程中，随着安全目标的层层分解，安全责任须明确到人，形成一个自上而下逐级管理、自下而上逐级负责的管理网络。具体来说，公司领导主抓全公司安全，对国家和企业负责；各部门的负责人、安全员主抓部门安全，对二级单位领导负责；班组长主抓班组安全，对部门负责人负责；员工自抓本岗位安全，对班组长负责。各机构之间每年层层签订安全生产责任书，年终逐级考核兑现
安全会议制度	物流企业安全生产领导小组应每季度召开一次安全会议，每月召开一次安全工作例会；驾驶员安全会议（活动）原则上每周召开一次，每月不少于两次。遇有特殊情况或发生重特大事故应随时召开有关会议 物流企业现场作业安全、道路运输安全工作例会每月不得少于一次。安全工作例会的主要内容是：传达、学习有关安全管理工作的文件、指示；总结本单位近期内现场作业、行车安全工作的经验教训，制订措施，布置开展安全活动。各类现场作业人员和驾驶人员"安全活动日"应每周开展一次。活动日主要活动内容括：传达、学习有关现场作业、行车安全的法规、文件；总结、交流安全作业、安全行车经验，分析安全生产形势；针对现场作业安全、行车安全中存在的问题提出防范措施。安全活动日应建立活动记录，实行签到制度。物流企业也可根据自身条件和特点，结合生产实际，积极开展不同形式的安全竞赛活动

制度	具体内容
安全档案制度	物流企业应分别建立现场作业和行车安全档案、安全事故档案。包括基础资料档案、作业人员及驾驶员档案、规章制度、企业的作业安全管理机构设置和安全管理人员编制名册、检查考核记录、安全例会记录、安全活动记录。企业应使用信息系统建立安全档案一人一档，记录作业人员安全运行和遵章守纪等情况；安全事故档案对于一般事故以上实行一事一档政策，用于记录事故经过、事故原因及事故处理情况
安全教育和培训制度	物流企业应结合配送现场作业和配送车辆行驶特点，重点对安全管理、设备及车辆操作与维修、设备及车辆安全技术检查等人员进行以业务和技术为主要内容的安全教育和岗位培训；针对现场作业人员及驾驶员的安全注意事项、安全防护、事故应急处置定期开展安全教育和培训
安全检查制度	物流企业应建立现场作业和行车安全监督、检查制度，对现场作业人员和驾驶员、现场作业设备和运营车辆等生产人员及设备进行安全技术情况检查，做好详细记录。对检查中发现的问题和事故隐患，应制订措施及时整改
人员管理制度	物流企业必须加强对现场作业人员和驾驶员的管理，抓好现场作业人员（尤其是特种作业环节）、驾驶员的资质审查和培训、考核、教育及上岗资质的管理工作。教育作业人员及驾驶员应遵章守纪，服从管理，自觉执行安全管理的各项规章制度
作业设备管理制度	物流企业要加强作业设备和车辆管理，建立作业设备和车辆技术管理制度，严格作业设备及车辆的维修、检测，并建立健全技术档案。要强化风险保障能力，凡国家规定实行强制保险的险种，所有营运车辆（含租赁、挂靠车）必须按要求投保，不得漏保、脱保
安全日志制度	物流企业应建立配送作业生产安全日志制度，加强配送作业各环节的安全运行管理。其中，车辆安全日志包括始发站、中途停靠站、终点站、停车时间、天气和道路状况以及行车中发生的车辆故障、隐患、事故等内容，由驾驶员负责填写，企业有专人负责。管理制度建设只是搞好安全管理工作的第一步，只是手段不是目的，仅仅是设立了一套行为规范，更重要的是要遵照执行，将制度规章落到实处，否则就是白白浪费时间和精力。企业必定定期检查安全规章制度的执行情况，并在年终进行总结、分析，提出进一步完善的意见 检查的主要内容是：职工安全意识的确立情况、各项安全制度的执行情况、有关安全机构功能的发挥情况、作业设备和运营车辆的实际情况、各类事故处理的情况、安全防范措施落实的情况等。安全大检查以自检、普检为主，并适当与互检、抽检结合起来。对查出的问题要果断处理，并在制度上完善
安全奖惩制度	物流企业应建立科学的奖惩制度，做到奖惩分明，保障企业安全管理人员的合理权益，处罚相应的不安全行为。要建立安全作业奖惩制度，使安全作业与经济利益挂钩。对安全作业人员和驾驶员每月发放奖励基金，设立安全奖等奖项；对发生事故的作业人员及驾驶员根据损失大小按责论处，从而进一步提升安全管理效果
安全责任追究制度	物流企业应秉承对安全事故严格按照事故原因不查清不放过、责任人员未处理不放过、整改措施未落实不放过、有关人员未受到教育不放过的"四不放过"原则，追究事故直接责任人和有关负责人的责任

4.2
配送技术与设施设备使用

4.2.1 配送技术

（1）货物装卸技术

货物装卸是指物品在指定地点以人力或机械装入运输工具或卸下运输工具的物流作业。其基本要求是文明装卸。货物装卸过程中，要严格执行车辆装载标准和有关规定，车辆装载要均衡。装货时要求堆码整齐、捆扎牢固、遮盖严密、车厢关闭，对有特殊要求的货物要按有关规定装卸。货物装卸质量的高低决定着货品的运输质量，良好的装卸作业能极大地降低货品运输中的破损率，提高物流服务质量和客户满意度。

1）货物卸车

货物卸车是指将货品以人力或机械方式从车辆或其他运输工具上卸下的过程，是货品一个重要的空间转移过程，该作业的操作水平对货物在流通过程中破损率的高低影响很大。装卸搬运人员的素质和技能以及所使用的工具都会影响到货品的卸货效率和货损的程度，因此，必须加强对卸货作业的管理和人员技能培训，尽可能采用先进的装卸搬运技术和设备。

2）货物装车

理论上，客户的配送顺序确定后，只要将货物依照"后送先装"的原则装车即可。但实际情况下，为了有效利用空间，常需要将货品进行堆叠。为了保证货品的质量，在堆叠时需要考虑货品的性质，比如有的货品怕振动、禁压、禁撞或者易受潮。同时还要考虑货品的形状、体积、质量和包装的承重能力等因素。所以在装车配载时，除了遵循"后送先装"的基本前提，货品装车还需要考虑以下装车配载原则：

① "重不压轻，大不压小"，轻货应放在重货上面，小件货应放在大件货上面。

② 车辆内货物要进行大小搭配、轻重搭配，合理使用车辆的有效容积以及额定载重。

③ 装入货物的总体积及总质量不能超过车辆的有效容积以及额定载重。

④ 车辆内货物质量应分布均匀，以免发生翻车事故。

⑤ 货物性质不能相斥，如散发异味的货品不能与食品混装等。

⑥ 货品与货品之间、货品与车辆之间应留有空隙并适当衬垫，防止货损。

⑦ 装货完毕后，应在门端处采取适当的稳固措施，以防止开门卸货时因货品倾倒而造成货损及人员受伤。

（2）车辆配载技术

当单个客户的配送数量不能达到车辆的有效装载负荷时，应集中统一配送，将线路上其他客户的配送货物进行搭配装载，以提高车辆运行利用率。车辆配载技术是指货物在具体装车时根据货物配载计划所进行的装载过程，是为充分利用车厢的载重和容积而采用的方法，配送车辆积载的好坏直接影响配送中心的配送质量。

1）车辆运输生产率

车辆运输生产率是一个综合性指标，是一系列效率指标的综合表现。在车辆的运行组织中，主要有行（里）程利用率和吨位利用率两个指标：

$$行（里）程利用率 = \frac{有载行程}{总行程} \times 100\%$$

$$吨位利用率 = \frac{有实际完成周转率}{载运行程周转率} \times 100\%$$

配送运输车辆的吨位利用率应保持在100%，即按车辆核定吨位装足货物，不要亏载。亏载分为两个方面：一是没有合理利用好车厢的容积，二是没有合理利用好车辆的载重。这两种情况都会造成企业人员、车辆、运输配送成本的浪费，不利于提高企业配送效益。当然也不能超载，超载可能造成车辆过早损坏，增加车辆的过度磨损，同时还会增加车辆运行燃料等的消耗，容易发生运行事故，给企业、货主带来重大损失。

2）影响车辆积载的因素（造成亏载的因素）

从理论上讲，车辆积载现象只要将货物按照"后送先装"的顺序装车即可避免，但为了有效利用空间，还要考虑其他因素，灵活地做出调整。影响车辆积载的主要因素归纳如下：

① 货物特性。如轻泡货物，由于车厢容积的限制和运行限制（主要是超高）而无法装足吨位。

② 货物包装情况。如货物包装容器的体积不与车厢容积成整倍数关系，则无法装满车厢。

③ 不能拼装运输。应尽量选派核定吨位与所配送的货物质量接近的车辆进行运输；按有关规定必须减载运行的（如有些危险品货物必须减载运送才能保证安全），则必须减载。

④ 由于装载技术的原因，造成不能装足吨位。由于现场作业人员经验不足，造成无法装满。

3）车辆配载作业内容

① 提高货物集装化或散装化作业。"成件的货物集装化、粉粒状的货物散装化"是提高作业效率的重要方向，所以成件货物应尽可能集装成托盘系统、集装箱、货架、网袋等货物单元，再进行装卸作业。各种粉粒状货物应尽可能采用散装化作业，直接

装入专用车、船、库。不宜批量处理的粉粒状货物可装入专用的搬盘、集装箱内，以提高货物活性指数，便于采用机械设备进行装卸作业。

② 车辆货物堆积作业。车辆货物堆积作业是在具体装车时为充分利用车厢载重而采用的方法，一般应根据所配送货物的性质和包装来确定堆积的行、列、层数及码放的方案。车辆货物堆积的方式主要有行列式和直立式堆码方式。

4.2.2　配送作业设施与设备及维护

（1）配送作业设施与设备（表4-5）

表4-5　配送作业设施与设备

配送作业设施	配送中心	配送中心是从事配送业务的物流场所或组织，是以组织配送性销售或供应、执行实物配送为主要职能的流通型节点。从事配送业务的物流场所或组织，应基本符合以下要求：为特定的用户服务；配送功能健全；完善的信息网络；辐射范围小；多品种、小批量；以配送为主，储存为辅
	分拨中心	一般意义上，分拨中心是物流行业运作的经济活动组织，是集加工、理货、送货等多种功能于一体的物流节点
	配送站点	配送站点一般指物流或快递公司在各个末端配送区域设置的物流作业节点，是最底层的配送作业设施
配送作业设备	流通加工设备	流通加工设备是指完成配送作业中流通加工任务的专用机械设备。流通加工设备通过对物流中的商品进行加工，改变或完善商品的原有形态来实现生产与消费的连接作用，并使商品在流通过程中实现价值增值。按加工形式分，流通加工设备包括剪切加工设备、冷冻加工设备、分选加工设备、分装加工设备、组装加工设备等。常见的流通加工设备有剪板机、木工锯机、玻璃切割机、冷链设备等
	冷链设备	冷链设备是指将生鲜、易腐货物在低温冷藏条件下由产地、捕捞地送至零售卖场而采用的运输、储存设备的总和。运用冷链设备可以有效地控制货物在物流过程中的温度，减少货物变质等损耗，从而降低经营成本。常用的冷链设备有冷藏车、冷藏箱等
	包装设备	包装设备是指能完成全部或部分产品和商品包装过程的机械，是实现包装的主要手段。物流配送中心根据不同的功能和处理的产品类型，会采用不同的包装机械，常用的包装机械有容积式填充机、裹包机、封口机、贴标机、捆扎机等
	配送车辆	物流领域使用的运输设备主要是载货汽车，包括普通厢式货车和各类专用汽车，如箱体货车、冷藏保温货车、罐式货车、自卸货车等

配送作业设备	配送车辆	配送车辆规模	配送中心要进行正常的经营活动，需要配备数量充足的配送车辆
		配送车辆分类	按是否拥有所有权，可分为自有车辆和社会车辆，两种车辆的使用成本构成不同。自有车辆的使用成本包括车辆折旧费、维修费、油费、通行费、税金、保险等；社会车辆的使用成本主要是外租费和管理费
		常用载货汽车	物流配送领域常用的载货汽车主要包括普通货车、厢式货车和专用货车
		配送车辆的选择	车辆是运输配送企业的一项重要资源，在配送车辆的选择上，首先要解决的问题是决定使用何种类型、何种载重吨位以及满足其他条件的车辆来实施配送作业 ① 车辆类型的选择。通用车辆和专用车辆的选择：专用车辆主要用于运输特殊货物，或在有利于提高运输效率的情况下配置随车装卸机械，用于运输一般货物。在合适的条件下，使用专用车辆可以获得一定经济效果 ② 车身选择。普通载货汽车的车身主要有平板、低栏、高栏和箱式四种 ③ 车辆吨位和容积的选择。根据所运货物的质量和体积确定车辆吨位和容积。当进行大批量货物运输时，采用最高载重车辆是合理的；当货物批量有限时，车辆的吨位和容积必须与货物质量体积相适应 ④ 考虑车况。在同等情况下，要检查车辆的车况，优先选择车况好的车辆
	其他设备		手推车是一种以人力驱动为主，不带动力在路面上水平运输货物的小型搬运车辆，其搬运作业距离一般不大于25m，承载能力在500kg以下。其特点是轻巧灵活、易操作、转弯半径小，适用于短距离、输送量小、质量较轻的货物搬运。常见的手推车有二轮手推车、多轮手推车和物流笼车

（2）配送设备使用与维护

配送设备只有在使用中才能发挥其作为生产力要素的作用，而对设备的使用是否合理又直接影响设备的使用寿命、精度和性能。

合理使用物流设备包括技术合理与经济合理两个方面：技术合理即按照有关技术文件规定的物流设备性能、使用说明书、操作规程、安全规则、维护和保养规定等使用要求，正确操作使用物流设备；经济合理就是在物流设备性能充分允许的范围内，能充分发挥物流设备的效能，以高效、低耗获得较高的经济效益。

1）合理使用设备的措施

① 严格按照规程操作设备。设备操作规程规定了物流设备的正确使用方法和注意事项，对异常情况应采取行动并执行报告制度。

② 实施使用设备的各级技术经济责任制。操作者应按规程操作，按规定交接班，按规定进行维护保养，不允许违背操作规程。

③ 对重要设备应制订和执行定人定机、教育培训、操作考试和持证上岗、交接班等制度，并严肃处理发生的设备事故。

④ 实行设备维护奖惩办法，将操作人员的积极性和物质奖励相结合。

2）维护与保养的基本内容

物流设备的维护与保养是指通过一系列方法对物流设备进行护理，以维持和保护其性能和技术状况。在配送作业的拣选、集货、装车、分拨与站点配送过程中，要正确使用各种设备、工具和安全防护用具，保证货品和人员的安全；在使用后应注意将设备清洁到位，保证设备的安全保护装置齐全，不漏水、不漏电、不漏气、不漏油，并进行日常保养操作。对电动和智能化设备要及时进行充电和日常养护，定期进行安全性能检测。

虽然不同的物流设备在结构、性能和使用方法上各不相同，但其维护的基本内容是一致的，即清洁、安全、润滑和防腐。

① 清洁。各种物流设备要保持清洁，做到无尘、无灰、整齐，努力建设良好的工作环境。

② 安全。设备的安全保护装置要齐全，各种装置不漏水、不漏电、不漏气、不漏油，保证安全，不出事故。

③ 润滑。对设备要定时、定点、定量加注润滑油，减少磨损，保证其运转畅通。

④ 防腐。对金属结构的机体必须清除掉侵蚀及锈蚀部分，防止设备腐蚀生锈，提高设备运转的安全可靠性。

3）三级保养制度

三级保养制度为日常保养、一级保养和二级保养。

① 日常保养。日常保养是全部养护工作的基础，其特点是经常化与制度化。日常保养一般由操作工人负责进行，其具体内容包括：严格按照操作规程，在班前、班后和设备运行中检查设备润滑状况，定时、定点完成设备加油工作；紧固易松动的零部件；检查设备是否漏油、漏水、漏电、漏气等；检查各防护、保险装置及操纵、变速机构是否灵敏可靠，零部件是否完整。

② 一级保养。一级保养是为了减少设备磨损、消除隐患、延长设备使用寿命，是设备处于正常技术状态而进行的定期维护。一级保养是以操作人员为主，维修人员为辅完成的，一般在每月或设备运转 $500 \sim 700h$ 后进行。

③ 二级保养。二级保养是为了使设备达到完好标准、提高和巩固设备完好率、延长大修期而进行的定期保养。二级保养是以维修人员为主、操作人员为辅完成的，一般一年进行一次或设备累计运转2500h后进行。

4.3

配送作业计划制订与实施

4.3.1　认识配送作业计划

（1）配送作业计划

1）配送作业计划的概念

配送作业计划是指根据客户订单的需求情况，配货和送货作业的具体规划，主要包括订单处理作业计划、拣货作业计划和送货作业计划，是配送企业作业的指导文件。

编制配送作业计划的依据：

① 客户的订单。一般客户订单对配送商品的品种、规格、数量、送货时间、送达地点、收货方式等都有要求。因此，客户订单是拟订配送计划的最基本的依据。

② 客户的地理位置分布情况。客户位置离配送据点的距离长短、配送据点到达客户收货地点的路径选择，直接影响输送成本。

③ 所配送货物的具体情况。如体积、重量、物理及化学特性等。配送货物的体积、形状、重量、性能、运输要求是决定运输方式、车辆种类、载重、容积、装卸设备的制约因素。

④ 运输及装卸作业的环境条件。运输道路交通状况、运达地点及其作业地理环境、装卸货时间、天气气候等会对输送作业的效率产生较大的影响。

2）配送作业计划的分类

配送作业计划可以分为配送作业主计划、日配送作业计划和应急配送作业计划。

① 配送作业主计划。指相对稳定的配送业务的长期计划，是规划企业规模，确定设备设施数量及企业人员的依据。对应的时间段一般业务规模、类型等比较稳定，如季节性商品的配送可以在每一个季节制订一个主计划。如果业务变化比较大，主计划对应的时期周期会比较短。

② 日配送作业计划。指配送中心逐日进行实际配送作业的调度计划，包括订单处理任务、拣货作业计划及送货作业计划的落实。与配送作业主计划相比，配送中心的日配送作业计划更具体。

③ 应急配送作业计划。指配送中心针对突发事件或者不在主计划规划范围内的配送业务，或者不影响正常性每日配送业务所做的计划，是配送业务主计划和日配送作业计划的必要补充。

3）配送作业计划的主要内容

① 人、财、物的调配计划。包括完成相应配送作业需要的人员数量、技能要求以及人员的分工、调度安排，需要的资金支持，以及需要的设备设施数量和其他要求。

② 订单处理作业的具体安排计划。用于指示订单操作人员按照一定的操作原则、时间进度、其他要求等完成订单处理工作。

③ 拣货作业计划。对拣货作业工作过程的具体安排，包括生成分区拣选任务、安排拣选人员分工、拣选设备选择与使用计划等，以保障拣货作业的顺利完成。

④ 送货作业计划。包括送货路线的优化、车辆配载、车辆调度、送货等工作过程的具体安排。

（2）拣货作业计划

1）拣货作业计划的编制步骤

拣货作业工作量大且复杂，为了保证拣货作业有序完成，在进行拣货前须根据出货订单的货品、等级、数量等情况对货物进行拣货计划的安排。编制拣货作业计划的步骤如下：

① 收集拣货资料。拣货资料是拣货作业的依据，不同企业拣货资料的形成方式不同，拣货要求也不同，在拣货前要将需要拣货的单据收集齐全，为后续工作做准备。

② 分析拣货资料：

a.分析客户配送需求。每个客户对货物配送的需求不尽相同，因此拣货前需了解每位客户的实际需求，针对不同的客户采用相应的拣货方式，提高服务水平。

b.分析货物特性。货物品种繁多，储存方式各异，不同的货物需对应不同的拣货设备，对人员的作业水平要求也不一样，因此在拣货前还必须进行货物特性的分析。

c.选择拣货方式及拣货策略。每一种拣货方式都有自己适用的条件，需要根据企业的实际情况进行选择。

d.选择拣货路径。根据货物在仓库存放的位置，安排合理的拣货路径，以便能以最少的时间、最短的路线将货物拣选出来。

e.确定拣货时机。根据交货时间以及拣货作业标准时间，安排货物的拣选时机，确保及时送到客户手中。

f.安排拣货人员和设备。根据拣货方法和时间安排，选择相应的设备并配备恰当数量的作业人员，保证按时完成拣货任务。

③ 分析拣货作业工作事项。在拣货方式、拣货设备、拣货路径、拣货人员等要素分析完成后，还需分析在拣货作业中的工作事项，并且对这些工作事项进行具体安排。

④ 编制拣货作业计划。

2）拣货作业计划的编制方法

常用的制定进度计划的方法有：

① 制定关键日期表。它是一种较简单的进度计划方法，一般只列关键活动和进行的日期。

② 制作甘特图（线条图、横道图）。它以每条横线表示每项活动的起止时间。

③ 运用网络计划技术。指许多相互联系、相互制约的活动所需资源与时间及其顺序安排的一种网络状计划方法。其基本原理是利用网络图标表示计划任务的进度安排

和各项活动之间的关系；在此基础上进行网络分析，计算网络时间值、确定关键路线；利用时差，不断改进网络计划，优化工期、资源和成本。

（3）送货作业计划

1）送货作业计划的主要内容

按日期排定用户所需商品的品种、规格、数量、送达时间、送达地点、送货车辆与人员等。

首先对客户所在地的具体位置作系统统计，并作区域上的整体划分，将每一客户纳入不同的基本送货区域中，作为配送决策的基本参考。在区域划分的基础上再做弹性调整，以安排送货顺序，根据客户订单的送货时间确定送货的先后次序。

选择配送距离短、配送时间短、配送成本低的线路，需要根据客户的具体位置、沿途的交通情况等作出优先选择和判断。除此之外，还必须考虑有些客户所在地点的环境对送货时间、车型等的特殊要求。例如，有些客户一般不在上午或晚上收货，有些道路在某高峰期实行特别交通管制等。因此，确定运送批次顺序应与配送线路优化综合起来考虑。另外，还需按用户要求的时间，结合运输距离来确定启运提前期，按用户的具体要求选择送达服务的具体组织方式等。

最终形成的送货作业计划，应该包括两部分：一份一定时期内综合的送货作业计划，见表4-6；依据综合送货作业计划制定的每一车次的单车作业计划表（单），该表（单）交给送货驾驶员执行，执行完毕后交回，见表4-7。

表4-6 送货作业计划表

日期	送货作业任务					车公里	吨千米
	起点	迄点	送货距离	送货次数	货物名称		
效率指标	标记吨位	日行程	实载率	运量	计划完成率		
备注							

表4-7　单车作业计划表（单）

年　　月　　日

发货单位						
车号车型						
送货点						
运行周期		发车时间		预计返回时间		
		到达时间	到达地点	离开时间	货物情况	收货人签字
车辆运行状态	第一站					
	第二站					
	第三站					
	第四站					
	第五站					
	第六站					
备注						
驾驶签字				调度员签字		

2）送货作业计划的调整

由于送货作业过程情况复杂，在送货作业计划执行中，难免发生偏离原计划要求的情况，而且可能涉及面较广。因此，必须进行详尽分析与系统检查，才能分清缘由，采取有效措施消除干扰执行计划的不利因素，保证计划实施。通常干扰送货作业计划执行的影响因素包括下列各项：

① 临时变更送货路线或交货地点。

② 装卸工作如装卸机械故障、装卸停歇时间超过定额、办理业务手续出现意外拖延等。

③ 车辆运行或装卸效率提高，提前完成作业计划。

④ 车辆运行途中出现技术故障。

⑤ 行车人员工作中无故缺勤、私自变更计划、不按规定时间收发车，以及违章驾驶造成技术故障或行车肇事。

⑥ 道路情况出现异常，如临时性桥断路阻、路桥施工、渡口停渡或待渡时间过

长等。

⑦ 气候出现异常，如突遇雨、雪、大雾、冰雹、河流涨水、冰冻等意外情况。

为防止上述因素对运行作业计划的影响，除积极加强预报预测之外，必须采取一定措施及时进行补救与调整。在送货作业过程中，驾驶员如遇到各种障碍和意外情况发生，须及时上报，以便管理人员及时调整变更计划，或者采取紧急措施。一旦作业计划被打乱，不能按原计划完成的，计划人员应迅速做出变更及调整，并协调相关部门或人员采取适当措施，保证计划的顺利实施。

4.3.2 配送作业计划制订实施

（1）制订配送作业计划

配送作业计划制订与实施的流程如图4-1所示。

图4-1 配送作业计划制订与实施流程图

1）制订配送主计划

制订配送主计划以便于对企业一定时期内所需资源有概要了解。

2）制订日配送计划

日配送计划必须具有可操作性，能够指导整体配送工作开展。在充分掌握日配送计划必需的信息资料后，由计算机编制，最后形成配送计划表，或由计算机直接向具体执行部门下达指令。

在不具备上述手段而由人工编制计划时，其主要步骤是：

① 按日汇总各用户需求资料，用地图标明，也可用表格列出。

② 计算各用户送货所需时间，以确定起送提前期。

③ 确定每日各配送点的配送计划，可采用图上或表上作业法完成。

④ 按计划的要求选择配送手段。

⑤ 以表格形式拟订出详细配送计划。

（2）处理订单

企业接受客户订单后，需要对订单进行处理，以启动后续作业流程，满足客户需求。由于订单到达时间、订单规模等差异，如果每个订单到达配送企业就开始处理，有可能产生较高的订单处理成本，因此，配送机构多采用不同的订单处理策略，完成订单批处理，以波次的方式启动拣货等后续工作。

以拣货环节为例：传统的方式是按照单张订单拣货，行走路径大，作业效率低。WMS波次管理为集约化拣货提供了高效的作业策略，根据订单明细中的商品品类、商品数量、库位顺序按波次拣货，简单地说就是把同一拣选路径的订单作为第一排序条件，商品所属品类作为第二排序条件，对订单进行按时间或数量的波次处理，从而优化拣货人员的工作路径，一个拣货人员可在一个波次中用最短的距离在最短的时间内拣完所有的商品，大幅提高了拣货效率。

（3）制订拣货作业计划

1）根据订单处理结果选择拣货方法

配送企业接收并处理订单，针对有效订单所包含的商品信息、所在区域等，选择不同的拣货方式，如整箱货和拆零货、货架区和非货架区等选用不同的拣货方法。

2）制订拣货作业计划

制订拣货作业计划，并将计划作为拣货工作的指导文件。制订拣货计划常用的方式是甘特图。

甘特图具有简单、醒目和便于编制等特点，可以用来编制拣货作业计划，绘制步骤如下：

① 明确项目涉及的各项活动。内容包括项目名称（包括顺序）、开始时间、工期，任务类型（依赖/决定性）和依赖于哪一项任务。例如表4-8中的拣货安排。

表4-8 拣货时间表

项目名称	开始时间	历时	结束时间
结束客户订单并制作	13:58:00	00:05:00	14:03:00
检查订单有效性	14:03:00	00:02:00	14:05:00
客户沟通，确认准确供货信息	14:05:00	00:05:00	14:10:00
完成拣选单一	14:10:00	00:04:00	14:14:00
完成拣选单二	14:10:00	00:06:00	14:16:00
核对出库货物	14:14:00	00:05:00	14:19:00
订单一配货（小二）	14:19:00	00:07:00	14:26:00
订单四配货（小五）	14:19:00	00:07:00	14:26:00

项目名称	开始时间	历时	结束时间
车辆调度，确认车辆地点，到达时间	14:19:00	00:06:00	14:25:00
订单五配货（小六）	14:26:00	00:04:00	14:30:00
订单二配货（小三）	14:26:00	00:04:00	14:30:00
订单三配货（小四）	14:31:00	00:03:00	14:33:00
货物打包	14:33:00	00:05:00	14:38:00
货物运送至月台，码放整齐	14:38:00	00:07:00	14:45:00

② 创建甘特图草图。将所有的项目按照开始时间、工期标注到甘特图上。

③ 确定项目活动依赖关系及时序进度。使用草图，按照项目的类型将项目联系起来，并安排项目进度。

此步骤将保证在未来计划有所调整的情况下，各项活动仍然能够按照正确的时序进行。也就是确保所有依赖性活动能并且只能在决定性活动完成之后按计划展开。

同时避免关键性路径过长。关键性路径是由贯穿项目始终的关键性任务所决定的，它既表示项目的最长耗时，也表示完成项目的最短可能时间。请注意，关键性路径会由于单项活动进度的提前或延期而发生变化，而且要注意不要滥用项目资源，同时，对于进度表上的不可预知事件要安排适当的富裕时间。但是，富裕时间不适用于关键性任务，因为作为关键性路径的一部分，它们的时序进度对整个项目至关重要。

根据表4-8创建的甘特图如图4-2所示：

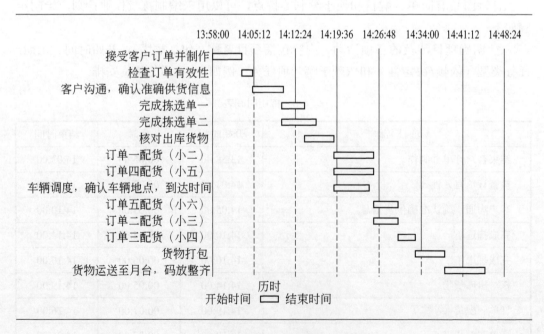

图4-2　甘特图

（4）制订送货作业计划

1）规划配送线路

根据客户分布、订单特点、送货要求等，结合企业的实际情况，合理规划配送线路。

2）车辆调度

根据送货要求调度车辆资源，包括外协车辆资源。

3）制订送货作业计划

按照生成的配送线路和装载方案，考虑客户要求和相关约束，对手工完成或系统生成的送货计划进行调整和优化，生成可执行的送货作业计划。

（5）实施配送作业计划

配送计划的实施过程虽然各个企业略有不同，但一般分为四个阶段或步骤：

① 下达配送计划。即通知用户和各级配送节点，以使用户按计划准备接货，使配送节点按计划组织和完成配送作业，确保按时送货。

②"配送中心→分拨中心→配送点"层级作业配货。配送中心接到配送计划后，生成配送拣货汇总表，执行拣选计划，配装配载执行运输计划，到达分拨中心后，经分拨送达配送站点。各配送点按配送计划落实货物和运力。

③ 下达配送任务。即向配送点下达配送任务，配送站点工作人员按照配送任务准备货物，启动配送。

④ 送达交付。车辆按规定线路将货物送达用户，用户点接后在回执上签章。配送任务完成后，进入结算环节。

4.4
配送线路及配载优化

4.4.1 配送线路优化

（1）配送线路优化的目标

无论采用哪种方法配送，都必须根据想要达到的明确目标，以及实现该目标的限制因素来确定配送线路的原则。根据配送的具体要求、配送企业的实力以及客观条件来确定所要选择的目标。可供选择的目标主要有以下几个：

① 效益最高。指以企业的利润值尽可能大为目标。选择以效益最高为目标主要考虑的是当前效益，同时也兼顾长远效益。由于效益是企业各项经济活动的综合反映，单纯与配送线路建立联系并不能客观真实反映对效益的确切影响，因此一般很少采用

效益最高这一目标。

② 成本最低。配送线路与配送成本之间有密切的关系，计算配送线路的送货成本相对效益目标而言较为简单，具有可操作性，是比较实用且常被选择的目标。

③ 路程最短。以配送线路总行驶路程最短为优化目标。

④ 吨千米最小。以配送总周转里程吨千米最小为优化目标。

⑤ 准时性最高。以配送时效性最高为优化目标。

⑥ 运力运用最合理。以运力最充分利用为目标。

⑦ 劳动消耗最低。以配送作业劳动消耗量最低为目标。

从以上几个目标来看，路程最短、吨千米最小、劳动消耗最低都直接与成本相关，以成本为目标与以效益为目标事实上是相辅相成的，因此，成本控制在配送线路的选择与确定工作中，占有核心地位。

（2）配送线路优化的约束条件

无论选择哪个目标或是实现哪个目标，都是有一定约束条件的，只有在满足这些约束条件的前提下才能实现这些目标。一般在进行配送线路的选择时，有以下几个约束条件：

① 满足所有收货人对货物品种、规格以及数量的要求。

② 满足收货人对货物送达时间、范围的要求。

③ 在允许通行的时间内进行配送，各配送线路的货物量不得超过车辆容积和载重量的限制。

④ 在已有送货运力资源允许的范围内。

（3）配送线路优化的方法

解决单起点多回路最短线路问题，最常用的是节约里程法，它是形成人工和计算机计算单起点多回路最短路线的基础。

节约里程法原理如图4-3所示。其中，O 点为配送中心所在地，A 和 B 为客户所在地，三者相互间的道路最短距离分别为 a、b、c。从配送中心 O 要运送货物给客户 A 和 B。

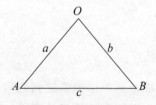

图4-3　节约里程法原理示意图

方案一：$O \rightarrow A \rightarrow O$，然后再 $O \rightarrow B \rightarrow O$，总距离为 $a+a+b+b=2a+2b$；

方案二：选择另外一种线路，$O \rightarrow A \rightarrow B \rightarrow O$，总距离为：$a+b+c$。

显然方案二总里程小于等于方案一，节约的里程数用 S_{ij} 表示，$S_{ij}=(2a+2b)-(a+b+c)=a+b-c$。于是，得到节约量的基本公式：

$$S_{ij}=a+b-c$$

节约里程法适用条件为：

① 适用于有稳定客户群的配送中心。

② 各配送线路的负荷要尽量均衡。

③ 要考虑客户要求的交货时间（即一条线路的送货总里程不能太长，否则会影响向客户交货时间的准确性）。

④ 还要考虑货物总量不能超过车辆的额定载重量。

在实际情况下，如果给数个客户进行配送，应首先计算配送中心与每个客户之间的最短距离及任意两个客户之间的最短距离，然后计算各客户之间的可节约的运行距离（S_{ij}），按照节约运行距离（S_{ij}）的大小顺序连接各配送地，并设计出相应的配送线路。

4.4.2 车辆配载优化

通过配送线路优化，配送企业可以将送货的线路确定下来，线路的确定意味着送货次序的确定，也意味着货物装车顺序的确定。一般情况下，知道了客户的送货次序之后，只要将货物依"后送先装"的顺序装车即可。但实际情况并非这样简单，由于配送的货物属于不同性质、不同种类，对装卸、受力、防振等有不同要求，而且其比重、体积以及包装形式各异。因此，在装车时，需要合理安排，科学装车，既要考虑车辆的载重量，又要考虑车辆的容积，使车辆的载重量和容积都能得到有效利用，同时又便于装卸，不会损坏货物。车辆配载就是要在充分保证货物质量和数量完好的前提下，尽可能提高车辆在容积和载重量两方面的利用率，以充分发挥运能、节省运力、降低配送费用。

（1）配载的影响因素

导致配载效率低下的主要因素包括：

① 配载优化技术不成熟，计算困难。随着配送对象的增加，配载的组合方案呈指数级增长，对配载系统的优化模型和计算能力都提出了很高的要求。

② 配载时间制约。当配送中心、分拨中心采用"快进快出"的模式，配载决策时间有限。如果物流企业有时效产品的话，同时还要考虑快件优先装车等情况，即使有配载方案，因临时变化多，执行效果也会受到影响。

③ 订单波动，带来多次重复计算。理论上线路上的装载货物是动态的，随时都会有新订单录入，那么预配载清单应随订单的变化做动态调整，如使用人工配载，作业难度更大。

④ 货物基础数据不准确。货物重量、体积数据没有或者不准确，无法使用模型进行优化计算。

（2）配载的原则

车辆配载要解决的问题是如何将货物装车，按什么次序装车。为了有效利用车辆的容积和载重量，还要考虑货物的性质、形状、重量和体积等因素进行具体安排。一般应遵循以下原则：

① 尽可能多地装入货物，充分利用车辆的有效容积和载重量。

② 装入货物的总体积不超过车辆的有效容积。

③ 装入货物的总重量不超过车辆额定载重量。

④ 重不压轻，大不压小。

⑤ 货物堆放要前后、左右、上下重心平衡。

⑥ 尽量做到"先送后装"。

⑦ 货与货之间、货与车辆之间应留有空隙并适当衬垫，防止货损。

⑧ 货物的标签朝外，以方便装卸。

⑨ 装货完毕，应在门端处采取适当的稳固措施。

（3）配载优化

配载是通过重货和轻货的合理搭配使得车辆载重和载积都接近货车规定的上限，使得运输收益最大化。如果要提高车辆的运输收益，提升配载效率就成为重要的手段之一。而借助智能化、信息化手段能够提高配载率、增加运输收益，量化配载考核、提高管理水平，因此越来越多的企业开始使用智能化配载系统。

1）人工配载计划编制

配送作业由于货物的重量、体积以及包装形式各异，具体车辆的配载要根据客户要求结合货物及车辆的具体情况综合考虑。配载过程中由于货物特征千变万化，车辆及客户要求也各有不同，因此装货人员常常根据以往积累的装货经验进行配载。采用经验法配载时，也要用简单的数学计算模型来验证装载的货物是否满足车辆在载重量及容积方面的限制，数学计算模型如下：

$$\max \sum_{i=1}^{n} x_i \tag{4.1}$$

$$\text{s.t.} \sum_{i=1}^{n} v_i x_i \leqslant V_{车} \tag{4.2}$$

$$\sum_{i=1}^{n} w_i x_i \leqslant W_{车} \tag{4.3}$$

$$x_i \in \{0,1\}, \ i=1,2,\cdots,n \tag{4.4}$$

式中　v_i——第 i 个客户货品的总体积；

　　$V_{车}$——配送车辆的有效容积；

　　w_i——第 i 个客户的货品总重量；

　　$W_{车}$——配装车辆的额定载重量；

　　n——需送货客户点个数。

0-1 规划是一种特殊形式的整数规划。这种规划的决策变量仅取值 0 或 1，故称为 0-1 变量或二进制变量，因为一个非负整数都可以用二进制记数法以若干个 0-1 变量表示。0-1变量可以数量化地描述诸如开与关、取与弃、有与无等现象所反映的离散变量间的逻辑关系、顺序关系以及互斥的约束条件，因此0-1规划非常适合描述和解决如线路设计、工厂选址、生产计划安排、旅行购物、背包问题、人员安排、代码选取、可靠性等人们所关心的多种问题。

式（4.1）表示配载目标函数，即装入尽可能多的客户个数的货物，x_i代表客户的个数；式（4.2）表示装入货品的总体积不超过车辆的有效容积；式（4.3）表示装入货物的总重量不超过车辆额定载重量；式（4.4）表示是0-1变量，即当$x_i=1$时，表示第i个客户的货品装载入车，否则不装载（即该客户的订单上的货物要么一次性全部装入，如果不能一次性全部装入则完全不装，等待与下一车次的货物配装）。

除经验法外，在货物种类较少、货物特征明显及客户要求相对简单的情况下，可以尝试用容重配装简单计算法来进行车辆配载。

假设有两种需要送货的货物，A货物容重为R_A（kg/m³），单件体积为V_A（m³）；B货物容重为R_B（kg/m³），单件体积为V_B（m³）；车辆额定载重量为G_t，车辆最大容积V（m³）。考虑到A、B两种货物尺寸的组合不能正好填满车辆内部空间，使得装车后可能存在无法利用的空间，故设定车辆有效容积为$V \times 90\%$。现在计算配载方案：在既满载又满容的前提下，设货物A装入数为x件，货物B装入数y件，则可得到方程组：

$$xV_A+yV_B \leqslant V \times 90\%$$
$$xR_AV_A+yR_BV_B \leqslant G_t$$

求解这个方程组，得到x、y的数值即为A、B两种货物各自装车的数量（s.t. x、y为整数）。

2）智能化配载系统

由于人工数据分析和计算能力受限、作业时间限制等原因，在实际工作中常常不可能每次都得到最优的配载方案，只能先将问题简单化，节约计算时间，简化配装要求，然后逐步优化找到接近于最优方案的可行方案。当考虑到不同客户的具体送货要求、货物的多种特征以及送货车辆的限制时，计算的数量将极为庞大，依靠手工计算几乎不可能。需要用数学的方法总结出数学模型后，使用开发出的车辆配载软件，将数学模型中的相关参数输入电脑，即可由软件自动计算出配载方案，并进行图形化模拟。智能化配载系统往往与配送线路优化系统集成，实现配送线路优化、车辆调度和配载的整体优化，提升配送效率，降低配送成本。

（4）配载时的注意事项

① 为了减少或避免差错，尽量把外观相近、容易混淆的货物分开装载。

② 不将散发异味的货物与具有吸收性的食品混装。

③ 切勿将渗水货物与易受潮货物一同存放。

④ 包装不同的货物应分开装载，如板条箱货物不要与纸箱、袋装货物堆放在一起。

⑤ 具有尖角或其他突出物的货物应与其他货物分开装载或用木板隔离。

⑥ 尽量不将散发粉尘的货物与清洁货物混装。

⑦ 危险货物要单独装载，配装于同一车内的危险货物尽量做到隔离。

第5章

运输管理

5.1
认识运输

5.1.1 运输的概述

（1）运输的概念

运输是指用设备和工具，将物品从一地点向另一地点运送的物流活动。其中包括集货、搬运、中转、装入、卸下、分散等一系列操作。通俗地说，运输是指人们借助运输工具，实现运输对象的空间位置移动的目的性活动，包含以下几层含义：

① 运输是使实体发生一定空间位移的活动。

② 运输包括货物集散、装卸搬运、中转仓储、干线运输、配送等一系列操作。

③ 运输作为物流系统的一项功能来讲，是对购买者和使用者的一种服务，而不是可以触摸到的有形产品。

（2）运输与物流的关系

1）运输和物流的区别

物流是指为满足用户需要而进行的原材料、中间库存、最终产品及相关信息从起点到终点间的有效流动，以及实现这一流动而进行的计划、管理、控制过程。物流包括运输、储存、包装、装卸搬运、流通加工、配送和信息处理。运输指运用适当的工具使人和货物产生位置移动，它在物流过程中承担了改变空间状态的主要任务，它是改变物品空间状态的主要手段。运输只是物流过程中的一个组成部分。物流与运输的主要区别表现在以下方面：

① 物流在时间上的刚性约束。

② 物流服务在时间上的弹性调整。

③ 物流服务在范围上的延展性。

④ 物流服务是为企业营销进行的创造性设计。

⑤ 物流服务在实力上须有长期性伙伴关系。

2）物流对运输的超越

① 物流是远远超出运输范畴的系统化管理。

② 物流不同于运输只注重实物的流动，它还同时关注信息和增值流的同步联动。

③ 物流的出发点是以生产和流通企业的利益为中心。

④ 物流的管理观念比运输更先进。

⑤ 物流比运输更重视先进技术的应用。

5.1.2 物流运输系统

（1）物流运输系统的构成要素

物流运输系统就是在一定的时间和空间内由运输过程所需的基础设施、运输工具和运输参与者等若干动态要素相互作用、相互依赖和相互制约所构成的具有特定运输功能的有机整体（如图5-1所示）。

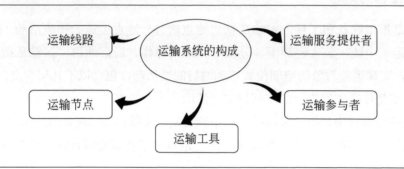

图5-1　运输系统的构成示意图

1）运输的参与者

运输交易受到五方面影响：托运人（起始地）、收货人（目的地）、承运人、政府和公众。

考察这五方面的作用和影响有助于理解运输环境的复杂性和运输决策机制的复杂性。

① 托运人和收货人。托运人和收货人的共同目的就是要在规定的时间内以最低的成本将货物从起始地转移到目的地。

② 承运人。承运人作为中间环节，期望以最低成本完成运输任务，同时获得最大运输收入。

③ 政府。由于运输是一种经济行业，要维持交易中的高效率。政府希望形成稳定的运输环境，促使经济持续增长。

④ 公众。公众关注运输的可达性、费用和效果，以及环境上和安全上的标准。

2）运输服务的提供者

运输服务是由各种提供者联合提供的。主要包括单一方式经营人、专业承运人、联运经营人和非作业性质的中间商。

① 单一方式经营人。最基本的承运人类型是单一方式经营人，即仅利用运输方式提供服务的经营人使承运人高度专业化，有足够的能力和高效率。

② 专业承运人。即提供专门化服务的运输企业。

③ 联运经营人。联运经营人使用多种运输方式，在最低的成本条件下提供综合性

服务，组成一站式服务。

④ 中间商。运输服务中间商主要包括货运代理人和经纪人：

a.货运代理人（简称货代）。货运代理人把来自各种顾客手中的小批量装运整合成大批量装载，然后利用专业承运人进行运输的中间商。

b.经纪人。经纪人实际上是运输代办，通常按佣金条件进行经营。运输是物流活动，活动的主体就是参与者，活动作用的对象是货物客体。货物可能属于参与者，也可能不属于参与者。运输必须由货主、运输参与者和运输服务提供者共同参与才能进行（如图5-2）。

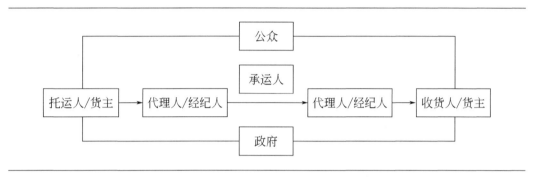

图5-2　货主、运输参与者和运输服务提供者关系图

3）运输节点

运输节点指以连接不同运输方式为主要职能，处于运输线路上的，承担货物的集散、运输业务的办理、运输工具的保养和维修的基地与场所。

（2）运输系统的分类与特征

1）运输系统的分类

① 自营运输系统。是指货主自己运输，即自备车辆运输，并且自行承担运输责任，从事货物的运输活动。

② 营业运输系统。是以运输服务作为经营对象，为他人提供货物运输服务，并收取运输费用的一种体系，与自营运输体系相对应。

③ 公共运输系统。是指由政府投资或主导经营的各种运输工具，以及相关基础设施等组成的统一体系，又称为综合运输体系。

④ 第三方物流运输系统。类似于外协或契约物流，它不拥有商品，不参与商品的买卖，它独立于供方和需方，是以第三方的身份出现，为客户提供以合同为约束，以结盟为基础的物流运输服务。

2）运输系统的特征

① 运输服务是通过多种运输方式实现，不同的运输方式与其技术性相适应，决定了各自不同的运输服务质量。

② 运输服务可分成自用（营）型和营业型两种形态。

③ 运输业者不仅在各自的行业内开展相互的竞争，而且还与运输方式相异的其他运输行业企业开展竞争。

④ 运输服务中，存在着实际运输和利用运输两种形式。

5.1.3 货物运输作业

（1）公路货物运输作业

1）零担货物托运受理作业

① 受理范围。按零担货物托运、承运的货物必须具备以下条件：

a.每批零担货物不得超过300件，质量不超过3t。

b.按件托运的零担货物，单件质量不得超过200kg。

② 检查货物。货物托运受理时，业务员一定要仔细查验货物。

a.货物性质检查。检查是否为危险品、鲜活易腐货物、污秽品等不能作为零担托运的货物，检查是否夹带危险、禁运、限运和贵重物品等。

b.货物质量检查。检查单件质量是否超过200kg，总质量是否超过3t。

c.货物件数检查。检查每批零担货物是否超过300件。

d.货物包装检查。检查货物的包装是否符合国家和交通运输部门的规定和要求。对不符合包装标准和要求的货物，应由托运人改善包装。对不会造成运输设备及其他货物污染和货损的货物，如托运人坚持原包装，托运人应在"特约事项"栏内注明自行承担由此可能造成的货损。

e.最后，还要检查托运的货物流向是否在公司零担班线的开设范围内，货物的形状、性质是否符合公司运输工具的配置。

③ 计重、量方。货物质量是正确装载、凭以核算运费和发生事故后正确处理赔偿事宜的重要依据。因此，必须随票过磅（量方）并准确无误。货物质量分为实际质量、计费质量和标定质量。

a.实际质量。货物的实际质量是根据货物过磅后（包括包装在内）的毛重来确定的。

b.计费质量。计费质量可分为不折算质量和折算质量。不折算质量就是货物的实际质量，折算质量的计算可参考相关规定。

c.标定质量。对特定的货物所规定的统一计费标准。同一托运人一次托实重两种货物至同一到站者，可以合并称重或合并量方折重计费（不能拼装者例外）。

过磅量方、确认无误之后，贴（扣）零担货物标签。零担标签、标志是建立货物本身与其运输票据间的联系，是标明货物本身性质，也是理货、装卸、中转、交付货物的重要识别凭证。标签的各栏必须认真详细填写，在每件货物的两端或正、侧两面明显处各贴（扣）一张。

④ 填制与审核托运单。

a.托运单的填制。公路货物托运单是货物托运人在向运输公司提出货物运输申请时，按要求填写的说明货物运输需求信息的单据。

经双方审核并签章认可的托运单，具有一定法律效力。货主需提前准备好需要运输的货物，并按规定的方式支付运费，而运输单位则应及时派车，将货物安全运送到托运方指定的卸货地点，交给收货人。货物托运单是道路运输部门开具货票的凭证；是调度部门派车、货物装卸和货物到达交付的依据；是货主托运货物的原始凭证，也是运输单位承运货物的原始依据；是在运输期间发生运输延迟、空驶、运输事故时判定双方责任的原始记录。

b.托运单的内容。目前，国家还没有对托运单的内容和格式作统一要求，各个物流企业在格式上会有差异，但主要包括7部分的内容：

a）托运人和收货人的信息，包括名称和地址、联系方式等。

b）货物信息，包括货物的名称、性质、件数、质量、体积以及包装方式等。

c）可选择的增值服务信息，包括保价服务、上门提货和送货服务、代收货款以及场站外搬运等其他服务。

d）费用及付款方式。

e）时间信息，包括托运日期、提货日期、交货日期等。

f）货物的路由信息，包括托运点、始发站、中转站、目的地等。

g）相关说明，包括需要说明的特殊约定和要求，以及包装状态描述、特别提示等。

没签约的或初次托运的客户，应按规范要求填写托运单。如果是固定客户，应随托运货物向承运人提交详细的货物发送明细表。

c.托运单的填写规范。有关托运单的填制，若是电子制单，可将相关信息录入系统后再打印托运单，客户在打印的运单上签字确认。若需要手工填单，则按规范填写，并要求书写工整、不得涂改。

d.托运单审核及分发。收到货物托运人填写的托运单，或根据运输需求信息录入并打印托运单后，应对托运单的内容进行审核。

要审核托运单内填写的货物信息与货物实际是否相符；对货物的品名和性质进行鉴别，区别普通货物与笨重零担货物、普通货物与危险货物；审核笨重零担货物的长、宽、高是否适应公司零担货车的装卸及起运站、中转站、到达站的装卸能力；审核托运人在申明事项栏填写的内容并注意货主的要求是否符合规定，能否承担。

托运单审定后应及时编制托运单号码，然后告知调度、运务部门，并将第二联交付给托运人。

⑤ 核收运费。货运受理人员在对货物检查、审核托运单的内容后，需要对货物运输的计费里程和货物的运杂费进行认定。现场作业员每日工作完毕，必须将当天收取的运杂费及每日现收明细单交财务。

⑥ 托运受理的要求。托运受理工作应做到：

a.托运人和收货人名称、地址、电话要准确。

b.起讫站名、装卸货物地址要详细。

c.货物名称、规格、性质、状态、数量、质量应齐全、准确。

d.零担货物的包装必须符合国家和交通运输部门的规定和要求。

e.托运普通零担货物中不得夹带危险、禁运、限运和贵重物品。

f.托运政府法令禁运、限运以及需要办理公安、卫生检疫或其他准运证明的零担货物，托运人应同时提交有关证明。

g.托运时，托运人应在每件货物两端分别拴贴统一规定注有运输号码的货物标签。需要特殊装卸、堆码、储存的货物，应在货物明显处加贴储运指示标志，并在运单"特约事项栏"内注明。

2）货物交接、跟踪及押运

① 货物交接。货物交接，即起运站与承运方人员，依据"零担货物交接清单"办理交接手续，对照交接清单有关栏目，在监装时逐批点交接收。交接完毕后，由随车押运员或驾驶员在交接清单上签收。

② 货物跟踪。为提高客户服务水平，物流运输企业要通过客服人员、管理系统或手机应用（app）等方式向客户提供货物实时运输信息。

货物运输跟踪员根据相关信息填写"跟踪台账"，并对司机进行定时跟踪，将跟踪情况登记在"跟踪台账"或系统中。如果出现异常，则需要填写"车辆异常情况报告"并传递给经理或客户。

货物运输跟踪员在进行跟踪过程中，需要根据货物在途位置及道路状况做出到货时间预测；提前通知收货方货物预计到达时间，做好收货准备，并提供相关车辆信息。

③ 货物押运。货物承运后，应由承运部门履行运输责任。押运的作业内容及要求如下：

a.出车前：

a）会同驾驶人员领取并掌握当班作业单据，并听取管理人员的安全告知。

b）协助驾驶人员做好车辆例行保养。

c）领取安全防护用品，检查随车必备的消防用具是否齐全、有效。

d）检查车辆标志的安装悬挂是否符合《道路运输危险货物车辆标志》的规定。

e）检查车辆、容器是否按照规定进行必要清洗消毒处理，罐体的装、卸阀门是否可靠关闭。

b.装载时：

a）联系客户，核对客户名称、货物品种、数量是否与"运单"相符。

b）检视装载作业区的安全情况。

c）检查车厢、栏板的固定、连接、锁扣装置是否完好，罐体的装、卸阀门是否完好。

d）监督作业人员穿戴好安全防护用品，按照《汽车运输、装卸危险货物作业规程》的规定装载货物。

e）检查装载危险货物的包装是否适合道路运输的要求，内、外包装是否完好无损，包装标志是否齐全、清晰，不符合包装要求的拒绝装载。

f）检查装载堆码是否符合所装危险货物的通风、间隙、隔离等特殊要求，捆扎、固定是否牢靠。

g）做好货物的点收点交及单据交接工作。

h）监督所装载危险货物质量是否在车辆核定载质量范围内，严禁超限超载。

c.运输途中监督、检查：

a）监督驾驶员的驾驶状态是否正常，是否按照规定的行车速度、路线和《驾驶人员安全行驶操作规程》行驶。

b）提醒驾驶人员按照规定时间或规定里程停车休息，协助驾驶人员检查车辆技术安全状况，并检查所载危险货物的状况是否正常、罐车有无泄漏。

c）监督驾驶人员连续驾驶时间不得超出规定，车辆停放应符合有关规定。

d）遇险时应立即拨打110或"道路运输危险货物安全卡"上的紧急救助电话。

e）对事故情况和危险货物名称、特性等进行详细描述，并针对危险货物特性采取必要的应急处理措施，阻止无关人员和车辆靠近。

d.卸载时的监督、检查：

a）联系客户，核对客户单位、货物品种、数量是否与"运单"相符。

b）检视卸载作业区安全，监督作业人员穿戴安全防护用具。

c）监督装卸作业人员按照《汽车运输、装卸危险货物作业规程》的规定开展卸货作业。

d）检查需卸载的危险货物包装是否完好无损，堆垛码放是否符合危险货物的特性要求。

e）做好货物的点交点收及单据交接工作。

f）检查车厢内是否有危险货物泄漏、残留，做好车辆清洁工作。

e.回场后：

a）协助驾驶员做好车辆保养。

b）协同驾驶员交清当班作业单据。

c）归还装卸工具及安全防护用品。

d）向管理人员报告运输作业过程中的有关客户、安全、质量方面的信息。

3）到达作业

零担班车到站后，对普通到货零担及中转联运零担应分别理货、卸车。根据仓库情况，除将普通到货按流向卸入货位外，对需要中转的公—公联运货物，应办理驳仓手续，填制"货物驳运、拼装、分运交移凭证"，分别移送有关货物，将其他需要公转铁、公转水、公转航空运输的货物分别移送至有关仓库，办理仓储及中转作业手续。

到站货运人员应向随车理货员或驾驶员索阅货物交接清单以及随附的有关单证，对货物与清单要注意核对，如有不符，应在交接清单上注明不符情况。

货物运输到达作业要检查车门、车窗是否关严，检查敞车的篷布覆盖是否严实、绳索捆扎有无松动、有无漏雨等情况，确认货物在运送过程中的状态和完整性，以便在发生货损、货差时划清责任并防止误卸。

卸货并验收完毕后，应将到达本站的货物登入"零担货物到货登记表"，并以"到货分店"形式和"到货通知单"或电话形式发出通知，催促收货人提货，同时将通知的方式和日期记入到货登记簿备查。对合同运输单位的货物，应立即组织送货上门。

4）零担货物运输作业异常处理

班车到站后，由仓库人员检查货物情况，如无异常即在交接单上签字并加盖业务章。如有异常情况，则应采取相应的处理措施。

① 票货不符。发现票货不符时，应按以下原则处理：

a.有单无货。双方签注情况后，应在交接单上注明，原单返回。

b.有货无单。确认货物到站，收货后仓库保管员应签发收货清单，双方盖章，清单寄回起运站。

c.货物到站错误。将货物原车运抵起运站。

d.其他情况。货物短缺、破损、受潮、污染、腐坏时，均不得拒收，但应在交接清单上签注并作出商务记录。双方共同签字确认，填写事故清单。

② 收票交货注意事项。为了防止误差，实际工作中收票交货要注意以下几点：

a.不得白条提货，信用交付。

b.凭货票提货联交付：应由收件人在提货联上加盖与收货人名称相同的印章并提供有效身份证件。

c.凭到货通知单交付：应由收货人在到货通知单上加盖与收货人名称相同的印章并验看提货经办人有效身份证件，在货票提取联签字。

d.凭电话通知交付：应凭收货单位提货介绍信经车站认可后由提货经办人在货票提货联上签字。

e.委托其他单位代提：应提供收货人加盖相同印章的委托书，经车站认可后，由代提单位在货票提货联上签章。

f.零担货物交付时，应认真核对货物品名、件数和票签号码。如货件较多，取货后要集中点交，以免差错。

（2）铁路货物运输作业

1）发送作业

① 客户运输需求提报

客户运输需求可以通过95306网上"我要发货"快捷通道、拨打95306客户服务中心电话、拨打货运营业网点受理服务电话、直接到货运营业网点、货运人员主动上门服务等五种方式办理铁路货物运输业务。

a.95306网上"我要发货"快捷通道。客户通过中国铁路网站，点击"我要发货"，进入各铁路局货运电子商务平台，客户登录后可自助办理货运业务并提出运输需求等。

b.拨打95306客户服务中心电话。客户可直接拨打铁路局95306电话，根据语音提示，向铁路客服人员提出发货需求。

c.拨打货运营业网点受理服务电话。客户可直接拨打铁路部门公布的货运营业站受理服务电话，向铁路客服人员提出运输需求，铁路客服人员将帮助用户办理。

d.直接到货运营业网点。客户可到铁路货运站营业厅，直接向铁路客服人员提出需求，铁路人员将帮助客户办理。

e.货运人员主动上门服务。客户可与铁路部门联系，协商铁路客服人员上门受理运输需求，上门后由铁路客服人员帮助客户办理有关业务。

② 客户运输需求受理。客户运输需求经提报后，托运人持货物运单到车站，经车站审查运单与95306一致且符合运输需求，在货物运单上签认货物搬入或整车日期后，即为受理。

a.铁路货物运单的填写。铁路货物运单是托运人与承运人之间为运输货物而签订的一种运输合同。货物运单由两页组成，分别为货物运单与领货凭证。车站承运货物时，为防止货物冒领，要将运单与领货凭证左右平行对齐，在骑缝处加盖两个清晰且与本批货物运单日期一致的发站承运日期戳（不可重叠）。

铁路货物运单需由托运人与承运人共同填写，托、承双方均应对所填记的内容负责，并按照《货规》的要求，做到正确、真实、完备、清楚，如有更改需要盖章。

b.铁路货物运单的审核。车站在接收托运人提出的货物运单时，应认真审查运单内填记的内容是否齐全、正确、清楚，领货凭证与运单是否一致。经审查符合要求后，在货物运单上签证货物约定交接日期，即为受理。

③ 货物交接与仓储。

a.货物交接：

上门取货。对选择门到门、门到站服务的货物，车站需根据客户的要求上门取货。

客户自送货。对选择站到门、站到站服务的货物，托运人应凭签证的货物运单，按指定的日期将货物搬入货场内指定位置。

验收。无论上门取货还是托运人自送货物到货场，发站货运员都需要对货物进行检查与核对，确定符合铁路货运条件后方可进入货场内该批货物指定的货位。

b.货物仓储。验收完毕后，通常有一个按装车计划调运空货车到装车点进行装车的过程，所以货物一般需先在货场内存放一段时间。

④ 装车作业。

a.装车前。为了使装车工作顺利进行，铁路监装卸货运员在装车前一定要认真做好"三检"工作：

a）检查货物运单。主要检查运单上填记的内容是否符合运输要求，有无漏填和误填。

b）检查待装货物。主要参照运单内容，认真核对待装货物的品名，清点件数，检查标志、标签和货物状态。

c）检查货车。主要检查货车的车体、车门、车窗、盖阀、槽轮等是否完好，车内是否干净，是否被毒物污染；货车定检是否过期，有无扣修通知、色票、货车洗刷回送标签或通行限制。

b.装车时。监装货运员应认真监装，做到不错装、不漏装、巧装满载，防止偏载、偏重、超载、集重、亏吨、倒塌、坠落和超限。对易磨损货件应采取防磨措施，怕湿和易燃货物应采取防湿或防火措施。将货物装车中后，还需要根据具体情况进行货车施封、苫盖篷布、插挂表示牌、填写运输票据等。

c.装车后。为了保证正确运输货物和货物运输的安全，装车后监装卸货运员还需进行"三检"工作：

a）检查车辆装载。主要检查有无货物偏重、偏载、超重、集重、超限等现象，装载是否稳妥，货物捆绑是否牢固，施封是否符合要求，篷布苫盖、捆绑情况是否完好，表示牌插挂是否正确，车辆的门窗、盖、阀、端侧板是否关闭严密；对装载超限、超长、集重货物的车辆，还应检查装载加固是否按照预定的装载加固方案执行；对于超限货物，还应测量装载加固后的尺寸，以保证行车安全。

b）检查货物运单。检查有无漏填和误填，车种、车号、施封号码、篷布号码等与运单及票据封套上的记载是否相符。

c）检查货位。检查货位上是否还有漏装、误装的货物。

⑤ 核算制票。整车货物装车后，货运员应将签收的货物运单移交货运室，由货运内勤使用计算机和铁路总公司统一的制票软件计算运输费用，填制货票。

货票是国家批准的专业发票，是一种具有财务性质的票据，是清算运输费用、确定货物运输期限、统计铁路工作量和计算货运工作指标的依据。货票一式四联，甲联为发站存查联，乙联为报告联，由发站每日按顺序装订，定期上报发局；丙联为承运证，交托运人凭以报销；丁联为运输凭证，随货物递交到站存查。除丁联下部外，货票各联正面内容完全相同。车站在填制货票时，应将货票号码填写在领货凭证相应栏内，同时向托运人结清运输费用，并将领货凭证及货票丙联交给托运人。托运人需及时将领货凭证交给收货人，凭此向到站领取货物。

⑥ 承运。整车货物装车完毕并核收运费后（零担货物和集装箱货物是先核收运费后装车），发站在货物运单和货票上加盖"车站承运日期戳"时起，即为承运，标志着货物正式进入运输过程。

2）途中作业

货物从铁路车站发出后，在运输途中要进行的各项货运作业称为货物的途中作业。

① 货物检查与交接。为了保证货物安全和行车安全，划分运输责任，对运输中的货物（车）和运输票据，应在指定的时间和地点进行交接和检查，并按规定处理。

途中货物（车）检查与交接的主要内容包括：货物的装载加固情况，车辆篷布苫盖情况，施封及车辆门、窗、盖、关闭情况，票据及车辆完整情况。发现问题应及时处理，处理方法包括：不接收，编制记录、拍发电报，车站换装或整理，补封后继续运输等。途中运输票据，由编组列车的车站封固并与机车乘务组在商定的地点实行封票签字交接。

② 异常情况作业处理。

a.货物运输合同的变更。货物在承运后，如因托运人或收货人的特殊原因而需要变更运输合同，须经承运人同意，按批向货物所在的中途站或到站提出变更到站或变更收货人的请求。

对于变更收货人的请求，只需到站货运员在货物到站后通知变更后的收货人即可。但是，由于变更到站的请求打乱了正常的运输秩序，并增加了货车在途的调车作业和非生产停留时间，必须按照相关规定办理。

b.货物运输合同的解除。整车货物和大型集装箱在承运后与挂运前，零担和其他型集装箱在承运后与装车前，托运人可向发站提出取消托运，经承运人同意，运输合同即告解除。解除合同时，发站退还全部运费与押运人乘车费，但特种车使用费和冷藏车回送费不退。托运人也应按规定支付仓储保管费等费用。托运人要求解除运输合同时，应提供领货凭证和货物运输变更要求书。提不出领货凭证时，应提供其他有效证明文件，并在货物运输变更要求书内注明。

③ 运输阻碍的处理。因不能预见、不能避免、不能克服等不可抗力的客观情况（如自然灾害）致使行车中断，称为运输阻碍。如遇运输阻碍，可按下面规定处理：

a.绕路运输。铁路局对已承运的货物，可指示绕路运输。

b.卸下再装。必要时先将货物卸下，妥善保管，待恢复运输时再装车继续运输，所需装卸费用由装卸作业的铁路局负担。

c.请求意见。如货物性质特殊，绕路运输或卸下再装可能造成货物损失时，车站应联系托运人或收货人，请求其在要求的时间内提出处理办法。超过要求时间未接到答复或因等候答复致使货物可能造成损失时，可比照无法交付货物的情况处理，所得剩余价款应通知托运人领取。

3）到达作业

① 重车到达与票据交接。列车到达后，车站应派人与列车乘务员办理重车及票据的交接签认。交接货车时，货检员应持列车编组顺序表与现车核对，并对货物装载状态进行检查。核对、检查无误后应登记该重车票据，移交货运室。由货运室根据货物到达票据核算出货物在途和到站发生的有关费用，并在货物交付前向收货人结算。

② 卸车作业。卸车作业是到站工作组织的关键，对缩短货车周转时间、提高货车使用效率、保证排空任务和空车来源至关重要，应严格按照《铁路装卸作业安全技术管理规则》，正确、及时地组织卸车作业。

a.卸车前。为使卸车作业顺利进行，防止误卸，卸车货运员应根据货调下达的卸车计划，做好相关检查工作。

b.卸车时。货运员对施封的货车亲自拆封，并会同装卸工一起开启车门或取下苦盖的篷布，逐批核对货物、清点件数。做到边卸车、边检查、边指导，保证合理使用货位，按标准堆码货物，对于事故货物编制记录，同时注意加快卸车进度，加速货车周转。

c.卸车后。为保证卸车后货物数量、票据等准确无误，在卸车后也应认真做好"三查"工作，以分清货运责任。

卸下的货物应登记在卸货簿上，并通知货运室在货票丁联左下角记明卸车完毕时间，并报告货调以便取车。

③ 交付货物。货物交付包括票据交付和现货交付两部分。

a.票据交付。收货人持领货凭证和规定的证件到铁路货运营业室办理领取货物的手续。经与运输票据核对无误后，收货人付清一切费用并在票据上盖章或签字，货运员收下领货凭证并在运单和货票丁联上加盖到站交付日期戳，然后将运单交给收货人，收货人凭此运单领取货物。

b.现货交付。收货人持盖有到站交付日期戳的运单至货物存放地点领取货物，交付货运员向收货人点交货物后，在运单上加盖"货物交讫"戳记并记明交付完毕时间，将运单交还收货人，收货人凭此将货物搬出货场。

货物运输合同的履行是从承运开始至货物交付完毕时止，所以货物交付完毕意味着铁路运输合同就此终止，铁路负责运输就此结束。

4）货物追踪

① 拨打95306客户服务电话查询货物运输信息。客户可拨打95306客户服务电话，向客服人员查询货物运输到站信息。

② 使用95306网站进行货物追踪服务。客户可登录95306网站，在首页右侧点击"我要发货"按钮，进入网上营业厅，再点击"货物追踪"，输入正确的车号、运单号和验证码，点击"查询"按钮，即可显示货物的最近位置信息。

5.2
运输生产计划与方案设计

5.2.1 运输生产计划编制

货物运输生产计划是根据过去一个时期内完成任务的历史实绩、计划期的运输需求、企业现有的运输能力，编制的运量与运力安排计划，是物流企业经营计划的组成部分。一般包括运输量计划、车辆计划、车辆运用计划和车辆运行作业计划等。运输量计划和车辆计划是物流运输生产计划的基础部分，车辆运用计划和车辆运行作业计划是车辆计划的补充。

（1）运输量计划编制

1）运输量计划的内容

公路货物运输量计划为什么在统计货运量指标的基础上，要考虑货物周转量安排，并且还要考虑分类别进行货物货运量的安排？

提示：可从货物不同运输距离、不同货物类别对运力安排要求的不同来分析。

运输量计划是运输企业对计划期内预计完成的货运量和货物周转量的安排，主要包括货运量、货物周转量、货物分类运量的年度和季度安排等内容，见表5-1。

表5-1 货物运输量计划表

指标		单位	上年实际	本年度计划					本年度计划相比上年实际
				全年实际	第一季度	第二季度	第三季度	第四季度	
货运量		万吨	1200	1800	300	500	500	500	150%
货运周转量		万吨公里	312000	504000	84000	140000	140000	140000	162%
货物分类运量	矿砂	万吨	183	248	41	69	69	69	136%
	水泥	万吨	226	385	64	107	107	107	170%
	建材	万吨	289	400	67	111	111	111	138%
	木材	万吨	256	378	63	105	105	105	148%
	其他	万吨	246	389	65	108	108	108	158%

2）运输量计划的确定方法

运输量计划的确定，通常有下述两种方法：

① 当运力小于运输需求时，应以车定产。当运力不能满足社会运输需求时，可通过运输市场调查掌握公路货物运输的流量、流向、运距，结合运力情况，预测实载率和车日行程后，按照确保重点、照顾一般的原则，采取以车定产的办法确定货物运输量计划。

② 当运力大于运输需求时，应以需定产。通过运输市场调查掌握公路货物运输的流量、流向、运距，结合上一年度的实际完成情况，科学预测计划期的运输需求量，采取以需定产的办法确定货物运输量计划。

（2）车辆计划编制

车辆计划即运输企业计划期内的运输能力计划，主要是合理确定货运车辆构成，保证有效配置运力。计划编制主要包括确定年初车数/标记吨位、增加与减少车数/标记吨位、年末车数/标记吨位、全年平均车数/平均吨位数，见表5-2。其中：

① 计划期平均营运车数=总车日/日历日数；

② 计划期营运车平均总吨位数=总车吨位日/日历日数；

③ 计划期营运车平均吨位=平均总吨位数/平均车数。

表5-2　车辆计划表

车辆类型	标记吨位	上年末		本年度									本年末		全年平均	
				增加车/吨位				减少车数/吨位								
		车数	吨位	第一季度	第二季度	第三季度	第四季度	第一季度	第二季度	第三季度	第四季度		车数	吨位	车数	吨位
解放	28	9	28		1								10	28	9.63	28
江铃	35	5	35						1				4	35	4.38	35
…	…	…	…	…	…	…	…	…	…	…	…		…	…	…	…
合计	…	…	…	…	…	…	…	…	…	…	…		…	…	…	…

（3）车辆运用计划编制

车辆运用计划是指运输企业计划期内全部营运车辆生产能力利用程度的计划，由车辆的各项运用效率指标组成，是平衡运力与运量计划的主要依据之一。车辆运用计划编制的主要内容见表5-3。

表5-3　车辆运用计划表

指标		上年度实际	本年度计划					与上年度比较
			全年	第一季度	第二季度	第三季度	第四季度	
主车	平均营运车数							
	平均总吨数							
	平均吨位数							
	车辆完好率							
	车辆工作率							
	工作车日数							
	营运速度							
	平均日出车时间							
	平均车日行程							
	总行程							
	行程利用率							
	载重行程							
	吨位利用率							
	货物周转量							

指标		上年度实际	本年度计划					与上年度比较
			全年	第一季度	第二季度	第三季度	第四季度	
挂车	拖运率							
	货物周转量							
主挂车综合	货物周转量							
	平均运距							
	货运量							
	单车期产量							
	车吨期产量							

车辆的运用效率指标主要包括：

① 反映车辆时间利用程度的指标，如车辆工作率、平均每日出车时间、出车时间利用系数、昼夜时间利用系数等。

② 反映车辆速度利用程度的指标，如技术速度、营运速度、平均车日行程等。

③ 反映车辆行程利用程度的指标，如总行程、行程利用率等。

④ 反映车辆载重能力利用程度的指标，如吨位利用率、实载率等。

车辆运用效率指标的含义与计算如图5-3所示。

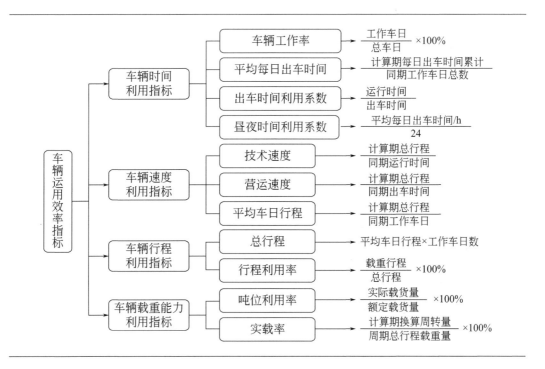

图5-3 车辆运用效率指标

（4）车辆运行作业计划编制

车辆运行作业计划是运输企业为组织车辆运行所编制的实施计划，主要内容是每一辆车在一定时间内（月、旬、周、日）的具体运输任务，包括按日历顺序安排的车辆运行作业起止时间、运行线路、装卸货地点、应完成的运输量等。周车辆运行作业计划是安排日常运输任务的一种主要形式，见表5-4。

表5-4　×月第×周车辆运行作业计划表

车牌号：　　　　　　驾驶员：　　　　　　　　　　年　　月　　日至　　月　　日

日期	作业计划具体内容						运量/吨	周转量/吨千米	执行情况检查
指标	工作率	车日行程	行程利用率	实载率	运量	周转量	说明：		
计划									
实际									

5.2.2　运输方案设计与决策

（1）运输方案设计与决策

运输方案设计与决策是指运输企业针对客户的运输需求，运用系统理论和运输管理的原理和方法，合理地选择运输方式、运输工具与设备、运输路线以及货物包装与装卸方式等。运输方案设计与决策的内容及各模块设计流程如图5-4所示。

1）客户运输需求分析

客户的运输需求既包括运输对象、运输量体积或重量、发货地、收货地等方面的具体运输需求，也包括对运送质量、服务态度、安全性、时效性、准确性等方面的潜在服务需求。客户运输需求分析是运输方案设计与决策的起点，最终运输方案必须满足客户运输需求。

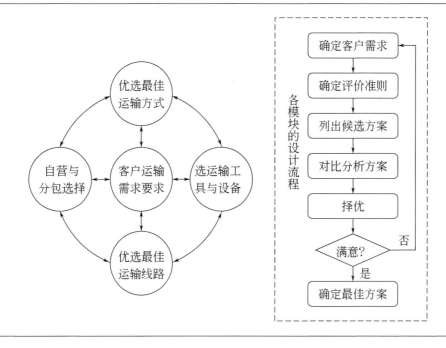

图5-4　运输方案设计与决策的内容及各模块设计流程

2）运输方式选择

在各种运输方式中，如何选择适当的运输方式是运输合理化的重要问题。除了成本费用分析法外，也常用综合评价法作为运输方式的选择分析方法。综合评价法中，评价运输方式的重要程度可从经济性、迅速性、安全性、便利性四个维度进行。

① 经济性（F_1）。主要表现为费用的节省，在运输过程中，总费用支出越少，则经济性越好。其重要程度即权重系数为b_1。

② 迅速性（F_2）。指货物从发货地到收货地所需的时间，即货物在途时间。其时间越少，迅速性越好。其权重系数为b_2。

③ 安全性（F_3）。指货物的完整程度，以货物的破损率表示。其权重系数为b_3。

④ 便利性（F_4）。一般情况下，可以利用发货人所在地至装车地之间的距离来表示，距离越近，便利性越好。其权重系数为b_4。

通过计算这四个维度的重要程度，可以得出各运输方式的综合重要程度，然后选择合适的运输方式。计算公式如下：

$$F=b_1F_1+b_2F_2+b_3F_3+b_4F_4$$

3）运输工具与设备选择

运输工具与设备的选择具体可从以下几个方面考虑：

① 运输工具的选择。

② 装卸搬运设备的选择。

③ 集装箱的选择。

④ 运输包装的设计。

4）运输线路选择

运输线路的选择需关注：

① 运输线路选择与运输方式选择的协同。

② 注意装卸地点的选择。

③ 注意不同装货量的拼装，以实现集运、拼装。

5）运输费用比较

计算各运输方案的费用。以公路运输为例，运输费用包括固定费用、油费、车辆通行费、停车费、保险费、维修费、装卸费等费用。根据计算结果对各运输方案的费用进行比较。

6）运输方案确定

综合比较各运输方案，选择最优的运输方案。

（2）国际多式联运

国际多式联运是指按照多式联运合同，以至少两种不同的运输方式，由多式联运经营人，将货物从一国境内的接收地点运送至另一国境内指定交付地点的货物运输方式（一般以集装箱作为运输单元）。

1）国际多式联运应具备的条件

① 具有一份多式联运合同。多式联运经营人与托运人之间必须签订多式联运合同，以明确承托双方的权利、义务和豁免关系。

② 必须使用一份全程多式联运单证。

③ 必须由一个多式联运经营人对全程运输负总责。

④ 必须是两种或两种以上不同运输方式的连贯运输。

⑤ 必须是跨越国境的国际货物运输。

2）国际多式联运的组织形式

① 海陆联运。海陆联运（combined transport by rail and sea）是国际多式联运的主要组织形式，也是远东/欧洲方向国际多式联运采用的主要组织形式之一。这种组织形式以海运公司为主体，签发联运提单，与航线两端的内陆运输部门开展联运业务。

② 陆桥运输。陆桥运输（land bridge service）是指采用集装箱专用列车或卡车，把横贯大陆的铁路或公路作为中间"桥梁"使大陆两端的集装箱海运航线与专用列车或卡车连接起来的一种连贯运输方式。严格地讲，陆桥运输也是一种海陆联运形式。目前，远东/欧洲的陆桥运输线路有西伯利亚大陆桥和北美大陆桥，还包括小陆桥（minibridge）运输和微桥（microbridge）运输等运输组织形式。

③ 内陆公共点运输。内陆公共点（overland common point，OCP），又称陆路共通点，是指美国西海岸有陆路交通工具与内陆区域相连通的港口，是享有优惠费率、通过陆上运输可抵达的区域。对于内陆公共点运输下的集装箱货物，卖方（发货人）承担的责任与费用终止在美国西海岸港口。货物卸船后，由收货人委托中转商持正本提

单向船公司提货，并负责运抵收货人指定地点。

④ 海空联运。又称为空桥运输（air-bridge service）在运输组织方式上，空桥运输与陆桥运输有所不同。陆桥运输在整个货运过程中使用的是同一个集装箱，不用换装，而空桥运输的货物通常要在航空港换入航空集装箱。但两者的目标是一致的，即以低费率提供快捷、可靠的运输服务。

（3）集装箱多式联运业务流程设计

目前，集装箱货物多式联运已成为国际货物运输的主要方式。集装箱多式联运业务流程设计是为能向客户提供最优质和最优化的集装箱多式联运服务而设计的、从托运货物直至货物交付收货人为止的一系列作业环节。

1）集装箱多式联运业务流程设计的内容

① 发送管理。主要包括订舱、箱管、费收、报关、报检、保险业务等。

② 在运管理。指对运输途中的货物、人员、信息等进行实时监控和在线联系，同步掌握运输计划实施情况和物资的现状，了解出现的问题，并及时予以正确地解决，保证客户的货物不管在任何情况下都能第一时间抵达。

③ 中转管理。当货物不能直达时就需要中转作业。

④ 交付管理。主要包括进口换单、箱管、费收、报关、报检、货损事故的理赔等业务。

2）集装箱多式联运业务流程设计的步骤

① 设定总目标。明确战略目标并将其分解；明确流程设计的出发点，即明确流程设计的基本方针和分析流程设计的可行性。

② 分析现状，确定设计目标。主要包括外部环境分析、客户满意程度调查、现有流程状态分析、具体设计目标、确定成功标杆。

③ 设计和再造新流程。主要包括流程设计构思、确定设计路径、确定工作环节和重点、流程设计方案。

3）集装箱海铁联运业务流程设计

国际集装箱海铁多式联运出口业务流程见图5-5。

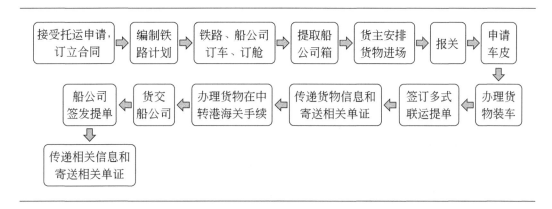

图5-5　国际集装箱海铁多式联运出口业务流程

国际集装箱海铁多式联运进口业务（FCA价）流程如图5-6所示。

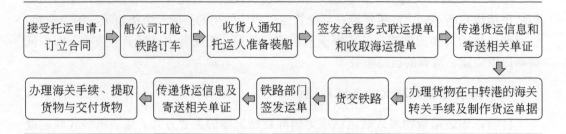

图5-6　国际集装箱海铁多式联运进口业务（FCA价）流程

4）集装箱海运联运业务流程设计

集装箱海运联运业务流程如图5-7所示。

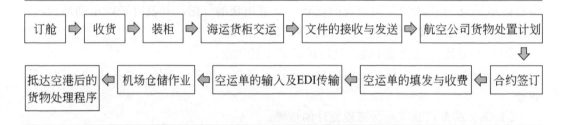

图5-7　集装箱海运联运业务流程图

5.3
运输调度管理

5.3.1　优化运输路线

（1）运输合理化

1）运输合理化的含义

运输合理化是指从总体目标出发，以最少的运力、最快的速度、最短的线路、最优的服务、最少的费用，组织好货物的运输与配送，以获取最大的经济效益。

影响运输合理化的因素包括运输距离、运输环节、运输工具、运输时间和运输费用等5个因素，即合理运输的"五要素"。

2）不合理运输的表现形式

不合理运输是指未达到在现有条件下可以达到的运输水平，从而造成了运力浪费、运输时间增加、运费超支等问题的运输形式。常见的不合理运输形式有以下几种：

① 返程或起程空驶。空车行驶，可以说是不合理运输中比较常见又最容易导致资源浪费的形式。在实际运输组织中，有时候必须调运空车，从管理上不能将其看成不合理运输。但是，因调运不当、货源计划不周、不采用运输社会化而形成的空驶，是不合理运输的表现。

② 对流运输。亦称"相向运输""交错运输"，是指同一种货物，或彼此间可以互相代用而又不影响管理、技术及效益的货物，在同一线路上或平行线路上作相对方向的运送，而与对方运程的全部或一部分发生重叠交错的运输形式。已经制订了合理流向图的产品，一般必须按合理流向的方向运输，如果与合理流向图指定的方向相反，也属对流运输（图5-8）。

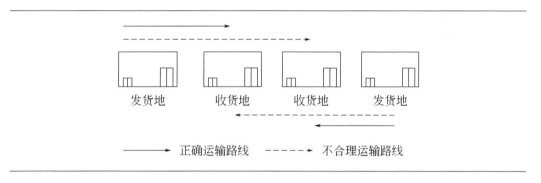

图5-8　对流运输示意图

③ 迂回运输。本可以选取短距离进行运输时，却选择路程较长路线进行运输的一种不合理形式（图5-9）。

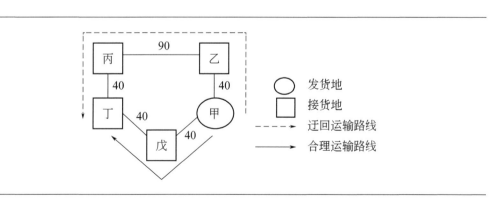

图5-9　迂回运输示意图

④ 重复运输。货物可以直接运到目的地，但在未达目的地之外的其他场所卸货，重复装运后送达目的地，或者是同品种货物在同一地点同时运进、运出（图5-10）。

图5-10　重复运输示意图

⑤ 倒流运输。货物从销地或中转地向产地或起运地回流的一种运输现象（图5-11）。

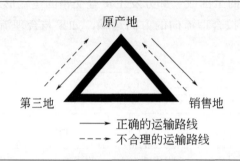

图5-11　倒流运输示意图

⑥ 过远运输。调运物资舍近求远，导致货物运距增加的现象。

⑦ 运力选择不当。未按照各种运输工具优势选择运输工具造成浪费的不合理现象。

各种不合理运输形式都是在特定条件下表现出来的，在进行判断时，必须将其放在运输系统中做综合判断，如果不做系统分析和综合判断，很可能出现"效益背反"现象。

3）合理运输的组织措施

① 合理选择运输方式。各种运输方式都有各自的适用范围和不同的技术经济特征，选择时应进行综合分析和比较。首先要考虑运输成本的高低和运行速度的快慢，还应考虑货物的性质、数量的大小、运距的远近和货主需要的缓急程度。

② 合理选择运输工具。根据不同货物的性质、数量及对湿度等的要求，选择不同类型、吨位的车辆，并通过轻重货物搭配、装载堆码技术，充分利用运输工具装载能力。

③ 正确选择运输路线。运输路线的选择，一般应尽量安排直达、快速运输，尽可能缩短运输时间。按照货物的合理流向，选择最短路径，避免迂回、倒流等不合理现象发生。提高行程利用率，从而达到节省运输费用、节约运力的目的。

④ 提高货物包装质量并改进运输中的包装方法。货物运输线路的长短、装卸操作次数的多少都会影响到货物的完好程度，所以应合理地选择包装物料，以提高包装质量。另外，有些商品的运输线路较短，且要采取特殊放置方法，如烫好的衣服需垂直运输，则应改变相应的包装。货物包装的改进，对减少货物损失、降低运费支出、降

低商品成本有明显的效果。

⑤ 混合运送，减少运力投入。混合运送的优势是将多家需要的同一品种的货和一家需要的多品种货实行配装，避免一家提货或送货车回程空驶现象的发生，以达到运输工具的重量和容积得到充分合理地运用。例如采用整车运输、整车拼装、整车分卸及整车零卸等措施，均可提高实载率。

⑥ 采用大吨位运输工具。在运输量等条件许可的情况下，尤其在长距离运输中，尽可能采用大吨位的运输工具，可大大降低运输费用。具体的做法是：根据汽车的运载力，加挂拖车增加运输量。

⑦ 发展社会化运输系统。利用社会运输资源将运输服务外包或与其他企业合作，降低运输工具空驶率。

⑧ 发展直达运输。直达运输是追求运输合理化的重要方面，通过减少中转环节及换装，达到提高送达速度、节省装卸费用、降低货损货差的目的。

⑨ 提倡合装整车运输。合装整车运输又称为"零担拼整车中转分运"，主要用于件杂货的运输。合装整车运输具体有四种方法：零担货物拼装整车直达运输、零担货物拼装整车接力直达或中转分运、整车分卸、整装零担。采用合装整车运输，可提高运输工具的使用效率，降低运输费用。

（2）优化运输线路的方法

运输调度工作要科学选择运输线路，尽可能缩短运输时间或运输距离，达到降低运输成本、提高运输服务质量的目标。

1）单一起讫点的路线规划

单一起讫点指的是在一次运输任务中，只有一个装货点和一个卸货点。一般可用标号法求得最佳优化线路，这是一种快速寻求网络计算工期和关键线路的方法。每个标号中的第一位数值，表示从起点到该节点的运输累计距离。第二位字母，表示该线路段的前一个节点序号（图5-12）。

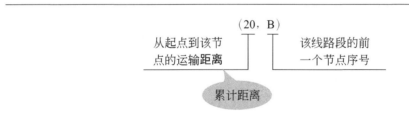

图5-12　标号法示例1

图5-13中的A节点，标号为（18，O），表示距离为18，前一个节点为起点O。

当某个节点有两条以上的线路到达时，就应该有两个以上的标号。图5-13中的B节点，一条是从起点O直接到B，应该记为（32，O）；另一条是从起点O经过节点A再到节点B，距离应该是累计距离18+28=46，所以标号为（46，A）。

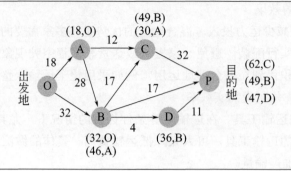

图5-13 标号法示例2

当一个节点有两个以上的标号时，应选择数值最小的标号为该节点的最后标号，并作为后续节点的距离起始值。如B节点最后标号为（32，O）。从B节点到D节点，累计距离为32+4=36，所以，可以标号为（36，B）。而C节点通过B的累计距离为32+17=49，所以，可以标号为（49，B）（图5-14）。

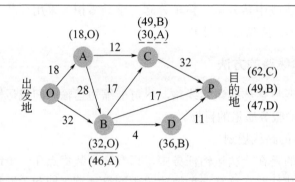

图5-14 标号法示例3

最后，按目的地的最后标号中第二位的字母，从目的地向出发地逆向推算出最佳路线，P→D→B→O，所以，从出发地O，经过节点B、D，最后到达目的地P为最佳运输线路，其最短运输距离为47km（图5-15）。

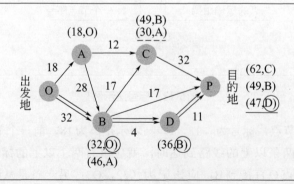

图5-15 标号法示例4

2）多个起讫点的路线规划

① 表上作业法。针对实际工作中遇到的多个起讫点的路线规划，可以采用表上作业法求得最佳运输方案。

a.建立最初调运方案。按照最小元素法"优先调运运价最小"的基本思路，找出运价表中最小的元素，在对应格内填入允许调运的最大数，若某行（列）的产量（销量）已满足，则将该运价所在行（列）划去；找出未划去的运价中的最小数值，继续调拨其运量，直至满足所有的供需要求，求得最初调运方案。

b.判断是否得到最优解。对于已确定的某一最初调运方案，采用闭回路法来检验并判断其是否为最优方案。从某一空格出发（无调运量的格子），沿水平方向或垂直方向前进，遇到某一个有调运量的格子就转向，继续前进，直至回到原来出发的空格，形成一条闭回路。用这个闭回路上所有奇数顶点的运价之和减去所有偶数顶点的运价之和，结果为0或正数，即为最优方案；如为负数，则为非最优方案，需进行调整。

c.调整调拨量，求得最优方案。以闭回路中空格为起点（奇顶点），取偶顶点中的最小运量为调整量，奇顶点增加调整量，偶顶点减少调整量，得到新的调运方案，并继续使用闭回路法进行检验，直到求得最优方案。

如果供需不平衡时，需要假设1个虚拟需求市场（供大于求）或生产市场（供小于求），虚拟的生产量或需求量为供需的差额，单位运价为0。在用最小元素法求初始调运方案时，要把运费表中库存一列的零运费排除，然后再逐次选取最小运费制定调运方案并检验。

② 图上作业法。

a.确定线形类别。图上作业法将交通图分成道路不成圈和道路成圈两类。道路不成圈就是没有回路的树形结构，包括直线、丁字线、交叉线、分支线等。无圈的流向图，只要消灭对流，就是最优流向图。道路成圈就是形成闭合回路的环状线路，包括一个圈（有三角形、四边形、多边形）和多个圈。成圈的流向图要达到既没有对流，又没有迂回的要求，才是最优流向图。

b.建立初始调运方案。根据线性规划原理，对于不成圈的交通网络运输调度可根据"就近调拨"的原则进行（图5-16、图5-17）。

对于成圈的交通网络，先假设某两点不通，将成圈问题简化为不成圈问题考虑，得到一个初始的调运方案。

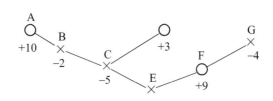

图5-16　物资调运示意图

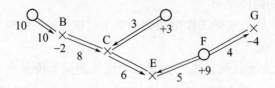

图5-17 最优调运示意图

假设某地区物资调运情况如图5-18所示,可断开A—B段,然后根据"就近调拨"的方法,即可得到如图5-19所示的物资调运初始方案。

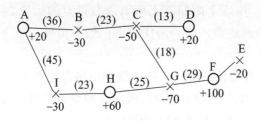

图5-18 物资调运示意图

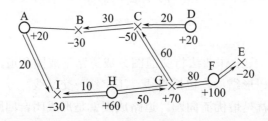

图5-19 初始方案

c. 检查初始方案。检查初始方案中是否存在对流运输和迂回运输情况。本例中不存在对流运输情况,通过检查里、外圈流向线的总长是否超过全圈(即封闭环线路)长度的二分之一来判断是否存在迂回运输。

全圈长:45+23+25+18+23+36=170(km)。

半圈长:170/2=85(km)。

外圈(逆时针方向)长:45+25+18+23=111(km)。

里圈(顺时针方向)长:23km。

外圈流向线总长超过了全圈长的一半(111km>85km),可以断定该方案有迂回调拨现象存在,应缩短外圈流向,优化方案。

d. 调整优化方案。外圈流向线中最小流量A—I为20,应在外圈的各段流向线上均减去20，同时应在里圈的各段流向线及原来没有流向线的AB段上分别加上20，可得到新的物资调拨方案（如图5-20所示）。

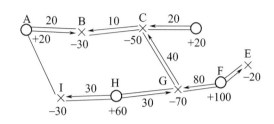

图5-20　调整后的调拨方案

调整后的调拨方案：

外圈（逆时针方向）长：25+18+23=66（km）。

里圈（顺时针方向）长：23+36=59（km）。

里、外圈流向线总长均没有超过全圈周长的一半，所以调整后的新方案是物资调拨的最优方案。

优化前：$45 \times 20 + 23 \times 30 + 60 \times 18 + 29 \times 80 + 127 \times 20 + 20 \times 13 + 50 \times 25 + 23 \times 10 = 9270$（吨千米）。

优化后：$20 \times 36 + 10 \times 23 + 20 \times 13 + 30 \times 23 + 30 \times 25 + 20 \times 127 + 80 \times 29 + 40 \times 18 = 8230$（吨千米）。

节约：9270–8230=1040（吨千米）。

3）循环取（送）货的路线规划

在很多零单集散中心的日常取（送）货活动中，集散中心的车辆一次要按顺序到多个用户装（送）货，装（送）完货物后再返回到集散中心。这种运输方式有个显著特点，即同一天有很多装（送）货点，而且装（送）货量都不是很大，需要好几家的货物才能装满一辆车。对于多点循环取（送）货的最佳路线规划，一般采用扫描法或节约里程法。

①扫描法。扫描法是一种先分群再寻找最佳路线的路线规划方法，一般分为两个过程：首先分配车辆服务的站点，然后确定每辆车的行车路线。具体步骤为：

a.在地图或方格图中确定所有站点（仓库）的位置。

b.用扫描法规划循环取货的最佳运输线路。自集货中心开始，沿任一方向向外划一条直线。沿顺时针或逆时针方向旋转该直线直到与某站点相交，判断如果增加该站点是否会超过车辆的载货能力。如果没有，继续旋转直线，直到与下一个站点相交。再次计算累计货运量是否超过车辆的运载能力，如果超过，就剔除最后的那个站点，形成第一个服务区域。随后，从不包含在上一条路线中的站点开始，继续旋转直线以寻找新的服务区域，直到所有的站点都被安排到服务区域中。

c.安排每个服务区域中的每个站点的装（送）货顺序，确保行车距离最短。

② 节约里程法。节约里程法可以同时确定路线和经过各站点顺序，能处理有众多约束条件的实际问题。节约里程法的目标是使所有车辆行驶的总里程最短，并进而使为所有站点提供服务的卡车数量最少。

a.首先假设每一个站点都有一辆虚拟的卡车提供服务，随后返回仓库，这时的路线里程是最长的。

b.将两个站点合并到同一条行车路线上，减少一辆运输车，相应地缩短路线里程。

c.继续合并过程。每次合并时都要计算所节约距离，节约距离最多的站点就应该纳入现有路线。假如由于某些约束条件，节约距离最多的站点不能并入该路线，就要考虑节约距离次数多的站点。

d.重复上述过程直到所有站点的路线设计都完成。

（3）运输路线安排需要考虑的因素

在线路规划时，调度员一定要考虑不同路线的经济效益，尽可能选择距离短、费用省的运输路线来完成运输任务。同时，也要考虑以下因素：

① 道路情况。应该考虑同一辆车的货物是否同向；还要考虑道路的具体通行情况，比如高速公路是否封闭修路、是否有交通管制等。

② 卸货点之间的距离。如果同一辆车的货物有多个卸货点，不要出现大量的货物集中在前面的卸货点，最后长距离运输时只有少量货物，影响车辆的吨位利用率。

③ 每个卸货点的卸货时间。卸货速度慢的卸货点，应尽量放在后面到达，以免影响其他卸货点的到达时间。

④ 具体的到货时间。尤其是对有通行时间限制的大城市市区，要确保其具体到达时间不在受限时段内。

5.3.2　运输工具配载

（1）运输工具的调度

调度员接到一项运输任务后，要根据运输任务的具体信息，调度安排合适的车辆去执行运输任务。在具体的车辆调度时，不仅要求车辆状况与货物状况相匹配，而且还要求与道路情况相匹配。

① 车辆品牌的选择。主要考虑各品牌车辆的质量水平和性能是否符合完成运输任务的要求，尤其是道路情况。

② 车辆吨位的选择。尽量选择核定吨位与运送货运量相匹配的车辆，提高车辆的载重利用率，但注意不能超载。

③ 车辆容积的选择。对于一些轻泡货物、有包装的货物、形状不规则的货物，在选择车辆时，一定要考虑车辆的容积，提高车辆的容积利用率。

④ 车辆货厢形式的选择。车辆按货厢形式分，目前主要有平板车、低栏板车、高栏板车、篷布车、厢式车（普通厢、冷藏厢）等，要根据货物特性、气候等选择车辆

货厢形式。

⑤ 车况的选择。如果是长途运输、复杂道路、重要客户、重要货物的运输，应安排车况较好的车辆。

在选择车辆时，除了要考虑上述五个方面的因素外，还要综合考虑其他各个方面的因素，比如当天的运输任务情况、车辆归队情况、天气情况、驾驶员和道路情况等。

（2）装车配载

货物装车前，调度员必须根据车辆核定吨位、车厢容积和起运货物的质量、理化性质、长度、大小和形状等货物性质以及货物运送方向、中转、直达等运输要求，做好货物装车配载方案并要遵守以下几点原则：

① 中转先运、急件先运、先托先运、合同先运。

② 尽量采用直达方式，必须中转的货物，则应合理安排流向。

③ 充分利用车辆载质量和容积。

④ 严格执行混装限制规定。

⑤ 及时了解中途各站的待运量，尽量使同站装上和卸下的货物在质量和体积上相匹配。

在实际工作中，可以利用直观的三维视图软件"装箱大师"来制订装车配载方案。只要输入货物的尺寸、质量等信息，设置货物承重级别大小、摆放方式、承载方式、堆码层数以及最大悬空比率等，并输入承载车辆的车厢长宽高数值，设置具体的装车配载原则，就可以得到装车配载方案。

1）配载原则

配载是提高车辆载质量和容积利用率的关键，一般需遵循以下原则：

① 轻重搭配、大小搭配。在车辆配载过程中不仅要考虑车辆的装载量，还要考虑车辆的容积，尽可能实现车辆满载，降低运输成本。这就要求在进行车辆配载时，必须遵循轻重搭配以及大小搭配的原则。

② 货物性质保持"三个一致"。拼装在一节车厢内的货物，要做到化学性质一致、物理属性一致、灭火方法一致，以保证运输安全。不能将散发臭味的货物与具有吸臭性的食品混装，也不能将散发粉尘的货物与清洁度要求高的货物混装。

③ 货物运输方向一致。拼装在一节车厢内的货物，其目的地方向应保持一致，并且同一到达地点、适合配载的货物应尽可能一次装车配载。

2）装车原则

车辆配载原则解决了什么样的货物能拼装在一起的问题，但拼装在一起的货物在具体装车时，还要遵循以下原则：

① 装车顺序做到先送后装。也就是说，按照车辆运行线路，送货地点靠前的货物后装车，送货地点靠后的货物先装车，这样做的目的是方便卸货，避免不必要的途中倒货。比如，将车厢分为五个装载区，每个装载区对应相应的卸货点，根据先卸后装的原则进行装载，将最后抵达 E 公司的货物，放在第五装载区，最先抵达 A 公司的货物，放在第一装载区（图 5-21）。

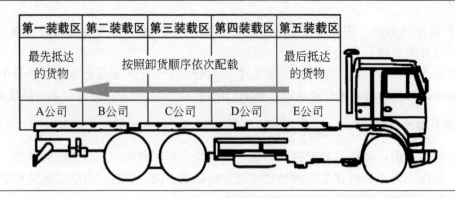

第一装载区	第二装载区	第三装载区	第四装载区	第五装载区
最先抵达的货物	按照卸货顺序依次配载			最后抵达的货物
A公司	B公司	C公司	D公司	E公司

图5-21　装车顺序示意图

② 重不压轻。轻重搭配可以充分利用核定承载量，但在车辆装货时，要注意将重货置于底部，轻货置于上部，重心下移，确保稳固，同时避免重货压坏轻货，以保证运输安全。

③ 大不压小。大小搭配以减少厢内空隙，充分利用车厢的容积。对大小不一的货物，在具体装车时，要注意将大的货物置于底部，小的货物置于上部，确保运输途中稳固，同时避免大货压坏小货。

④ 合理的堆码层次与方法。可根据车厢的尺寸、容积及货物外包装的尺寸确定堆码层次。在具体堆码时，包装不同的货物应分开装载，如板条箱货物不要与纸箱、袋装货物堆放在一起。具有尖角或其他突出物的货物，应与其他货物分开装载或用模板隔离，以防止包装破损。

同时，为防止车厢内货物之间碰撞、沾污，货与货之间、货与车之间应留有空隙并适当衬垫。装载易滚动的卷装、桶装货物，应垂直摆放。装货完毕，应在门端处采取适当的稳固措施，以防开门卸货时，货物倾倒造成货损或人身伤亡。

根据以上装车配载原则，再结合货物信息、客户信息和车辆尺寸，就可以制订出装车配载方案。按照方案合理装车，可以提高车辆积载率，减少倒货，节约配送时间，同时，还可以大大降低货损，这是物流企业装车操作的基本要求。

5.4
运输商务管理

5.4.1　运输商务管理主要内容

运输商务活动是指运输企业在经营运输业务的过程中，面向运输市场开展的各种经济行为的总称。其主要内容包括：选择可靠的承运人，安排合理的运输方式，选择合适的运输线路；为客户提供仓储与分拨建议；安排货物的计重、计量和拼装；办理货物的保险；装运前或在目的地分拨之前，根据需要将货物存仓；办理海关和有关单证手续，代付运费、关税，解决运费账目等问题；提供拼箱服务；提供多式联运服务等。运输商务活动一般要经过运输市场的调研、营销、交易对象的选择、交易双方的商务谈判，合同签订、合同履行、单证传输、费用的支付和结算，售后服务、保险和理赔，以及工商登记税务、商检、报关等一系列的活动。

5.4.2　货物运输合同管理

（1）货物运输合同的主要内容

货物运输合同主要包括下列内容：货物信息（名称、性质、质量、体积、数量及包装等）；起运到达地点运距、收发货人信息；运输质量及安全要求；货物装卸责任和方法；货物交接手续；起止时间；年季月合同运输计划；运杂费计算标准及结算方式；变更、解除合同的期限；违约责任；双方商定的其他条款。

（2）货物运输合同的订立程序

① 要约。要约是希望和他人订立合同的意思表示，即合同当事人的一方提出签订合同的提议，提议的内容包括订立合同的愿望、合同的内容和主要条款。要约一般由托运人提出。

② 承诺。承诺是受要约人同意要约的意思表示，即承运人接受或受理托运人的提议，对托运人提出的全部内容和条款表示同意。受理的过程包括双方协商一致的过程。

（3）合同当事人各方应履行的义务

合同签订后，承托双方应按合同规定履行各自的义务。托运人应按合同规定的时间准备好货物，及时发货、收货，装卸地点和货场应具备正常的通车条件。承运人应该按照合同规定的期限、货物数量和起止地点组织货物运输，保质保量完成运输任务。

1）托运方的义务

① 如实申报的义务。托运人在将货物交付运输时，有对法律规定或当事人约定的事项进行如实申报的义务。

② 托运人有按规定向承运人提交审批、检验等文件的义务。托运人对需要办理审批、检验手续的货物运输，应将审批后的文件提交承运人。

③ 托运人的包装义务。托运人违反约定的包装方式，或者不按通用的包装方式或不足以保护运输货物的包装方式包装而交付运输的，承运人有权拒绝运输。

④ 托运人托运危险物品时的义务。托运人托运易燃、易爆、有毒、有腐蚀性、有放射性等危险物品的，应当按照国家有关危险物品运输的规定对危险物品妥善包装，粘贴危险物标志和标签，并将有关危险物品的名称、性质和防范措施的书面材料提交

承运人。

⑤ 支付运费、保管费以及其他运输费用的义务。在承运人全部、正确履行运输义务的情况下，托运人或者收货人有按照规定支付运费、保管费以及其他运输费用的义务。

2）承运方的义务

① 安全运输的义务。承运人应依照合同约定，将托运人交付的货物安全运输至约定地点。

② 承运人的通知义务。货物运输到达后，承运人负有及时通知收货人的义务。

3）收货人的义务

① 及时提货的义务。收货人逾期提货的，应当向承运人支付保管费等费用。

② 支付托运人未付或者少付的运费以及其他费用。合同约定由收货人在到站支付或者托运人未支付的费用，收货人应支付。在运输中发生的应由收货人支付的其他费用，收货人也必须支付。

③ 收货人有在一定期限内检验货物的义务。货物运交收货人后，收货人负有对货物及时进行验收的义务，收货人应当按照约定的期限检验货物。

（4）货物运输合同的变更与解除

在承运人将货物交付收货人之前，托运人可以要求承运人中止运输、返还货物、变更到达地或者将货物交给其他收货人。变更运输时，应及时由托运和承运双方协商处理填制"运输变更申请书"，所发生的费用需按有关规定处理，原则要求变更方赔偿对方因此遭受的损失。

5.4.3 处理货运事故和违约

货运事故是指货物运输过程中发生货物灭失、短少、变质、污染或延迟交付。货运事故和违约行为发生后，承托双方及有关方面应编制货运事故记录，承运人应先行向托运人赔偿，再向肇事的责任方追偿。

（1）货运事故处理规定

货运事故处理过程中，收货人不得扣留车辆，承运人不得扣留货物。由于扣留车、货而造成的损失，由扣留方负责赔偿。

① 货运事故赔偿分限额赔偿和实际损失赔偿两种。法律、行政法规对赔偿责任限额有规定的，依照其规定赔偿。尚未规定赔偿责任限额的，按货物的实际损失赔偿。

② 保价运输中货物全部灭失的，按货物保价声明价格赔偿；货物部分毁损或灭失的，按实际损失赔偿；货物实际损失高于声明价格的，按声明价格赔偿；货物能修复的，按修理费加维修取送费赔偿。

③ 未办理保价或保险运输，且在货物运输合同中未约定赔偿责任的，按第①项的规定赔偿。

④ 物损失赔偿费包括货物价格、运费和其他杂费。货物价格中未包括运杂费、包装费以及已付的税费时，应按承运货物的全部或短少部分的比例加算各项费用。

⑤ 当事人有约定货物毁损或灭失赔偿额的，按照其约定赔偿。没有约定或约定不明确的，可以补充协议；不能达成补充协议的，按照交付或应当交付时货物到达地的市场价格计算。

⑥ 由于承运人的责任造成货物毁损或灭失，以实物赔偿的，运费和杂费照收；按价赔偿的，退还已收的运费和杂费；被损货物尚能使用的，运费照收。

⑦ 丢失的货物赔偿后又被查回的，应将货物送还原主，收回赔偿金或实物；原主不愿接受失物或无法找到原主的，货物由承运人自行处理。

⑧ 承托双方对货物逾期到达、车辆延滞、货物落空都负有责任时，按各自责任所造成的损失相互赔偿。

（2）货运事故处理程序

① 货运事故发生后，承运人应及时通知收货人或托运人。收货人、托运人知道发生货运事故后，应在约定的时间内，与承运人签注货运事故记录。

货物赔偿时效从收货人、托运人得知货运事故信息或签注货运事故记录的次日起开始计算。在约定运达时间的30日后未收到货物的，视为货物灭失，自第31日起开始计算货物赔偿时效。未按约定或规定的运输期限内运达交付货物的，视为迟延交付。

② 当事人要求另一方当事人赔偿时，须提出赔偿要求书，并附运单、货运事故记录和货物价格证明等文件。要求退还运费的，还应附运杂费收据。另一方当事人应在收到赔偿要求书的次日起，60日内做出答复。

③ 承运人或托运人发生违约行为的，应向对方支付违约金，违约金的数额由承托双方协商约定。

④ 对承运人非故意行为造成货物迟延交付的赔偿金额，不得超过所迟延交付的货物全程运费金额。

（3）违约责任的一般处理原则

1）承运方的主要违约责任

① 因承运方过错造成货物逾期到达，应按合同规定支付违约金。

② 从货物装运时起，至货物运抵到达地交付完毕时止，承运方应对货物的灭失、短少、变质、污染、损坏负责，并按货物实际损失赔偿。但有下列情况之一者除外：不可抗力；货物的自然损耗或性质变化；包装不符合规定（无法从外部发现）；包装完整无损而内装货物短缺、变质；托运方的过错；有押运人且不属于承运方责任的；其他经查证非承运方责任造成的损失。

③ 货物错运到达地或收货人，由承运方无偿运到规定地点，交给指定的收货人，由此造成的货物逾期到达，按规定处理。

④ 货物赔偿价格按实际损失价格赔偿如货物部分损失，应按损坏货物所减低的金

额或按修理费用赔偿。赔偿费用应专账支付，不得在运费内扣抵。

2）托运人的主要违约责任

① 未按合同规定的时间和要求提供货物，按合同规定支付给对方违约金。

② 由于托运人发生下列过错造成事故，致使车辆、机具、设备损坏、腐蚀或人身伤亡以及第三者物质损失的，应由托运人负赔偿责任：在普通货物中夹带、匿报危险品或其他违反危险品运输规定的行为；错报笨重货物质量；货物包装不良或未按规定制作标志。

③ 货物包装完整无损而货物短损、变质，收货人拒收或货物运抵到达地找不到收货人，以及由托运方负责装卸的货物，超过合同规定装卸时间所造成的损失，均应由托运方负责赔偿。

④ 由于托运方责任给承运部门造成损失，或因匿报而造成他人生命财产损失时，除由托运方负责赔偿外，必要时应交有关部门处理。

⑤ 要求赔偿的有效期限一般从货物开票次日起，不得超过6个月。从提出赔偿要求次日起，责任承担方应在2个月内做出处理。

3）收货人的主要违约责任

① 收货人逾期领取货物要承担货物的仓储保管费。

② 收货人应当补交托运人未交或者少交的运费，迟交的要承担滞纳金。

③ 因收货人的提货行为而造成承运人其他财产损失的，应承担赔偿责任。

4）关于违约金和赔偿金

当事人可以约定违约金、赔偿金。但违约金一般最高不应超过违约部分运量应计运费的10%，并在明确责任的次日起10日内偿付，逾期支付按日支付滞纳金。货物灭失、短少的，应按此部分货物价值赔偿；货物变质、污染、损坏按照受损货物所减低价值或者修理费赔偿。

货物运输合同应采用书面形式，并应具备合同规定的主要条款，否则为无效合同。签订的合同条款应有助于当事人双方明确自己的权利与义务，有利于合同的顺利履行，也便于当事人对合同问题发生争议时的协商和解决。

5.4.4　运输成本

（1）运输成本构成

① 公路运输的成本构成。主要包括车辆折旧、保险税费、燃油费、通行费、停车费、装卸费、轮胎费、薪酬支出等。

② 铁路运输的成本构成。主要包括车辆折旧、车辆保养费、保险费、燃油费、装卸费、管理费、薪酬支出等。

③ 航空运输的成本构成。主要包括飞机折旧、飞机维护费、保险费、燃油费、机场费、管理费、装卸费、薪酬支出等。

④ 水路运输的成本构成。主要包括船舶折旧、船舶维修费、保险费、燃油费、装卸费、管理费、薪酬支出等。

（2）影响运输成本的因素

影响运输成本的因素主要包括运输距离载货量、货物疏密度、装载性能、装卸搬运的难易程度、货物的易损性和市场因素等。

① 运输距离。由于运送距离直接对劳动、燃料和维修等变动成本发生作用，所以它是影响运输成本的主要因素。运输距离越长，单位距离的运输成本越低，这又被称作运输成本的递远递减性质（图5-22）。

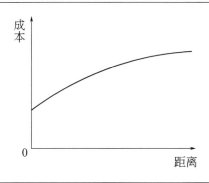

图5-22　运输成本与运输距离关系

② 载货量。与其他许多物流活动一样，大多数运输活动都存在着规模经济。装载量的大小会影响运输成本，也是运输规模经济的一个重要表现。单位运输成本随载货量的增加而减少（图5-23），这是因为提取和交付活动的固定费用以及行政管理费用可以随载货量的增加而被分摊。

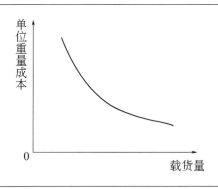

图5-23　运输成本与载货量关系

③ 货物疏密度。货物的疏密度是综合考虑货物质量以及占据空间的一个指标，也是影响运输成本的重要因素。因为运输成本通常表示为每单位质量所花费的数额，而

在质量和空间方面，运输工具更多的是受到空间限制，而不是受质量限制。所以货物的疏密度越高，单位运输成本相对降低，也就是说，单位运输成本随货物疏密度的增加而下降（图5-24）。

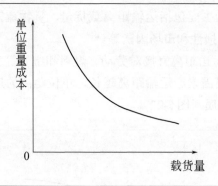

图5-24　运输成本与货物疏密度关系

④ 装载性能。装载性能又称空间利用率，是指货物利用运输工具空间的程度。大批量货物的装载性能由其大小、形状和弹性等物理特性所决定。一般来说，具有标准矩形的产品要比形状不规则的产品更容易装载。

⑤ 装卸搬运的难易程度。货物装卸搬运的难易程度也是影响运输成本的因素之一。装卸搬运难度较高的货物，其装卸搬运费用较高，运输成本通常也较高。

⑥ 货物的易损性。有些货物具有易损、易腐、易自燃、易自爆、易失窃等特性，容易带来损坏风险，导致索赔事故。运输这些货物时除需要特殊的运输工具和运输方式外，承运人还必须通过货物保险来预防可能发生的货损，从而增加运输成本。

⑦ 市场因素。除了货物特性以外，市场因素同样也会对运输成本产生较大的影响。其中，较显著的因素有同种运输方式间的竞争以及不同运输方式间的竞争，政府对运输活动的管理、限制和法律的规定（如费改税、成品油价格改革等），市场的位置（如产品运输距离等），运输通道的均衡性等。

（3）运输成本的控制策略

控制运输成本的目的是使总的运输成本降低，但又符合运输的可靠性、安全性与快捷性要求。运输成本的控制策略主要有以下几种：

① 合理选择运输工具。

② 拥有适当数量的车辆。

③ 优化仓库布局。

④ 实施集运策略。

⑤ 推行直运战略。

⑥ 采用"四就"直拨运输。

⑦ 提高装载量。

另外，充分利用各种运输方式的优势，推进联合运输，实施托盘化运输、集装箱运输、拼装整车运输等，也是运输成本控制的有效策略。

5.5
货运代理作业管理

5.5.1　货运代理服务类型

（1）公路运输货代服务

1）公路货运代理服务基本形式及特点

公路货运代理服务是指接受发货人、收货人的委托，为其办理公路货物运输及其相关业务的服务，服务内容包括揽货、托运、仓储、中转、集装箱拼装拆箱、结算运杂费、报关、报验、保险及咨询业务等，主要有非专线服务、专线服务和同城货运服务三种基本形式。

① 非专线服务。公路货运代理的非专线服务形式，既为托运人提供服务，也可以为承运人提供服务。代理人根据已掌握的货源寻找相关车源，或根据已掌握的车源寻找货源，进行托运人和承运人的业务撮合及货运委托。代理人以向司机收取佣金作为主要获利手段，或直接将此货源转给经营专线的公路货代，从经营专线的公路货代那里获得佣金或差价。

② 专线服务。从事专线运输的公路货代一般拥有固定的路线、自有或挂靠的车辆。一般从事运输作业管理，接受零担和整车的货运委托，以获取运费差价为盈利目标。

③ 同城货运。从事同城货运的公路货代通过建立叫车平台来满足城市内的货运需求，一般没有自营车辆，类似第四方物流服务提供商的运作。货运代理人从司机的运费中收取一定比例的佣金，司机不与收货人结算运费，节省了货主与承运人之间的议价过程。

2）公路运输货运代理流程

公路运输货运代理流程由发送业务、途中业务和到达业务三部分构成。其中，发送业务主要包括业务受理（车辆调配、安全检查、行车路单签发）和现场装车（接洽进场、入库装货、监督清点）；途中业务主要是通过GPS跟踪、E-mail和电话等手段进行运行监控；到达业务主要包括现场卸货（联系交货、入库卸货、清点核对）和回单处理。公路货运代理作业流程如图5-25所示。

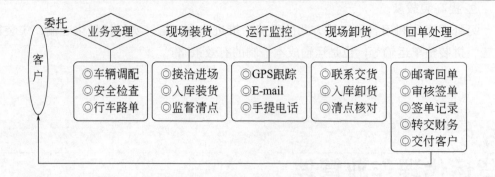

图5-25　公路运输货运代理作业流程

（2）水路运输货运代理服务

1）水路运输货运代理服务内容（见表5-5）

表5-5　水路运输货运代理服务内容

代表发货人 （出口商/委托人） 完成的工作	① 审核委托内容，接受委托 ② 帮助发货人选择运输路线、运输方式、确定运费和承运人 ③ 向选定的承运人提供揽货、订舱服务 ④ 提取货物并签发有关单证 ⑤ 提供有关信用证条款和法律法规方面的咨询 ⑥ 包装 ⑦ 储存 ⑧ 称重和量尺码 ⑨ 代办出口货物的报关报检 ⑩ 代办保险（如果发生） ⑪ 将办理完各种必要手续、海关放行的货物交给承运人 ⑫ 做外汇交易 ⑬ 支付运费及其他费用 ⑭ 收取已签发的正本提单，并交给委托人 ⑮ 安排货物转运（如果发生） ⑯ 通知收货人货物动态 ⑰ 记录货物灭失情况，协助货主理赔和索赔
代表收货人 （进口商/委托人） 完成的工作	① 审核委托内容，接受委托 ② 在FOB（free on board，船上交货）贸易方式下，报告货物动态 ③ 接收和审核所有与运输有关的单据 ④ 提货和付运费 ⑤ 安排进口货物报关报检 ⑥ 代办缴纳进口完税及其他费用 ⑦ 提取进口货物或者物品 ⑧ 向收货人交付海关放行的货物 ⑨ 安排运输过程中货物的暂存、转运 ⑩ 协助收货人储存或分拨货物

2）水路运输货运代理特点

① 代理权的取得基于委托人的授权。我国的代理制度包括委托代理、法定代理和指定代理三种。水路运输货运代理企业代理权的取得基于委托人的授权，是委托代理中商事代理的一种，与法定代理和指定代理有较大的不同。

② 具有严格的市场准入制和严格的管理。水路运输货运代理企业除需持有工商营业执照外，还需要持有相应主管部门颁发的批准证书才能营业。

③ 可以超出代理人的范畴，成为独立经营人。经审批后，货运代理人可以超出代理人的范畴，成为承运人、仓储保管人、经纪人、咨询人等独立经营人。

④ 代理行为大多为混合行为。水路运输货运代理从事代理业务时，常常是代理人、经纪人、承运人、咨询人、仓储保管人等身份交织在一起。比如，在为货方货物报关报验的同时，也常常伴随着仓储、装卸、集运与分拨等业务。这不仅增加了运输代理工作的难度，也给有关方识别运输代理的身份带来了困难。

⑤ 商业性。水路运输货运代理作为商事代理中的一种，其所提供的代理服务均是有偿的。

3）水路运输货运代理流程

① 水路运输货运代理出口作业内容，包括接受客户询价、接单、订舱、做箱集港、代理报关报检和保险、提单确认和修改、签单、航次费用结算和放单等，其作业流程见图5-26。

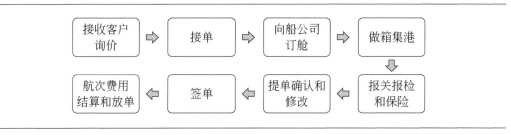

图5-26　水路运输货运代理出口作业流程

② 水路运输货运代理进口作业内容，包括接受货主委托、接货准备和换单、报关和报检、卸船和交接、费用结算等，其作业流程见图5-27。

图5-27　水路运输货运代理进口作业流程

（3）铁路运输货代服务

铁路货运代理服务是指接受发货人、收货人的委托，为其办理铁路货物运输及其相关业务的服务。

1）铁路运输货运代理特点

① 服务多样性。货运代理人对代理货物运输实行一次托运、一次收费、一票到底、全程负责，并可以提供"门到站、站到门、站到站、门到门"等多样式的服务。

② 功能局限性。铁路货运代理企业在人员、资产、业务联系等方面主要依附于铁路，所开展的货运代理业务以铁路运输为主，铁路、公路水路、航空等多种形式的联运代理较少。

③ 网络优势。铁路货运代理可以充分利用铁路运输的货运网络与信息网络优势。铁路高度集中的运输调度指挥系统为铁路货运代理企业了解各类货物及品类的到站、发站流向和数量，掌握市场供求信息，提供了一个难得的信息平台。

④ 规模小。现有的铁路货运代理企业大多是在局部的地区性有限市场上开展经营活动，缺乏与国内外企业的交流合作，难以形成规模优势。

2）铁路运输的货运代理流程

① 铁路运输货运代理出口作业内容，包括接受货主委托、代理货物托运、报检报关、口岸交接、国外交货等，其作业流程见图5-28。

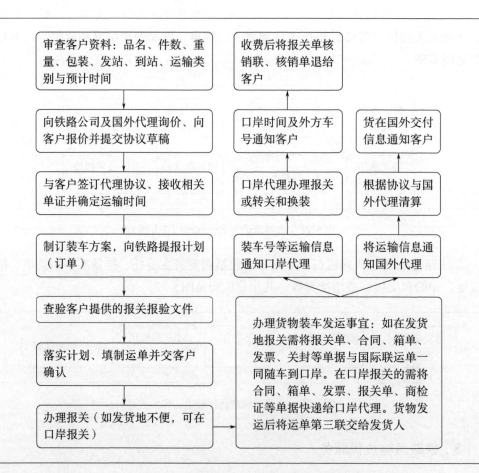

图5-28　铁路运输货运代理出口作业流程

② 铁路运输进口货运代理作业内容，包括接受货主委托、编制运输标志、向国境站外运机构寄送合同资料、代理报检报关、进口货物的交接与分拨、运费核收等，其作业流程图5-29如所示。

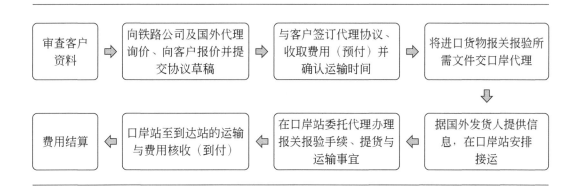

图5-29　铁路运输进口货运代理作业流程

（4）航空运输货代服务

航空货运代理企业作为托运人和航空公司之间的桥梁和纽带，既可以是货主的代理，负责办理航空货物运输的订舱，在始发机场和到达机场的交接货与进口报关等事宜，也可以是航空公司的代理，负责办理接货并以航空承运人的身份签发航空运单，对运输全程负责，亦可两者兼而有之。

对于以航空运输模式出口的货物，航空货运代理承办出口货物在始发站机场与航空公司之间的揽货、接货、订舱、制单、报关报检和交运等工作；对于以航空运输模式进口的货物，则在目的站机场与航空公司办理接货、接单、制单、报关报检、结费、送货或转运等工作。航空公司对这类业务不负责办理，而由专门承办此类业务的航空货运代理公司负责。

1）航空运输货运代理特点

① 网络优势。各航空货运代理公司利用其在世界各地有分支机构或代理网络的优势，能够及时联络、掌握货物运输的全过程。

② 业务多样性。航空货运代理除了提供订舱、租机、制单、代理包装、代刷标记、报关报检、业务咨询等传统代理业务之外，还提供集中托运业务、地面运输等。

2）航空运输的货运代理流程

① 航空运输货运代理出口作业内容，包括揽货与接受委托，预配舱、预订舱与订舱，接单接货，制单、报关、装箱与出仓，航空公司签单，货交承运人装机，办理货物发运后的事宜。

② 航空运输货运代理进口作业内容，包括到货预报、代理报关、接单接货、理单理货、发到货通知、制单报关、收费收货、送货与转运等，其作业流程见图5-30。

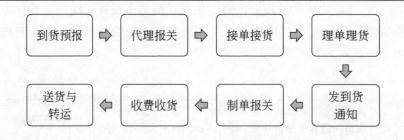

图5-30 航空运输货运代理出口作业流程

5.5.2 货运代理业务费用结算

（1）货代业务的相关费用

货代业务中主要涉及两大费用：海运费和转运费。

1）海运费

海运价格除了基本运费外，还有各种杂费。部分杂费项目是船东收取的，部分是装运港或目的港码头收取的，还有的是货运代理收取的，比较灵活。

世界上大多数班轮公司的集装箱海运运价，其整箱货一般都采用包箱费率（box rates），这种包箱费率一般包括集装箱的海上运费与在装卸船码头的装卸费用。

2）转运费

转运费指由发货地运往集装箱码头堆场或由集装箱码头堆场运往交货地的费用。经由水路和陆路的转运运费分别为：

① 集散运输费。将集装箱货物由收货地经水路（内河、沿海）运往集装箱码头堆场的运费。

② 内陆运输费。经陆路（公路或铁路）将集装箱货物在港口与交货地之间运输的运费。

③ 其他费用。订舱费；报关费；做箱费（内装/门到门）；其他应考虑的费用，包括冲港费、冲关费、商检费、动植检费、提货费、快递费、电放费、提单更改费等。

（2）货运代理费用的结算方式

1）票结

票结是指每票货物结算一次，可以是预付也可以是到付。一般要求货主在委托国际货代公司操作开始前，将空白支票或现金交给货代公司，由国际货代公司出具收据。国际货代公司在每票货物操作完毕后，从该支票或现金直接支取费用。

2）月结

月结是指不按每票走货结账，而是按月结清所涉费用。月结一般是到付，如果货物运输跨月度进行也可能采用预付。一般是国际货代公司于次月某日（时间可根据各公司的实际情况约定）之前提供前一个月的费用结算清单给货主核对（货主也可随时向国际货代公司索要），货主必须于约定日前对之进行核对，并以书面形式向国际货代公司确认或提出异议，否则视为同意。货主应于约定日前按时确认或确认没有异议的部分。

5.6
运输保险与索赔管理

5.6.1　运输保险与投保

（1）保险的类型

货物运输保险是以运输途中的货物作为保险标的，保险人对由自然灾害和意外事故造成的货物损失负赔偿责任的保险。按运输方式的不同，主要有海上货物运输保险、陆上货物运输保险、航空运输货物保险、邮包保险及联运保险等。货物运输保险属于运程保险，其责任起讫为"仓至仓"条款，保险责任的起讫时间从货物运离发货人仓库开始，直至运达目的地的收货人仓库或储存地为止，以保险标的实际所需的运输途程为准。

（2）保险的险别

不同险别的承保范围不同，保险费率亦不同。投保人可根据货物性质、运输风险等因素选择合适的险别，从而既降低风险，又节省保险费用。

1）海洋运输货物保险险别

海洋运输货物保险险别分为基本险和附加险两类，基本险可以单独投保，附加险只有在投保基本险的前提下再根据需要增加。基本险包括平安险、水渍险及一切险。

① 平安险的承保范围：保险人承担自然灾害和意外事故造成货物的全部损失，运输工具遭受灾害事故而造成货物的部分损失以及有关费用的赔偿责任。

② 水渍险的承保范围：保险人除承担平安险的责任外，还承担由恶劣气候、雷电、海啸、地震、洪水等自然灾害事故造成货物部分损失的赔偿责任。

③ 一切险的承保范围：保险人除承担平安险和水渍险的保险责任外，还承担各种外来原因，如短少、短量、渗漏、碰损、钩损、雨淋、受潮、发霉、串味等造成货物的全部损失或部分损失的赔偿责任。

附加险又分为特殊附加险和一般附加险：特殊附加险主要包括战争险、罢工险、交货不到险、进口关税险、舱面货物险、拒收险、黄曲霉毒素险、海关检验险、码头检验险；一般附加险主要包括偷窃险、提货不着险、淡水雨淋险、渗漏险、短量险、混杂沾污险、碰损破碎险、串味险、受潮受热险、钩损险、包装破裂险、锈损险。

2）国内水路、陆路货物运输保险险别

国内水路、陆路货物运输保险险别包括基本险和综合险。

① 基本险的承保范围：

a.因火灾、爆炸、雷电、冰雹、暴风、暴雨、洪水、地震、海啸、地陷、崖崩、滑坡、泥石流所造成的损失。

b.由于运输工具发生碰撞、搁浅、触礁、倾覆、沉没、出轨或隧道码头坍塌所造成的损失。

c.在装货、卸货或转载时遭受不属于包装质量不善或装卸人员违反操作规程所造成的损失。

d.按国家规定或一般惯例应分摊的共同海损的费用。

e.在发生上述灾害、事故时，因纷乱而造成货物的散失及因施救或保护货物所支付的直接合理的费用。

② 综合险的承保范围：除基本险责任外，保险人还负责赔偿的部分。

a.因受振动、碰撞、挤压而造成货物破碎、弯曲、凹瘪、折断、开裂或包装破裂致使货物散失的损失。

b.液体货物因受振动、碰撞或挤压致使所用容器（包括封口）损坏而渗漏的损失，或用液体保藏的货物因液体渗漏而造成保藏货物腐烂变质的损失。

c.遭受盗窃或整件提货不着的损失。

d.符合安全运输规定而遭受雨淋所致的损失。

3）航空运输货物保险险别

航空运输货物保险险别包括航空运输险和航空运输一切险。

① 航空运输险的承保范围：

a.被保险货物在运输途中遭受雷电、火灾或爆炸，或由于飞机遭受恶劣气候或其他危难事故而被抛弃，或由于飞机遭受碰撞、倾覆、坠落或失踪意外事故所造成的全部或部分损失。

b.被保险人对遭受承保责任内危险的货物采取抢救，防止或减少货损的措施而支付的合理费用，但以不超过该批被救货物的保险金额为限。

② 航空运输一切险的承保范围：保险人除承担航空运输险的责任外，还承担被保险货物由于外来原因所致的全部或部分损失的赔偿责任。

5.6.2　运输保险索赔与理赔

（1）损失的确定

当被保险人获悉或发现保险货物遭受损失，应该马上通知保险公司。尽快申请对货损进行检验。在检验的同时，应会同保险公司及其代理人对受损货物采取相应的施救、整理措施，以避免损失的进一步扩大。检验完毕后，取得检验报告，作为向保险公司索赔的重要单证。

（2）责任的明确

1）保险公司的责任

① 保险人的责任：保险人对发生在承保范围内的损失和费用负有赔偿责任。承保范围由险种、险别、时限和免责事项等因素确定。

② 国内水路、陆路货物运输保险规定以下保险人免责事项：

a.战争或军事行动。

b.核事件或核爆炸。

c.保险货物本身的缺陷或自然损耗，以及包装不善。

d.被保险人的故意行为或过失。

e.全程是公路货物运输的，盗窃和整件提货不着的损失。

f.其他不属于保险责任范围内的损失。

③ 海洋货物运输保险和航空货物运输保险规定以下保险人免责事项：

a.被保险人的故意行为或过失所造成的损失。

b.属于发货人责任所引起的损失。

c.保险责任开始前，被保险货物已存在的品质不良或数量短差所造成的损失。

d.被保险货物的自然损耗、本质缺陷、特性以及市价跌落、运输延迟所引起的损失或费用。

e.本公司航空运输货物战争险条款和货物运输罢工险条款规定的责任范围和除外责任。

2）第三方责任

如果保险公司赔偿前被保险人已经放弃向第三方索赔，则保险公司亦无义务向被保险人进行赔偿。

对于明显由于第三方责任造成的损失，保险公司也负有赔偿责任，但被保险人有向承运人等第三方要求赔偿的义务。被保险人向第三责任方发出的索偿函电或其他单证和文件，包括其答复文件，证明被保险人已经履行了追偿手续的义务，即维护了保险公司的追偿权利。

（3）证据的收集

在货物损失发生后的处理过程中，要根据保险公司提出的索赔单证要求及时地进行收集、核对和整理，单证收集不全或者记录不符合要求会直接导致将来索赔无效。

（4）索赔的申请

向承运人等第三者办妥保险货物的损失追偿手续后，应将有关的单证备齐，填写货物运输保险索赔申请表，向保险公司或其他代理人提请赔偿请求。

（5）索赔单证提交要求

保险人通常要求被保险人提供以下单证或单据：

① 保单或保险凭证正本。这是向保险公司索赔的基本证件，可证明保险公司承担保险责任及其范围，是保险公司理赔的依据之一。

② 运输契约。如提单、运单和邮单等，这些单证能证明保险货物承运的状况，如承运的件数、运输的路线、交运时货物的状态，以确定受损货物是否属于保险所承保的责任以及在保险责任开始前的货物情况。

③ 发票。计算保险赔款金额的重要依据。

④ 装箱单、磅码单。证明保险货物装运时件数和净重的细节，是核对损失数量的依据。

⑤ 向承运人或责任方请求赔偿的书面往来文件。

⑥ 检验报告。这是证明损失原因、损失程度、损失金额、残余物资价值及受损货物处理经过的证明，是确定保险责任和赔偿金额的主要证件。

⑦ 海事报告摘录或海事声明书，与保险公司确定海事责任直接相关。

⑧ 货损货差证明。当货物抵达目的地发现残损或短少时，由承运人或其代理人签发货损、货差证明。

⑨ 索赔清单。被保险人要求保险公司给付赔款的详细清单，应写明索取赔款数字的计算依据以及有关费用的项目和用途。

（6）赔偿金额计算

1）货物发生全部损失

如发生保险责任范围内的实际全损或推定全损，保险人应以保险金额为限给予全额赔偿。如果实际损失低于保险金额，应按价值赔偿，如果实际价值高于保险金额，赔偿金额应以保险金额为限。

2）货物发生部分损失

发生部分损失时，保险人应按以下情况分别予以赔偿：

① 按数量计算损失时，计算公式为：

$$赔偿额 = 保险金额 \times \frac{损失件数（质量）}{赔款承保总件数（总质量）}$$

② 按金额计算损失时，计算公式为：

$$赔偿额 = 保险金额 \times 贬值率 = 保险金额 \times \frac{货物完好价值 - 受损后价值}{货物完好价值}$$

5.7.1 运输安全风险管理

（1）运输安全

运输安全是指在运输过程中使运输对象达到完好无损，平安实现位移。包括装卸、储存、保管工作的安全和行车安全。

1）影响运输安全的因素

影响运输安全的因素主要有道路条件、车辆技术性能和保修质量、驾驶员的操作技术水平和责任心及装卸工作质量等方面。

① 道路条件。道路条件是运输安全的基本因素。道路作为公路交通的基础和载体，对于公路交通安全的影响尤为突出。

② 车辆技术性能和保修质量。车辆是交通安全的关键因素。影响机动车安全性能的主要因素有转向系统、制动系统、车轮与轮胎、灯光等。运输企业要严格进行车辆维修、保养，做到不合格或安全技术状况差的车辆不出厂、不上路。

③ 驾驶员的操作技术水平和责任心。80%～85%的交通事故是人为因素造成的，所以要做好驾驶员在法律法规、技能、体能等方面的培训与监控，以确保道路交通安全。加强驾驶员队伍教育和管理是确保道路交通安全的前提。

④ 装卸工作质量。超限装载、非法装载、不合理装载都是事故的隐患因素。

2）危险源辨识

道路运输过程中存在多种多样的危险源，主要包括五大类。这些危险源中，有的可能直接导致事故的发生，如车辆故障等；有的可能是事故发生的深层次原因或根本原因，如企业管理不善。

① 人的不安全行为：

a.驾驶员性格、心理缺陷。

b.驾驶员生理不良。

c.驾驶员违章驾驶。

d.驾驶员操作错误。

e.驾驶员注意力分散。

f.其他交通参与者的不安全行为。

② 物的不安全因素。主要包括车辆本身特点的不安全因素、车辆结构和技术状态的不安全因素、行李物品和货物的不安全因素等。

③ 道路的不安全因素。主要包括典型道路的不安全因素、特殊路段的不安全因

素、路面通行条件不良等。

④ 行车环境的不安全因素。夜间、特殊天气及自然灾害等特殊环境改变了车辆的正常行车环境，危险性很高，易引发道路交通事故。

⑤ 运输企业安全管理不完善。如安全管理制度不完善、执行不力等。

3）运输安全生产制度

制订并严格执行运输安全生产制度是运输安全生产的保障。运输安全生产制度一般包括以下内容：

① 总则。包括运输安全生产的目的、意义。

② 组织管理机构及其职责。

③ 安全生产业务操作规程。包括货物装载、车辆运行、货物卸载环节的操作规程。

④ 应急预案及事故处理。

⑤ 安全生产监督检查制度。

⑥ 驾驶员和车辆安全生产制度。

（2）运输风险与防范

1）运输风险

企业由于战略选择、产品价格、销售手段等经营决策引起的未来收益不确定性，特别是企业利用经营杠杆而导致息前税前利润变动形成的风险叫经营风险。运输企业的经营风险主要包括货物运输合同风险、货物运输环节风险、货物包装环节风险、货物装卸环节风险和货物仓储环节风险。

① 货物运输合同风险。

a.运输合同条款约定的权利义务不合理，导致承运人承受不合理的风险。对方当事人在制订合同时，在合同条款中约定一些增加承运人义务的条款，使承运人承受了不合理的风险，承担了过重的合同义务和违约赔偿责任。

b.运输合同履行中因未及时检验、移交、接收及接受托运人特殊指示而产生的违约风险。

② 货物运输环节风险。主要是货物灭损的风险和货物延时到达的风险。

③ 货物包装环节风险。主要包括包装条款不明确的风险、包装条款履行不当的赔偿风险、危险货物包装不明的风险、包装检验检疫不合格的风险。

④ 货物装卸环节风险。主要包括货物误交风险、交接时未及时检验和通知的风险、装卸货物损害赔偿的风险、装卸安全事故赔偿的风险。

⑤ 货物仓储环节风险。主要包括仓储风险、存货人欺诈风险等。

2）运输风险的防范

运输风险的防范主要体现在以下几个方面。

① 认真审查合作企业的资信资料，谨防上当受骗。签订合同前，要对货主的工商登记、资本状况、偿债能力、信誉、抵押合作历史等方面的情况进行认真调查、分析、跟踪，对货主实行资信等级考察，建立用户信誉档案，将货主分成不同的等级，对不

同等级的货主实行不同的对待策略。对于在信用评价中较差的，具有拖欠费用、虚报、欺诈行为的客户应登记在册，要列入"黑名单"，并应断绝与其继续往来。对资信情况不明朗但确有合作必要的客户，要通过财物控制、提供担保等方式予以风险防范和化解。

② 重视与托运人之间的合同。签署合同时，应注意运输合同条款约定的权利义务是否合理，对于不合理的部分要及时提出。应注意合同的合理性、完善性和可行性，以及是否考虑到经济性等。同时应密切关注合同履行过程，确保合同履行善始善终，还要密切关注对方的履约行为，完善履行签认记录。发现对方的违约行为要及时提出警告或制止，必要时依法行使先行抗辩权，维护企业的合法权益。

③ 投保责任险，获得保险理赔。运输企业应慎重考虑投保责任险，当发生风险导致运输企业承担责任时，能及时从保险公司得到赔偿。

④ 成立应急中心，处理突发事件。成立处理突发事件的应急中心，由具有权威性和有经验的人员组成。在加强风险预防和控制的基础上，建立风险发生的应急管理机制。

⑤ 重视物品的特殊性。对一些特殊物品，如贵重且价值高的物品及危险品，或运输条件较苛刻（如在运送时间方面要求严格）的物品，当信息发生故障、电脑系统失灵时，要有一套应急的机制与处理办法。

⑥ 建立风险评估机制，制订风险管理程序。对各种可能出现的风险不仅要有明确的认识，而且应有克服的预案。要通过分析预测可能会带来的负面影响来评估风险，吸纳有关专家、管理层人员等的建议，建立风险评估机制，根据实际情况制订出一套风险管理程序，并严格按照程序进行操作。

⑦ 完善制度，强化内部监控。一个企业在具体运作过程中造成经营风险的一个重要原因是制度和管理问题。因此，要严格按规章办事，反对违规作业。

在经营活动中规避和防范经营风险是企业永恒的主题之一。运输企业必须建议涵盖所有业务和所有过程的风险防范管理模式。有效地防范和规避经营风险，确保资金安全，避免企业资金和其他财产损失，促进企业持续健康地发展。

5.7.2 运输质量管理

（1）运输质量管理

运输质量包括三个相互联系的方面，即运输产品质量、运输工作质量和服务质量。

① 运输产品质量。指满足货主对运输特定需要的特性。

② 运输服务质量。指在提供运输产品的过程中，运输生产者满足货主精神需求方面的特性。

③ 运输工作质量。指运输生产活动的过程设施、设备、操作规程、规范等符合有关要求的特性。

（2）运输质量特性及其评价指标

运输质量特性主要表现在运输的安全性、及时性、完整性、经济性、服务性等方面。

1）安全性及其评价指标

安全性是运输质量的首要特性，包括货物安全和车辆运行安全，可以用下列指标来评价。

① 行车事故频率。指营运车辆在一定时期（年、季、月）内发生的事故次数与总行程之比。一般用"次/百万车千米"作为计算单位。计算公式如下：

$$行车事故频率 = \frac{统计期营运车辆行车事故次数}{同期营运总行程}$$

计算公式中的事故次数，只包括"一般"及以上的责任事故次数。

② 安全行车间隔里程。它是反映行车安全的指标，指报告期内两次行车事故之间的行驶里程，计算单位为km。计算公式如下：

$$安全行车间隔里程 = \frac{统计期营运总里程}{同期行车事故次数}$$

计算公式中的事故次数是指"一般"及以上的责任事故。如果报告期内未发生"一般"及以上的责任事故，可不计算此项指标。

2）完整性及其评价指标

完整性是运输质量的基本特性，是指完全按照合同要求完成运输过程而不造成货物数量和质量变化的特性。一般采用下列指标进行评价：

① 装卸质量合格率。指在考核期内抽样检查装卸质量合格车次与抽查总车次的比率。计算公式为：

$$装卸质量合格率（\%） = \frac{抽查合格车次}{抽查总车次} \times 100\%$$

② 货损率。指因运输企业责任而损坏（包括破损、湿损、污染、变质、丢失等）的货物件（吨）数与承运货物件（吨）数之比。计算公式为：

$$货损率（\%） = \frac{货损总件（吨）数}{同期货运总件（吨）数} \times 100\%$$

货损率有时也用金额表示：

$$货损率（\%） = \frac{货损总金额}{同期货运总金额} \times 100\%$$

③ 货差率。货运中的错装、错卸、错运、错交等差错称为货差，货差率可按运次计算（零担货物运输可按件数或吨数计算），即货差运次与同期总运次的比率。计算公式为：

$$货差率（\%）=\frac{货差次数}{同期总运次}\times100\%$$

④ 货运事故赔偿率。指报告期货运事故赔偿金额与同期货运总收入的比例。计算公式为：

$$货运事故赔偿率（\%）=\frac{货运事故赔偿金额}{同期货运总收入}\times100\%$$

3）经济性及其评价指标

运输的经济性是指以尽可能少的劳动消耗实现货物位移的特性。要求运输企业制订最佳运输方案，在保证运输质量的前提下，降低成本，提高经济效益，追求利润的最大化。通常用运输成本和运价水平来评价。

4）及时性及其评价指标

及时性是运输质量的时间特性。包括三个方面：一是及时，在货主需要的时间提供运输服务；二是准时，按准确的时间为货主提供运输服务；三是省时，在保证安全运输的前提下，提高运输速度，缩短运输时间。运输及时性可用货运及时率指标来评价货运及时率是指按合同规定期限，实际运达的货物吨（件）数与应运达的货物吨（件）数之比。计算公式为：

$$货运及时率（\%）=\frac{按规定期限运达的货物吨（件）数}{规定应运达的货物吨（件）数}\times100\%$$

除此之外，及时性还可用货运超期天数货运超期率、货运合同履约率等指标来表示。

5）方便性及其评价指标

方便性是指尽可能地满足货主托运需求的特性，包括为货主提供便利服务条件和运输过程的直达性、深入性等。

6）服务性及其评价指标

服务性是运输质量特征的综合表现，包括满足用户物质和精神两个方面的需求。一般采用下列指标进行评价：

$$投诉率（\%）=\frac{被投诉的货运次数}{同期货运总次数}\times100\%$$

$$投诉处理率（\%）=\frac{已处理投诉量}{投诉总数}\times100\%$$

（3）运输全过程质量管理

全面质量管理主要体现"三全"的管理思想，即全面质量、全员参与和全过程控制。对于运输行业来说，全过程控制对于保证和提高运输质量具有重要的意义。运输企业质量管理保证体系见图5-31。

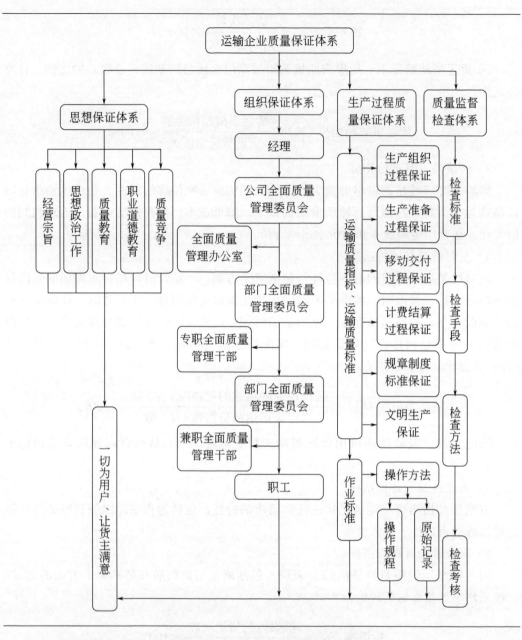

图5-31　运输企业质量管理保证体系

运输全过程质量管理主要包括以下几个环节：

① 生产组织过程的质量管理。包括：对货源的生产发展情况进行经济调查，计算和了解货物种类、运量、运距、流向和流时；抓好承揽受理业务，选用合理的运输方式和运输路线；及时处理运输商务事故，不断改进运行组织方式。

② 生产准备过程的质量管理。包括：运输生产准备过程内容；市场调查，组织货源；调查货主对运输质量的要求，制订出保证运输质量、降低消耗、保护环境、经济合理的运输生产工艺方案；组织有关人员对运输工艺方案进行审查。

③ 移动交付过程的质量管理。包括：建立健全各项管理制度，制订、修订并严格执行各项工作标准、技术标准、管理标准；强化现场管理，抓好运输生产过程中各个环节的自检、互检和专检；建立健全质量信息反馈系统，做好原始记录、统计分析和质量档案工作；做好运输、装卸设备及机具的维修工作，保持其良好的技术状态。

④ 计费结算过程的质量管理。包括：凭仓库理货员验收签字的运单开票，票面各栏要填写齐全；计算运、杂费迅速和准确，字迹端正、清晰；计收各项运、杂费必须注明项目；运、杂费的金额大写与小写必须相对应；对货票各栏复核，无误后方可收款；货款无误后加盖收款人章和收款专用章；注意银行各种支票上收款单位名称、银行账号、出票日期金额、印章等是否齐全、正确、无涂改；营业收款要及时汇解企业有关部门或存入银行。

（4）运输质量管理常用工具与方法

对运输过程中产生的原始数据和资料，进行科学统计，从而发现质量薄弱环节和质量问题的根源所在，采取必要的措施加以解决后，可提高运输质量。常用的质量管理方法有排列图法、因果分析图法、分层法、PDCA循环法等。

第6章

物流成本与
绩效管理

（1）物流成本基本概念

物流成本是指企业物流活动中所消耗的物化劳动和活劳动的货币表现，包括货物在运输、储存、包装、装卸搬运、流通加工、物流信息、物流管理等过程中所耗费的人力、物力和财力的总和以及与存货有关的流动资金占用成本、存货风险成本和存货保险成本。

（2）物流成本分类

根据国家标准《企业物流成本构成与计算》（GB/T 20523—2006）的要求，企业物流成本构成包括企业物流成本支付形态构成、企业物流成本范围构成和企业物流成本项目构成三种类型，如图6-1所示。

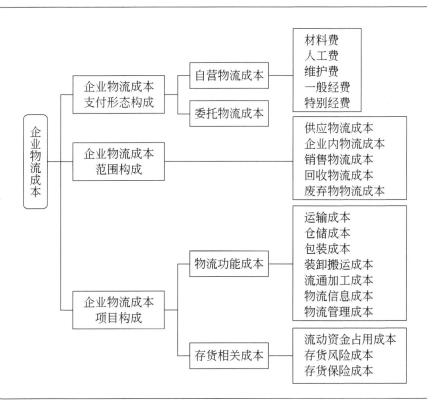

图6-1　企业物流成本分类图

可在国家标准化管理委员会网站上查询《企业物流成本构成与计算》国标全文。

1）按支付形态划分

按物流的支付形态可分为本企业支付的物流成本（自营物流成本）和支付给外企业的物流成本（委托物流成本）。

① 自营物流成本。本企业支付的物流成本又分为材料费、人工费、维护费、一般经费和特别经费五大类。

a.材料费是指因物料的消耗而发生的费用，具体包括资材费、工具费、器具费、低值易耗品摊销以及其他物料消耗等。

b.人工费是指因人力劳务的消耗而发生的费用，具体包括职工工资、福利、奖金、津贴、补贴、住房公积金、职工劳动保护费、人员保险费、按规定提取的福利基金、职工教育培训费等。

c.维护费是指土地、建筑物以及各种设施设备等固定资产的使用、运转和维护保养所产生的费用，具体包括折旧费、维修保养费、租赁费、保险费、税金、燃料与动力耗费等。

d.一般经费是指物流成本支付形态中的公益费和一般经费的合并，涵盖了各种物流功能成本在材料费、人工费和维护费三种支付形态之外反映的费用项目。例如，办公费、差旅费、会议费、水电费、煤气费、通信费以及其他杂费。

e.特别经费是指与存货有关物流成本费用支付形态，包括存货占用资金所产生的利息支出、存货保险和存货风险损失等。主要用于反映物流功能成本之外的物流费用支出。

② 委托物流成本。委托物流成本是指将物流业务委托给第三方企业时向其支付的费用。包括支付的包装费、运费、保管费、出入库手续费、装卸费、特殊服务费等。

2）按形成范围划分

物流成本按物流形成范围可分为供应物流成本、企业内物流成本、销售物流成本、回收物流成本和废弃物物流成本。

① 供应物流成本是企业在采购环节所发生的物流费用。

② 企业内物流成本是指货物在企业内部流转所发生的物流费用。

③ 销售物流成本是指企业在销售环节所发生的物流费用。

④ 回收物流成本是指退货、返修物品和周转使用的包装容器等，从需方返回供方的物流活动中所发生的物流费用。

⑤ 废弃物物流成本是指在经济活动中失去原有使用价值的物品，根据实际情况需要进行收集、分类、加工、包装、搬运、储存等，并分送到专门处理场所的物流活动过程中所发生的物流费用。

3）按成本项目划分

物流成本按成本项目可分为物流功能成本和存货相关成本。

① 物流功能成本。

a.运输成本。运输成本是指一定时期内，企业为完成货物运输业务而发生的全部费用，包括支付外部运输费和自有车辆运输费。自有车辆运输费由从事货运运输业务的人员费用，车辆（包括其他运输工具）的燃油费、折旧费、维修保养费、租赁费、养路费、过路费、年检费、事故损失费、相关税金等组成。

b.仓储成本。仓储成本是指一定时期内，企业为完成货物储存业务而发生的全部费用，包括支付外部仓储费和使用自有仓库仓储费。使用自有仓库仓储费由仓储业务人员费用，仓储设施的折旧费、维修保养费、水电费，燃料与动力消耗等组成。

c.包装成本。包装成本是指一定时间内，企业为完成货物包装业务而发生的全部费用，包括运输包装费和集装、分装包装费。具体包括包装业务人员费用，包装材料消耗，包装设施折旧费、维修保养费，包装技术设计、实施费用以及包装标记的设计、印刷等辅助费用。

d.装卸搬运成本。装卸搬运成本是指一定时期内，企业为完成装卸搬运业务而发生的全部费用，包括装卸搬运业务人员费用，装卸搬运设施折旧费、维护保养费，燃料与动力消耗等。

e.流通加工成本。流通加工成本是指一定时期内，企业为完成货物流通加工业务而发生的全部费用，包括支付外部流通加工费和自有设备流通加工费。自有设备流通加工费由流通加工业务人员费用，流通加工材料消耗，加工设施折旧费、维修保养费，燃料与动力消耗等组成。

f.配送成本。配送是物流系统中一种特殊的、综合的活动形式。从物流角度来说，配送几乎包含了所有的物流功能要素，是物流的一个缩影或在较小范围内物流活动的全部体现。一般的配送集运输、仓储、包装和装卸搬运于一身，特殊的配送还包括流通加工，所以配送成本包括在配送范围内的运输、仓储、包装、装卸搬运和流通加工成本中。

g.物流信息成本。物流信息成本是指一定时期内，企业为采集、运输、处理物流信息而发生的全部费用，指与订货处理、储存管理、客户服务有关的费用，具体包括物流信息人员费用，物流信息系统开发摊销费、维护保养费、通信费、咨询费等。

h.物流管理成本。物流管理成本是指一定时期内，企业物流管理部门以及物流作业现场发生的管理费用，具体包括管理人员费用、折旧费、修理费、办公费、水电费、会议费、差旅费等。

② 存货相关成本。

a.流动资金占用成本。流动资金占用成本是指一定时期内，企业在物流活动过程中负债融资所发生的利息支出（显性成本）和占用内部资金所发生的机会成本（隐性成本）。

b.存货风险成本。存货风险成本是指一定时期内，企业在物流活动过程中所发生的物品的损耗、毁损、盘亏以及跌价损失等。

c.存货保险成本。存货保险成本是指一定时期内，企业在物流活动过程中，为预防和减少因物品丢失、损毁造成的损失，而向社会保险部门支付的物品财产的保险费用。

6.2.1　物流成本核算

（1）运用作业成本法核算间接成本

作业成本法（activity based costing）是一种通过对所有作业活动进行追踪动态反映，计量作业和成本对象的成本，评价作业业绩和资源利用情况的成本计算和管理方法。

传统成本核算法对直接费用的核算较为明确，对于间接费用的核算采用分配的方式进行，具有较大的随意性。而作业成本核算法的诞生就是基于传统成本核算对间接费用分配问题的深入思考。其基本思想如下：物流作业成本计算通过物流资源动因将物流资源分配到各个物流作业，形成作业成本库；再根据物流作业动因，建立物流作业与物流成本对象之间的因果联系，把物流作业成本库中的成本分配到成本对象；计算出成本对象的总成本和单位成本。

作业成本法基本步骤作业成本核算法计算步骤如下：

① 确定作业内容。可以确定上述案例包括订单处理、货物验收、货物进出库和仓储管理四个作业。

② 确定资源成本库。

③ 确定作业动因。这里注意作业动因必须是可量化的，如人工工时、距离、时间、次数等。

④ 计算作业成本。首先计算作业分配系数：

$$作业分配系数 = \frac{作业成本}{作业量}$$

然后，再根据作业分配系数求出计算对象的某一项物流作业成本，求和即得计算对象的作业成本：

$$作业成本 = 作业分配系数 \times 作业动因数$$

（2）用作业成本法核算间接成本

在核算间接成本时，作业成本法是一种有效核算间接成本的方法。可以根据资源消耗的因果关系，利用作业成本法进行成本核算：根据作业活动耗用资源的情况，将资源耗费分配给各项作业活动；再按照成本对象消耗作业中资源的情况，把作业成本分配给成本对象，从而计算出成本。

（3）填报物流成本表

企业在分离和核算各类物流成本之后就可以填写统一表式的物流成本表，完成物流成本的核算。

国家标准《企业物流成本构成与计算》（GB/T 20523—2006）中物流成本计算以物流成本项目、物流范围和物流成本支付形态三个维度作为成本计算对象。即可以用来计算成本的物流成本表包括成本项目、范围和支付形态三个维度，具体包括：企业物流成本主表和附表，企业自营物流成本支付形态表。该标准从物流成本的成本项目（纵列）、范围及支付形态（横列）三个维度构成企业物流成本主表，其中横列再细分为自营物流成本与委托物流成本两栏，又从成本项目和内部支付形态二个维度构成企业自营物流成本支付形态表，并规定了企业物流成本表的统一格式。

1）企业物流成本主表

① 填写注意事项。

a.生产企业和流通企业。生产企业和流通企业一般应按供应物流、企业内物流、销售物流、回收物流和废弃物流五个范围阶段逐一进行填列。

按范围形态填列时，若某阶段未发生物流成本或有关成本项目无法归属于特定阶段的，则按实际发生阶段据实填列或填列横向合计数即可。

b.物流企业。对于物流企业，不需按物流范围进行填列，按成本项目及支付形态填写物流成本总额即可。

② 编制方法。

a.根据会计明细账发生额汇总填列。例如，对于生产制造和流通企业而言，委托运输成本和委托装卸搬运成本，可根据会计明细账中的"销售费用—运费""销售费用—装卸费"分别汇总填列。

b.根据会计明细账发生额分析计算后汇总填列。企业物流成本主表中的多数项目都属于间接物流成本，其填列都需根据会计明细账的有关资料进行分析，并采用一定的标准和方法进行分摊和计算（比如用作业成本法），最后汇总为与某一成本项目有关的细目后加以填列。

2）企业自营物流成本支付形态附表

① 填写注意事项。

对于运输成本、仓储成本、装卸搬运成本、物流信息成本和物流管理成本，对应的支付形态一般为人工费、维护费和一般经费；对于包装成本、流通加工成本，对应的支付形态一般为材料费、人工费、维护费和一般经费；对于流动资金占用成本、存货风险成本和存货保险成本，对应的支付形态一般为特别经费。

② 编制方法。

a.根据会计明细账发生额汇总填列。例如，计算"仓储成本人工费"时，需要对"销售费用—工资"明细账进行分析，分析在销售费用列支的工资额中，有多少数额或多大比例是仓储作业人员的工资支出。同时，还需要进一步搜集和分析与"仓储成本—人工费"有关的其他信息。

b.根据会计明细账发生额分析计算后汇总填列。例如，在企业管理和经营过程中，应当列入"物流管理成本——一般经费"的内容较多，因此，在填列该项内容之前，需要将属于"物流管理成本——一般经费"的内容进行汇总。

6.2.2　物流成本控制

随着物流成本核算工作的开展，要想了解企业物流成本的实际开支情况需要编制成本预算。物流成本预算的编制是确定控制标注的关键过程，物流成本预算是执行物流成本控制的基础。物流成本预算与成本控制流程如图6-2所示。

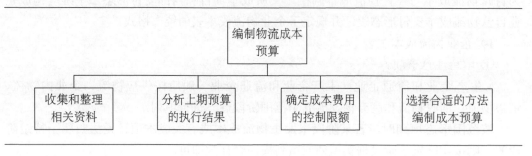

图6-2　物流成本预算与成本控制流程

（1）成本预算编制

1）成本预算编制的概念

成本预算也称成本计划，是根据成本决策所确定的方案、预算期的任务、降低成本的要求以及有关资料，通过一定的程序，运用一定的方法，以货币形式规定预算期各个环节的耗费水平和成本水平，并提出保证成本预算顺利实现所采取的措施，是实施成本管理责任制的前提条件。

编制成本预算即事先确定计划期内的成本项目和数额，明确降低成本的具体目标。

2）选择合适的方法编制成本预算

① 编制成本弹性预算。弹性预算是指在编制成本费用预算时，预先估计到计划期内业务量可能发生的变动，编制出一套能适应业务量变化的成本费用预算，以便反映在各业务量情况下所开支的成本费用水平。物流成本弹性预算的编制过程如下：确定各物流成本费用的成本依存度、选取恰当的业务量计量对象、确定各项成本与业务量之间的数量关系、选用表达方式，计算预算成本。

a.确定各物流成本费用的成本依存度。成本依存度是指成本总额对业务量的依存关系。弹性预算的编制以成本依存度的划分为基础，因此物流企业在做成本弹性预算时必须先确定各成本项目的成本依存度，将它们划分为变动成本、固定成本和混合成本。

a）变动成本是随业务量增长而正比例增长的成本，如运输成本中的燃油费，包装成本中的直接材料费。

b）固定成本是不受业务量增减影响的成本，如物流设施设备的折旧。

c）混合成本是随业务量增长而增长，但与业务量增长不成正比例的成本，如物流机械设备的维修费。

b.选取恰当的业务量计量对象。编制弹性预算要随业务量水平变化，计算出不同的计划成本费用。因此，应选择代表性强的业务量作为计量对象，并要求所选取的计量对象与预算中的变动部分有直接联系。

物流企业经常选取的业务量有小时订单处理量、运输吨千米、直接人工工时、设备运转时间等。

c.确定各项成本与业务量之间的数量关系。逐项研究、确定各项成本与业务量之间的关系。混合成本要分解为固定成本和变动成本。变动成本则进一步确定单位业务量的变动成本。

d.选用表达方式，计算预算成本。

a）列表法。先确定业务量变化范围，划分出若干个业务量水平。再分别计算各项成本项目的预算成本，汇总列出一个预算表格，确定业务量变动范围时应满足业务量实际变动需要，确定的方法主要有：把业务量范围确定在正常业务量的70%～110%之间；把历史上的最低业务量和最高业务量分别作为业务量范围的下限和上限；对企业预算期的业务量做出悲观预测和乐观预测，分别作为业务量的下限和上限。

b）公式法。将所有物流服务成本项目分解为固定成本和变动成本，确定预算成本计算公式 $y=a+bx$ 中的系数。其中，a 为混合成本中的固定成本之和；b 为单位变动成本之和；x 为业务量。利用这一公式可计算任一水平业务量的预算成本费用。

② 编制成本零基预算。弹性预算的编制是以历史成本费用数据为基础，其缺点是容易忽略过去支出中不合理的部分。零基预算则解决了这个问题。零基预算是以零为起点，从实际需要出发，结合企业资源情况，通过逐项审议各项成本费用支出的必要性、合理性以及支出数额的大小而编制的预算。

零基预算编制的基本步骤如下：

a.根据计划期的目标和任务，各部门提出预算期内完成各自任务需要的各项成本费用开支的性质、目的及数额。

b.对各项物流成本费用进行"成本效益"分析，权衡利弊得失，评价成本费用的合理性。

c.将各项成本费用按轻重缓急的先后顺序排序，考虑可动用的资金，先保证顺序在前的项目实施，依次类推，落实预算。

零基预算有利于消除不合理的成本费用支出，减少浪费，改善物流企业整个服务过程的成本控制效果，提高预算管理的效率。

（2）物流成本控制

物流成本控制是根据计划目标，对成本形成和发生过程以及影响成本各种因素和条件加以主动地影响，以保证实现成本预算完成的一种行为。

1）成本控制对象

物流成本控制主要有三种形式，即以物流成本的形成阶段作为控制对象、以物流服务的不同功能作为控制对象、以物流成本的不同项目作为控制对象。企业进行物流成本控制过程中，三种形式并非孤立存在的，而是紧密关联在一起的，控制某种形式的成本，也会影响另一形式的物流成本，如图6-3所示。

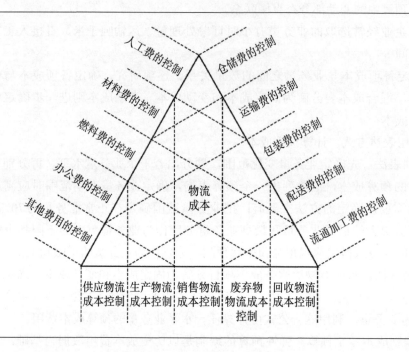

图6-3　物流成本控制的三种形式

2）成本控制方法

① 标准成本法。进行成本控制先要制订成本控制标准。标准成本是成本控制标准中最常见的一种。

标准成本是指经过调查分析和运用技术测定等科学方法制订的、在有效经营的条件下物流活动开展进行时应当发生的成本，是一种预定的目标成本。以此为基础，把成本的实际发生额区分为标准成本和成本差异两部分。

a.标准成本控制的步骤。企业实施标准成本控制时，一般包括以下几个步骤：

a）制订单位物流作业的标准成本。

b）根据实际作业量和成本标准计算物流作业的标准成本。

c）汇总计算物流作业的实际成本。

d）计算标准成本和实际成本的差异.

e）分析成本差异发生的原因。

f）向成本负责人和单位管理者提供成本控制报告。

b.标准成本的范围及计算公式。物流企业的标准成本范围主要包括直接材料、直接人工和物流间接费用。

a）直接材料标准成本，应根据物流服务直接材料的用量标准和物流直接材料的价格标准确定，其计算公式如下：

$$直接材料标准成本=用量标准×价格标准$$

其中，用量标准即标准消耗量，是用统计方法、工业工程法和其他技术方法确定的，包括理想消耗和正常损失两部分；价格标准是预计下一年度实际需要支付的进料单位成本，括发票价格、运费、检验费和正常损耗等成本。

b）直接人工标准成本，应根据物流服务直接人工的用量标准和物流直接人工的工资率标准确定，其计算公式如下：

$$直接人工标准成本=标准工资率×工时标准$$

在制订物流直接人工标准成本时，如果是计件工资，标准工资率就是计件工资单价；如果是计时工资，标准工资率就是单位工时工资，可由标准工资总额除以标准总工时得到。而工时标准则需要根据现有物流运作技术条件，测算提供某项物流服务所需的时间，包括调整设备时间、直接服务操作时间、工间休息时间等。

c）物流间接费用标准成本，分为变动间接费用标准成本和固定间接费用标准成本。

变动间接费用标准成本可根据变动物流服务作业数量标准和变动物流服务作业价格标准确定；作业数量标准可采用单位作业直接人工工时标准、机械设备工时标准或其他标准，但需与变动物流间接费用之间存在较好的线性关系；价格标准即每小时变动间接费用的标准分配率，可根据变动间接费用预算除以数量标准总额得到。固定间接费用标准成本可根据固定作业数量标准和固定作业价格标准确定；作业数量和价格标准的确定与变动间接费用相同。将以上确定的直接材料、直接人工和间接费用的标准成本按物流作业加以汇总，就可确定有关物流作业全部的标准成本。

② 目标成本法。目标成本法是一种对企业的未来利润进行战略性管理的方法，也是战略成本管理的新工具。目标成本使"成本"成为产品和服务开发过程中的积极因素，而不是事后消极结果。企业只要将待开发产品和服务的预计售价扣除边际利润，即可得到目标成本，之后关键的便是设计能在目标成本水平上满足客户需求并可提供的产品和服务。目标成本的制订大体上可以分为四个步骤，即目标成本的测算、目标成本的可行性分析、目标成本的分解、目标成本的追踪考核与修订。

a.目标成本的测算。包括总目标成本测算和单项目标成本测算两个方面。

a）总目标成本测算。目标成本可以根据预计服务收入减去目标利润后的差额来确定，即：

$$目标成本=预计服务收入-目标利润$$

b）单项目标成本测算。各项服务、作业的单项目标成本测算方法主要有倒扣法和比价测算法。

倒扣法：根据通过市场调查确定的客户可接受的单位价格，扣除企业预期达到的单位服务利润和单位税金以及预计服务期间费用，倒算出单位服务目标成本的方法。

比价测算法：将新服务或作业与原来相似服务或作业进行对比，对与原来一样的环节按原成本测定，对新的不同环节，按新材料成本、作业工时标准等加以估算测定。

b.目标成本的可行性分析。指对初步测算得出的物流目标成本是否切实可行做出的分析和判断，包括分析预计服务收入、物流目标利润和目标成本。

c.目标成本的分解。指将目标成本自上而下按照企业的组织结构逐级分解，落实到有关的责任中心。目标成本的分解通常不是一次完成的，需要一定的循环，不断修订，有时甚至需要修改原来设立的目标。

d.目标成本的追踪考核与修订。此项工作包括对企业财务目标和非财务目标完成状况的追踪考核、调查客户的需求是否达到满足、市场变化对物流目标成本有何影响等事项，并根据上述各阶段目标成本的实现情况对其进行修订。

6.3
物流绩效管理

6.3.1　认识物流绩效考核

（1）企业物流绩效的定义

企业物流绩效是指在一定的经营期间内物流企业的物流经营效益和经营者的物流业绩，就是企业根据客户要求在组织物流运作过程中的劳动消耗和劳动占用与所创造的物流价值的对比关系。

绩效考核是人力资源管理体系的重中之重。目的在于增强组织的运行效率，提高员工的职业技能推动组织的良性发展，激发员工工作热情，确保工作的高效运行，最终使组织和员工共同受益。

（2）企业物流绩效考核的作用

① 促进成长。绩效考核的最终目的并不是单纯地进行利益分配，而是促进企业与员工的共同成长。通过考核发现问题，改进问题，找到差距，进行提升，最后达到双赢。

② 人员激励。通过绩效考核，将员工聘用、职务升降、培训发展、劳动薪酬相结合，使得企业激励机制得到充分运用，有利于企业的健康发展；同时对员工本人，也便于建立不断自我激励的心理模式。

③ 挖掘问题。绩效考核包括绩效目标设定、绩效要求达成、绩效实施修正、绩效面谈、绩效改进、再制订的循环，这也是一个不断地发现问题、改进问题的过程。

④ 达成目标。绩效考核是将中长期的目标分解成年度、季度、月度指标，不断督促员工实现、完成的过程，有效的绩效考核能帮助企业达成目标。

⑤ 分配利益。与利益不挂钩的考核是没有意义的，员工的工资一般都分为两个部分：固定工资和绩效工资。

（3）物流绩效考核制度

不同行业的绩效考核制度会有所不同，通常包括以下几个方面：

① 考核周期。物流绩效的考核周期没有严格的规定，但是为了便于计算，应当尽量考虑各项考核指标的统计周期。

为实现物流绩效考核的总体目标，绩效考核应当按照PDCA循环法的原则，循环不止地持续下去。这就需要给绩效考核规定一个周期。在考核周期内全面监测考核指标，周期结束后评估考核结果，并为下一周期的实施提供反馈意见。

② 考核组织。成立考核管理小组，统管整个物流绩效考核工作，包括指标信息采集、汇总、评价计算、结果分析等工作。

③ 指标分配。物流绩效考核指标需要分解、分级落实到各个部门、各个班组，直至每个员工，使每个部门、班组、员工明确自己的责任和目标。根据组织职能将指标进行归口管理（图6-4），分工负责，使每项指标从上到下层层有人负责，形成一个完整的指标管理系统。

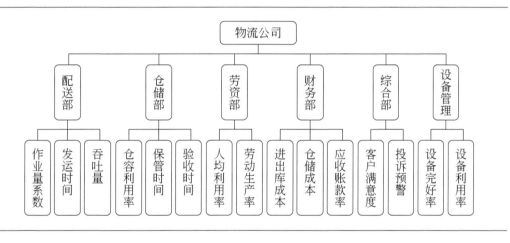

图6-4　指标归口管理

④ 考核工作进度安排。为考核周期内的各项工作需要编制进度计划，如指标的监测时间、指标信息的上报时间、指标结果计算时间、意见反馈时间等。各组织应严格按照进度安排完成各项工作。

6.3.2　物流绩效考核分析方法和工具

（1）物流绩效考核分析方法

实践中，常用的绩效分析与评价方法很多，主要用于对人员的评价，亦可变通用于对企业的评价。大致可分为相对评价法、绝对评价法、描述法和其他分析评价方法，见表6-1。

表6-1　物流绩效考核分析方法

方法		内容
相对评价法	序列比较法	序列比较法是按员工工作成绩的好坏进行排序考核的一种方法。在考核之前，首先要确定考核的模块，但是不确定要达到的工作标准。将相同职务的所有员工在同一考核模块中进行比较，根据他们的工作状况排列顺序，工作较好的排名在前，工作较差的排名在后。最后，将每位员工几个模块的排序数字相加，就是该员工的考核结果。总数越小，绩效考核成绩越好
	相对比较法	相对比较法是对员工进行两两比较，任何两名员工都要进行一次比较。两名员工比较之后，相对较好的员工记为"1"，相对较差的员工记为"0"。所有的员工相互比较完毕后，将每个人的得分相加，总分越高，绩效考核成绩越好
	强制/硬性分布法	属于强制比例法的一种，评价者根据被考核者的业绩，将被考核者归到类似正态分布的有限数量的类型中去。例如，把最好的10%的员工归为优秀一类，次之的20%的员工归为良好一类，再次之的40%归为中等，又次之的20%归为较差档，余下的10%放在最低等级的类别中
绝对评价法	目标管理法	目标管理是通过将组织的整体目标逐级分解直至个人目标，最后根据被考核人完成工作目标的情况来进行考核的一种绩效考核方式。在开始工作之前，考核人和被考核人应该对需要完成的工作内容、时间期限、考核的标准达成一致。在时间期限结束时，考核人根据被考核人的工作状况及原先制订的考核标准来进行考核。作业标准法、标杆对比法均属此类
	关键绩效指标法	关键绩效指标法是以企业年度目标为依据，通过对员工工作绩效特征的分析，确定反映企业、部门和员工个人一定期限内综合业绩的关键性量化指标，并以此为基础进行绩效考核
	等级评估法	等级评估法根据工作分析，将被考核岗位的工作内容划分为相互独立的几个模块，在每个模块中用明确的语言描述完成该模块工作需要达到的工作标准。同时，将标准分为几个等级选项，如"优、良、合格、不合格"等，考核人根据被考核人的实际工作表现，对每个模块的完成情况进行评估。总成绩便为该员工的考核成绩
	平衡计分卡	平衡计分卡从企业的财务、顾客、内部业务过程、学习和成长四个角度进行评价，并根据战略的要求给予各指标不同的权重，实现对企业的综合测评，从而使得管理者能整体把握和控制企业，最终实现企业的战略目标
描述法	全视角考核法	全视角考核法又称360°考核法，即上级、同事、下属、自己和顾客对被考核者进行多维度的评价，综合不同评价者的意见，得出一个全面的评价结论

方法		内容
描述法	重要事件法	考核人在平时注意收集、保存对评价对象最有利和最不利工作行为或事件的书面记录，这些行为或事件会对部门的整体工作绩效产生积极或消极的重大影响。考核时根据这些书面记录进行整理和分析，最终形成考核结果
	叙述法	评价者写一篇简短记叙性文字来描述员工的业绩，这种方法集中倾向于员工工作中的突出行为，而不是日常业绩。
其他分析评价方法		包括功效系数法、强制选择业绩报告、工作计划考核法、综合分析判断法、全方位绩效看板、情景模拟法、主观考核法及客观考核法等

（2）物流绩效考核分析工具

企业在绩效考核分析过程中需要一些工具，这些工具可协助进行数据分析并为决策制定提供基础。

① 检查表。检查表应是历史观察的记录，为着手进行问题分析及关键因素识别提供数据源。当今，问题发生频率数据可直接在线输入Excel表以便于数据整理分析。质量问题检查表示例见表6-2。

表6-2 质量问题检查表示例

月份	送达延迟	包装损坏	……	……
1	5	7	—	—
……				
12	4	12	—	—
合计			—	—

② 趋势图。趋势图可以非常直观地记录某个重要流程变量在一段时间内的变化，项目团队可利用趋势图来比较某个方案执行前后的绩效指标，例如，研究绩效变化的趋势、方向和周期。图6-5是某合同物流项目差错率控制绩效趋势图。

③ 直方图。直方图以条形图的形式表示一段时间内所搜索数据的频率分布。使用Excel的图表命令可作出检查表中数据的分布图。一些异常的特征在该图上变得非常明显。如果分布图有两个波峰或是双模式的，就表明这些数据代表的是两个具有不同均值的分布。

④ 因果图。也叫因果分析图、石川图或鱼刺图。该图类似鱼刺，每个"刺"都代表最有可能的差错。因果图分析从信息、顾客、物料、程序、机器设备、人员和方法开始分析，这几个原因为开始分析提供了一个好的框架，当系统地深入研究下去，很

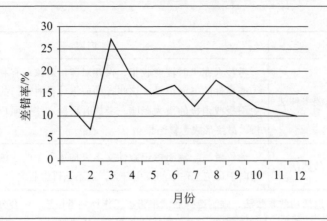

图6-5 差错率控制绩效趋势图

容易找出可能的质量问题并设立相应的检验点。

⑤ 帕累托图。帕累托图将产品/服务误差、问题或缺陷归纳起来以便于相关人员进一步解决问题。该方法认为，企业80%的问题是由20%的原因造成的，这又进一步推广了帕累托成果。帕累托图法尽管看起来简单，却能找出问题及其解决方法。图6-6就展示了客户满意度下降帕累托图，可以看到投递时间长和投递质量服务差是主要原因。

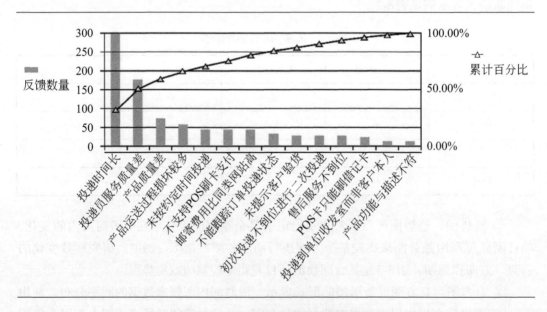

图6-6 客户满意度下降调查帕累托图

⑥ 流程图。流程图是对服务流程的直观图形表示，以帮助团队成员识别问题发生之所在或是解决方案的着手点。按照画流程图的常规做法，用菱形代表决策点，矩形代表活动，椭圆形代表开始点和结束点，连接各种符号的箭头代表活动的顺序。图6-7为某物流企业快消品项目订单确认处理流程图。

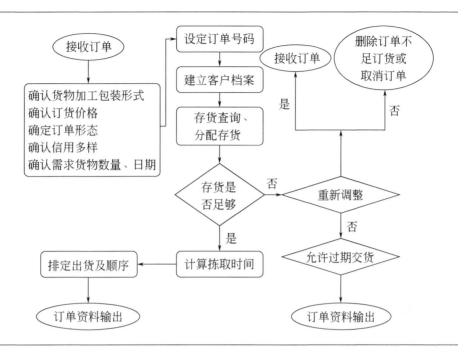

图6-7 订单确认处理流程图

⑦ 控制图。控制图可用来监视某一流程。如图6-8所示，控制图能够显示某一流程何时处于失控状态。在执行某一问题的解决方案之后，控制图是确定该流程是否仍然处于受控状态的一种检查手段。

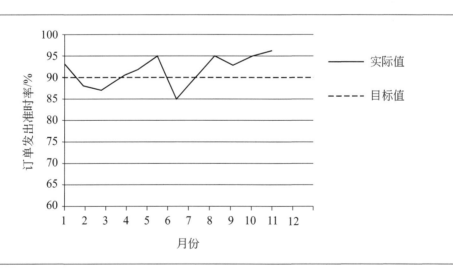

图6-8 订单发出准时率图

⑧ 标杆管理。标杆管理可概括为不断寻找和研究同行一流公司的最佳实践，并以此为基准与本企业进行比较、分析、判断，从而使自己企业得到不断改进，进入或赶

超一流，创造优秀业绩的良性循环过程。其核心是向业内或业外最优秀的企业学习。通过学习，企业重新思考和改进实践，创造自己的最佳实践，这实际上是模仿创新的过程。例如，某司采用该方法对标优秀企业，评价自身仓库资源在完成目标任务过中的利用效率，寻找差距，不断改进。通常可以利用Excel中的雷达图来反映差距，以便进一步寻找原因。如图6-9所示。

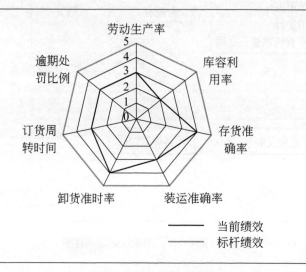

图6-9　仓储绩效差距分析图

现代物流
管理概论

第7章

供应链管理

7.1.1 供应链管理概述

（1）供应链概念

供应链是围绕核心企业，通过对信息流、物流、资金流的控制，从采购原材料开始，制成中间产品以及最终产品，最后由销售网络把产品送到消费者手中的将供应商、制造商、分销商、零售商、最终用户连成一个整体的功能网链结构。它不仅是一条连接供应商到用户的物流链、信息链、资金链，而且是一条增值链，物料在供应链上因加工、包装、运输等过程而增加其价值，给相关企业带来收益。

供应链的概念是从扩大生产（extended production）概念发展来的，它将企业的生产活动进行了前伸和后延。比如，日本丰田公司的精益协作方式中就将供应商的活动视为生产活动的有机组成部分，加以控制和协调，这就是向前延伸。后延是指将生产活动延伸至产品的销售和服务阶段。

因此，供应链就是通过计划（plan）、获得（obtain）、存储（store）、分销（distribute）、服务（service）等这样一些活动而在顾客和供应商之间形成的一种衔接（interface），从而使企业能满足内外部顾客的需求。

（2）供应链的特征

供应链系统中各个厂商合作的基础是经过谈判后获得的契约环境。供应链系统存在的基础是厂商之间存在互利性，这种互利性并非是对等的；厂商之间的合作依赖某种制度框架，这便构成了供应链系统所依存的基本契约环境。在很大程度上，契约的达成依赖于厂商相互之间的砍价能力和依赖程度（包括技术依赖性和产品依赖性）。因此，具有技术优势或者产品优势的厂商可以轻易成为供应链系统的核心厂商。不同厂商核心能力的演化可以促使企业构建以自身为核心的供应链系统，以能够获得更多的话语权，其他厂商则只能在契约环境的框架下实现自我目标的最大化；而契约环境的变化，如流量规模、价格等内外部因素的变化，则会引起各级厂商相应的自适应行为，以维持自我状态的最优化。因此，供应链系统具有以下基本特征：

① 开放性。供应链运营模式的主要优势是可以实现厂商内外部资源的集成，每个厂商都与外部环境之间存在着信息、物质或能量的交换，从而形成一个复杂的开放型供应链系统。构成供应链系统的基础就是各个厂商与外部环境之间的物流和信息流。因此，开放性是供应链系统的一个基本属性。

② 动态性。作为构成供应链系统的各厂商，由于各自经营水平、产能规模、市场

地位等因素的差异导致了各自经营策略的差异性，厂商的目标在很大程度上也囿于自身因素的限制，缺乏一致性。因此，供应链系统中的各厂商虽然在契约框架内形成了一种相对稳定的合作关系，但是由于各自目标的差异性，参与供应链系统的成员也是动态的。

③ 自适应性。供应链系统与外部环境（包括市场环境、政策环境等）密不可分，系统内的各级厂商实质上处于某种环境的影响范围之内，其行为的依据来自于对外部环境的适应性选择，以寻求自身收益的最大化。一般地，构成供应链系统的各个厂商具有独立寻求最优的动机，在外部环境因素发生改变时，各个厂商会根据自身状态调整与各个主体的契约条件，从而促使整个系统适应新的环境，整体达到一种新的稳定状态。

④ 软约束。供应链系统所达成的契约仅仅在互利原则的基础上将不同厂商联系起来，虽然没有绝对的公平性，至少体现了互利性。但是，厂商合作的互利性一旦受到外部环境的冲击（如市场价格、需求等），合作的基础将会受到影响，供应链系统将会发生改变甚至解散。

以上几点体现了供应链系统的复杂性的基本特点。一般来说，供应链系统所处环境的变化对供应链系统的演化有直接导向作用，构成供应链系统的厂商的自组织和自适应行为最终导致系统的整体演化。

（3）供应链的分类

1）供应链一般分为内部供应链和外部供应链。

① 内部供应链。指企业内部产品生产和流通过程中所涉及的采购部门、生产部门、仓储部门、销售部门等组成的供需网络。

② 外部供应链。指企业外部与企业相关的产品生产和流通过程中所涉及的原材料供应商、生产厂商、储运商以及最终消费者组成的供需网络。

内部供应链和外部供应链共同组成了企业产品从原材料到成品再到消费者的供应链。内部供应链是外部供应链的缩小化，它局限于企业内部的操作层上，注重企业自身的资源利用。外部供应链注重供应链的外部环境，范围大，涉及企业众多，企业间的协调更困难，这是范围更大、更为系统的概念。

2）从供应链运作方式的角度，可以将供应链分为推动式供应链（push-based supply chain）和牵引式供应链（pull-based supply chain）。

① 推动式供应链的运作方式以制造商为核心，产品生产出来后，从分销商逐级推向用户。分销商和零售商处于被动接受地位，各个企业之间的集成度较低，通常采用提高安全库存量的办法应付需求变动，因此整个供应链上的库存量较大，对需求变动的响应能力较差。

② 牵引式供应链的驱动力产生于最终用户，整个供应链的集成度较高，信息交换迅速，可以根据用户的需求实现定制化服务。采用这种运作方式的供应链系统库存量较小。

总结如下：

制造商推动的供应链集成度低、需求变化大、缓冲库存量大。

用户牵引的需求链集成度高、信息交换迅速、缓冲库存量小。

7.1.2　供应链网络结构分析

（1）供应链网络结构简图

供应链网络结构简图（图7-1）可以形象地描述具体产品的供应链整体轮廓，但对于成员组成与所处的重要程度与层级没有提供足够的信息。考虑一个核心企业的供应链时不可能包括所有的成员，那样做既不现实也没有必要。因此，管理者需要根据具体环境，结合企业的生产能力和业务流程的重要程度，选择不同联系程度的供应商或客户，确定哪些成员需要重点管理，哪些成员需要间接控制，选择适合不同供应链的伙伴层次（级）。

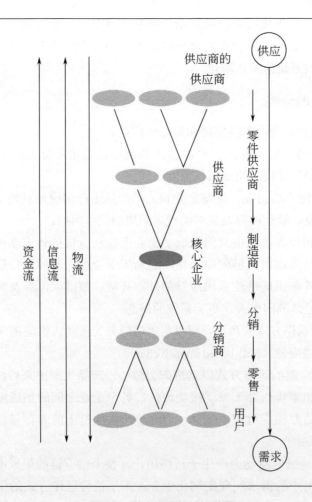

图7-1　供应链网络结构简图

针对项目研究的目标与重点，借助对供应链涉及的各种流程与成员的调查研究与访谈，可以用更加详细的供应链流程与成员层级简图描述分析，如图7-2所示。

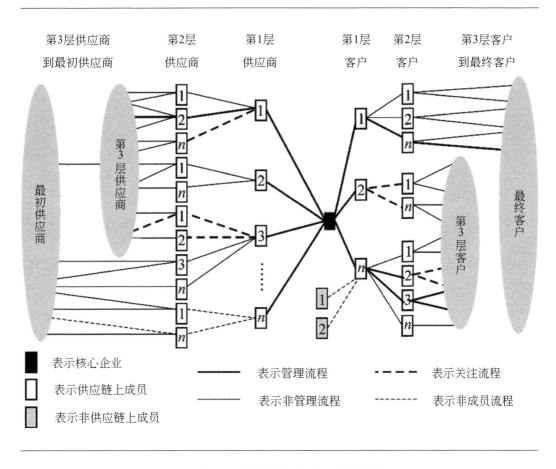

图7-2 供应链流程与成员层级简图

（2）供应链网络结构与成员分析

供应链的成员包括产品从原材料加工到最终消费整个过程所涉及的所有供应商、制造商和零售商。为了更好地管理供应链，可将供应链成员区分为主要成员和支持成员。供应链的主要成员是指在企业为市场或消费者提供产品的业务流程中，起到增值作用的自治的公司或战略性组织。支持成员是指仅仅为主要成员提供知识、资源、设备或资产的企业。对于供应链的定义及分类、对供应链定义的深层理解、供应链网络结构的类型和特征，主要成员和支持成员之间的区分并不明显，但是这种区分提供了一种比较合理的简化供应链成员的办法，有利于对供应链关键成员的识别。

7.2
认识供应链管理

7.2.1　供应链管理概述

（1）供应链管理的概念与特征

1）供应链管理的含义

供应链管理（supply chain management，SCM）是以提高企业个体和供应链整体的长期绩效为目标，对传统的商务活动进行总体的战略协调，对特定公司内部跨职能部门边界的运作和在供应链成员中跨公司边界的运作进行战术控制的过程。

供应链管理就是要整合供应商、制造部门、库存部门和配送商等供应链上的诸多环节，减少供应链的成本，促进物流和信息流的交换，以求在正确的时间和地点，生产和配送适当数量的正确产品，提高企业的总体效益。供应链管理通过多级环节，提高整体效益。每个环节都不是孤立存在的，这些环节之间存在着错综复杂的关系，形成网络系统，同时这个系统也不是静止不变的，不但网络间传输的数据不断变化，而且网络的构成模式也在实时进行调整。

2）供应链管理的特征

① 以顾客满意为最高目标，以市场需求的拉动为原动力；

② 企业之间关系更为紧密，共担风险，共享利益；

③ 把供应链中所有节点企业作为一个整体进行管理；

④ 对工作流程、实物流程和资金流程进行设计执行修正和不断改进；

⑤ 利用信息系统优化供应链的运作；

⑥ 缩短产品完成时间，使生产尽量贴近实时需求；

⑦ 减少采购、库存、运输等环节的成本。

以上特征中，①～③是供应链管理的实质，④、⑤是实施供应链管理的两种主要方法，而⑥、⑦则是实施供应链管理的主要目标，即从时间和成本两个方面为产品增值，从而增强企业的竞争力。

（2）供应链管理的内容

作为供应链中各节点企业相关运营活动的协调平台，供应链管理应把重点放在以下几个方面。

① 战略管理。供应链管理本身属于企业战略层面的问题，因此，在选择和参与供应链时，必须从企业发展战略的高度考虑问题。它涉及企业经营思想，在企业经营思想指导下的企业文化发展战略、组织战略、技术开发与应用战略、绩效管理战

略等，以及这些战略的具体实施。供应链运作方式、参与供应链联盟必需的信息支持系统、技术开发与应用以及绩效管理等都必须符合企业经营管理战略的要求。

②信息管理。信息以及对信息的处理质量和速度是企业能否在供应链中获益的关键，也是实现供应链整体效益的关键。因此，信息管理是供应链管理的重要方面之一。信息管理的基础是构建信息平台，实现供应链的信息共享，通过ERP（企业资源计划）和VMI（供应商管理库存）等系统的应用，将供求信息及时、准确地传递到相关节点企业，从技术上实现与供应链其他成员的集成化和一体化。

③客户管理。客户管理是供应链的起点。如前所述，供应链源于客户需求，同时也终于客户需求，因此供应链管理是以满足顾客需求为核心来运作的。通过客户管理，企业可以详细地掌握客户信息，从而预先控制，在最大限度节约资源的同时，为客户提供优质的服务。

④库存管理。供应链管理就是利用先进的信息技术，收集供应链各方以及市场需求方面的信息，减少需求预测的误差，用实时、准确的信息控制物流，减少甚至取消库存（实现库存的"虚拟化"），从而降低库存的持有风险。

⑤关系管理。通过协调供应链各节点企业，改变传统的企业间进行交易时的"单向有利"意识，使节点企业在协调合作关系基础上进行交易，从而有效地降低供应链整体的交易成本，实现企业供应链的全局最优化，使供应链的节点企业增加收益，进而达到双赢的效果。

⑥风险管理。信息不对称、信息扭曲、市场不确定性以及其他政治、经济、法律等因素，导致供应链上的节点企业存在一定的运作风险，必须采取一定的措施尽可能地规避这些风险。例如，通过提高信息透明度和共享性、优化合同模式、建立监督控制机制，在供应链节点企业间合作的各个方面、各个阶段建立有效的激励机制，促成节点企业间的诚意合作。

从供应链管理的具体运作看，供应链管理主要涉及以下四个领域：供应管理、生产计划、物流管理和需求管理。具体而言，包括以下内容：

①物料在供应链上的实体流动管理；

②战略性供应商和客户合作伙伴关系管理；

③供应链产品需求预测和计划；

④供应链的设计（全球网络的节点规划与选址）；

⑤企业内部与企业之间物料供应与需求管理；

⑥基于供应链管理的产品设计与制造管理、生产集成化跟踪和设计；

⑦基于供应链的客户服务和物流（运输、库存、包装管理）；

⑧企业间资金流管理（汇率、成本等问题）；

⑨基于互联网/内联网（Internet/Intranet）的供应链交互信息管理。

现代供应链管理主要内容分为正向与逆向供应链两部分，如图7-3所示。

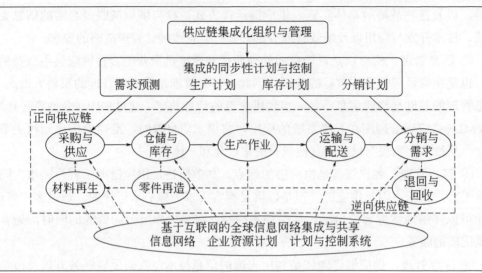

图7-3　供应链管理的主要内容

7.2.2　供应链管理的基本原则和程序

（1）供应链管理的基本原则

① 以消费者为中心的原则。将消费者按照履约要求进行分类并努力调整业务运营以满足消费者的要求。

② 贸易伙伴之间密切合作、共享利益和共担风险的原则。供应链企业之间的关系是合作伙伴之间的关系，如果没有这种战略伙伴关系，供应链的一体化就难以实现。贸易伙伴之间应密切合作、共享利益和共担风险。

③ 促进信息充分流动的原则。整合销售与运营，确保企业内部销售部门和运营部门之间以及供应链合作伙伴之间对于客户需求的信息的实时互通。

④ 制定客户驱动的绩效指标。引导供应链上所有企业的行为并对每个企业的表现进行评价和跟踪。

（2）供应链管理的程序

① 分析市场竞争环境，识别企业所面对的市场特征，寻找市场机会。企业可以根据波特模型提供的原理和方法，通过市场调研等手段，对供应商、用户、竞争者进行深入研究；企业也可以通过建立市场信息采集监控系统，开发对复杂信息的分析和决策技术。

② 分析顾客价值。所谓顾客价值是指顾客从给定产品或服务中所期望得到的所有利益，包括产品价值、服务价值、人员价值和形象价值等。供应管理的目标在于不断提高顾客价值。因此，营销人员必须从顾客价值的角度来定义产品或服务的具体特征，

而顾客的需求是驱动整个供应链运作的源头。

③ 确定竞争战略。从顾客价值出发找到企业产品或服务定位之后，企业管理人员要确定相应的竞争战略。根据波特的竞争理论，企业获得竞争优势有三种基本战略形式：成本领先战略、差别化战略以及目标市场集中战略。

④ 分析本企业的核心竞争力。供应链管理注重的是企业核心竞争力，强调企业应专注于核心业务，建立核心竞争力，在供应链上明确定位，将非核心业务外包，从而使整个供应链具有竞争优势。

⑤ 评估、选择合作伙伴。供应链的建立过程实际上是一个合作伙伴的评估、筛选和甄别的过程。选择合适的对象（企业）作为供应链中的合作伙伴，是加强供应链管理的重要基础。如果企业选择合作伙伴不当，不仅会减少企业的利润，而且会使企业失去与其他企业合作的机会，从而抑制企业竞争力的提高。评估、选择合作伙伴的方法很多，企业在具体运作过程中，可以灵活地选择其中一种或多种方法相结合。

⑥ 供应链企业运作。供应链企业运作的实质是以物流、服务流、信息流、资金流为媒介，实现供应链的不断增值。具体而言，就是要注重生产计划与控制、库存管理、物流管理与采购、信息技术支撑体系这四个方面的优化与建设。

⑦ 绩效评估。供应链节点企业必须建立一系列评估指标体系和度量方法，反映整个供应链运营绩效的评估指标主要有产销率指标、平均产销绝对偏差指标、产需率指标、供应链总运营成本指标、产品质量指标等。

⑧ 反馈和学习。信息反馈和学习对供应链节点企业非常重要，相互信任和学习，从失败中汲取经验教训，通过反馈的信息修正供应链，并寻找新的市场机会，是每个节点企业的职责。因此，企业必须建立一定的信息反馈渠道，从根本上演变为自觉的学习型组织。

（3）供应链管理的运营机制

供应链管理的运营机制包括信任机制、风险机制、自律机制、激励机制、决策机制、合作机制，如图7-4所示。

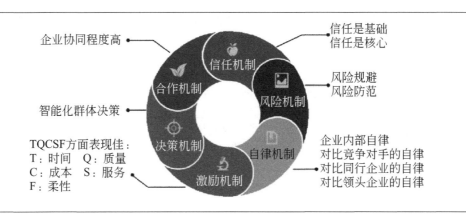

图7-4　供应链管理的运营机制

（4）物流管理与供应链管理的区别

实践中人们常常混淆物流管理与供应链管理的概念，认为两者没有实质性的差别，但是两者既有联系又有区别，具体见表7-1。

表7-1　物流管理与供应链管理的区别和联系

内容		物流管理	供应链管理
区别	管理对象	物流活动及其他相关活动	上下游企业
	管理手段	物质资料的空间转移	基于Internet/Intranet的供应链交互的信息管理
	管理层次	战术性管理	战略性管理
	管理模式	职能化管理模式	流程化管理模式
	导向目标	最低的成本产出最优的物流服务	提升客户价值和客户满意度，获取供应链整体竞争优势
联系		物流管理是供应链管理的一个子集或子系统，是供应链管理的核心内容；供应链管理是物流一体化管理的延伸	

7.2.3　供应链战略管理

（1）供应链战略管理概述

① 供应链战略管理的概念。供应链战略管理是指从企业整体发展战略的高度考虑供应链管理事关全局的核心问题，形成对商流、物流、信息流、资金流的科学统一管理。供应链战略管理所关注的重点不是企业向顾客提供的产品或服务本身给企业增加的竞争优势，而是产品或服务在企业内部和整个供应链中运动的流程所创造的市场价值给企业增加的竞争优势。

② 供应链战略管理的流程。供应链战略管理遵循企业战略管理的一般流程，包含九个步骤，如图7-5所示。

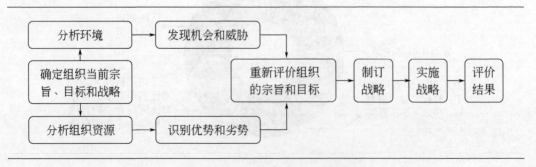

图7-5　供应链战略管理的流程图

（2）供应链战略管理内容

① 战略分析。明确"企业目前状况"，评估影响今后发展的关键因素，主要包括三个方面：确定供应链战略的使命和目标；外部环境分析（包括宏观环境、微观环境）；内部条件分析（包括自身地位、资源及战略能力）。

② 战略选择。明确"企业走向何处"，主要包括四个方面：制订战略选择方案，评估战略备选方案，选择战略，战略决策和计划（示例见表7-2）。

表7-2 供应链战略决策的具体问题

因素	库存	运输	设施	信息
问题	循环库存的部署策略 安全库存的部署策略 季节库存的部署策略	运输方式的选择 路径和网络的选择	工厂、配送中心的布局 设施能力 生产方式 仓储方式	推动型或拉动型 供应链协调与信息共享 需求预测与整合计划 技术工具

③ 战略实施。明确"企业如何走"，就是将战略转化为行动，主要关注问题有资源获取与分配、组织结构调整、具体业务运作、企业文化管理等。

④ 战略评价。评价"企业走得怎么样"，就是通过业绩评价，审视战略的科学性和有效性，参照实际运营状况和新机遇、新理念、新技术、新方法，及时对所制订的战略进行调整，以保证战略对企业经营管理进行指导的有效性。

（3）供应链战略管理模式

1）基于产品类型的供应链战略

① 有效性供应链战略。指能够以最低成本将原材料转化成零部件、半成品、成品，以及在供应链中的储运等供应链战略，所对应的产品是功能性产品。由于功能性产品的需求可以预测，生产该类产品的企业可以采取各种措施降低成本，在低成本的前提下妥善安排订单、完成生产和产品交付，使供应链存货最小化和生产效率最大化。

② 反应性供应链战略。指强调快速对需求做出反应的供应链战略，所对应的产品是创新性产品。因为创新性产品所面临的市场是非常不确定的，产品的寿命周期也比较短，企业面临的重要问题是快速把握需求的变化，并能够及时对变化做出有效反应，以适应需求的变化。

二者的比较见表7-3。

表7-3 有效性和反应性供应链的比较

比较项目	反应性供应链	有效性供应链
追求目标	快速响应顾客需求	低成本满足需求
管理核心	配置多余的缓冲库存	保持较高的平均利用率

比较项目	反应性供应链	有效性供应链
供应链战略	在速度、弹性和质量的基础上进行选择	在成本与质量上进行权衡
产品设计	创建调节系统，允许产品差异化	以最低生产成本取得最大销售业绩
库存战略	部署缓冲库存，应付不稳定的需求	减少整个供应链的库存
生产战略	维持边际生产能力的弹性，满足非预期需求	提高设备利用率，形成规模效益，降低成本
定价战略	边际收益较高，价格不是吸引顾客的主要驱动因素	边际效益较低，价格是吸引顾客的驱动因素
提前期	大量投资以缩短提前期	在保持稳定的情况下，尽可能缩短提前期
供应商选择	以速度、柔性、质量为核心	以成本和质量为核心

2）基于驱动方式的供应链战略

① 推动式供应链战略。在一个推动式供应链中，生产和分销的决策都是根据长期预测的结果做出的，如图7-6所示。这种战略有以下缺陷：不能满足变化后的需求模式；当某些产品的需求消失时，会使供应链产生大量的过时库存。

② 拉动式供应链战略。在拉动式供应链（图7-7）中，生产和分销是由需求驱动的。这种战略具有以下优点：通过更好地预测零售商订单的到达情况，可以缩短提前期；由于提前期缩短，零售商的库存可以相应减少；由于提前期缩短，系统的变动性减小，尤其是制造商面临的变动性变小了；由于变动性减小，制造商的库存水平将降低。

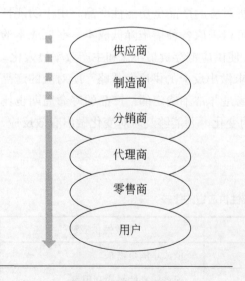

图7-6 推动式供应链

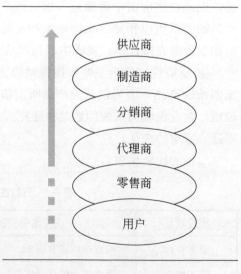

图7-7 拉动式供应链

推动式供应链和拉动式供应链的比较见表7-4。

表7-4　推动式供应链和拉动式供应链的比较

比较项目	推动式供应链	拉动式供应链
反应能力	较差	较好
库存过时风险	较大	较小
库存	较大	较小
提前期	一般较长	一般较短
服务水平	一般较低	一般较高
对提前期长的产品支持	好	差
运输和制造的经济规模	较大	较小

③ 推-拉式供应链战略。在推-拉式供应链（图7-8）战略中，供应链的某些层次，如最初的几层以推动的形式经营，同时其余的层次采用拉动式战略。推动层与拉动层的接口处被称为推-拉边界。

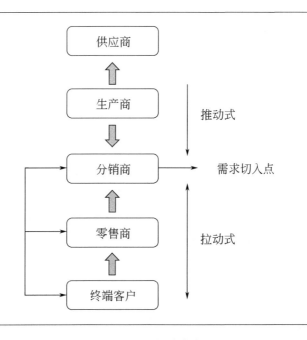

图7-8　推-拉式供应链

7.3
供应链绩效评价

7.3.1 供应链绩效评价体系概述

（1）供应链绩效评价的概念

供应链绩效评价是指围绕供应链的目标，对供应链整体、各环节（尤其是核心企业运营状况以及各环节之间的运营关系等）所进行的事前、事中和事后分析评价。评价供应链的绩效，是对整个供应链的整体运行绩效、供应链节点企业、供应链上的节点企业之间的合作关系所做出的评价。因此，供应链绩效评价指标是基于业务流程的绩效评价指标。

（2）供应链绩效评价体系应遵循的原则

随着供应链管理理论的不断发展和供应链实践的不断深入，为了科学、客观地反映供应链的运营情况，应该考虑建立与之相适应的供应链绩效评价方法，并确定相应的绩效评价指标体系。反映供应链绩效的评价指标有其自身的特点，其内容比现行的企业评价指标更为广泛，它不仅可代替会计数据，同时还提出一些方法来测定供应链的上游企业是否有能力及时满足下游企业或市场的需求。在实际操作上，为了建立能有效评价供应链绩效的指标体系，应遵循如下原则：

① 应突出重点，要对关键绩效指标进行重点分析。

② 应采用能反映供应链业务流程的绩效指标体系。

③ 评价指标要能反映整个供应链的运营情况，而不是仅仅反映单个节点企业的运营情况。

④ 应尽可能采用实时分析与评价的方法，要把绩效度量范围扩大到能反映供应链实时运营的信息上去，因为这比仅做事后分析要有价值得多。

⑤ 在衡量供应链绩效时，要采用能反映供应商、制造商及用户之间关系的绩效评价指标，把评价的对象扩大到供应链上的相关企业。

Bourne 等人认为，要建立和实施一个完整的绩效评价体系应包含以下四个步骤：绩效评价指标的设计（包括判别关键目标和涉及评价指标）、评价指标的选取（分为初选、校对、分类/分析和分配四个步骤）、评价体系的应用（评价、反馈和纠偏行动）和战略假设的见证（反馈）。

Waggoner 等人的研究成果表明，绩效评价系统是一个动态系统，推动该系统演进和变化的因素主要来自四个方面：内部影响因素、外部影响因素、过程因素和转换因素。

为了满足不同条件对评价体系要求的不同，提出了一套动态绩效评价体系的框架。该框架的三层体系表包括以下几个子系统：

① 外部环境控制子系统，利用绩效评价指标连续控制外部环境中关键参数的变化；

② 内部环境控制子系统，利用绩效评价指标连续控制内部环境中关键参数的变化；

③ 反馈控制机制，利用内部、外部控制器提供的绩效信息和更高层系统设置的目标和有限权决定内部目标和有限权；

④ 配制子系统，使用极小评价指标为各经营单位、加工过程等设置修正后目标和优先权；

⑤ 简化子系统和保障子系统。

7.3.2　基于供应链运作参考模型的评价体系

（1）供应链运作参考模型介绍

供应链运作参考模型（supply chain operation reference model，SCOR）是目前影响最大、应用面最广的参考模型，它能测评和改善企业内、外部业务流程，使战略性企业管理（strategic enterprise management，SEM）成为可能。

Bullinger等人用SCOR框架对供应链进行了"自底向上"的绩效评价。何忠伟等人选择SCOR模型的绩效衡量指标作为基准分析的基础，对供应链流程进行绩效评价。

SCOR模型（供应链运作参考模型）的供应链整体指标分为两类，见表7-5。

表7-5　基于SCOR的供应链绩效评价指标

供应链整体绩效指标类型	供应链整体绩效亚类	具体指标
面向客户的指标	供应链的可靠性	按时供货完成率
		即时供货率
		完美供货完成率
	供应链的反应速度	完成订单的提前期
	供应链的柔性	供应链对市场的反应周期
		生产周期
面向企业内部的指标	供应链的成本	单位销售所需的成本
		供应链的总成本
		附加价值的劳动生产率
		保修/退货的处理成本
	供应链资产管理效率	回款周期
		所需库存天数
		资产周转率

① 第一类是面向客户的指标：这类指标从客户的角度看供应链的整体运作，反映了供应链对客户的价值。主要指标为供应链的可靠性、供应链的反应速度和供应链的柔性。即时供货率指的是能够直接用库存满足的订单比率，即时供货率越大，供应链越可靠，但所需库存也越大，成本也越高。

② 第二类是面向企业内部的指标：这类指标从企业角度看供应链的运作，包含供应链成本和供应链资产管理效率。

（2）基于SCOR模型的全球供应链风险管理

由于全球供应链风险变量多，涉及供应链网络各成员企业，因此需要综合考虑供应链风险管理，使供应链风险处于一个可接受的水平，实现供应链风险管理的目的。基于SCOR模型的供应链一体化风险管理，将供应链范围内的风险管理活动整合成一个有机的整体，使供应链风险管理的目标、文化、组织、过程、信息等系统地结合在一起，形成基于SCOR模型的供应链一体化风险管理体系结构，如图7-9所示。

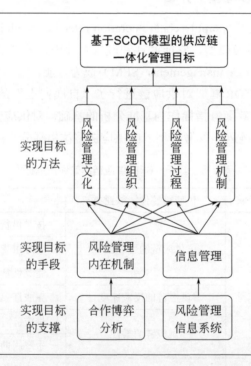

图7-9　基于SCOR模型的供应链一体化风险管理体系

在进行风险管理时，应注意以下几个方面：

① 合理设定一体化风险管理目标体系。根据供应链管理战略体系，在供应链战略管理目标和基于SCOR模型的供应链风险管理框架指导下，制定出供应链一体化风险管理的总目标，然后由核心企业针对供应链各个成员的情况及各项业务流程对此总目标进行分解。

② 营造共同的风险意识与文化。基于SCOR模型的供应链一体化风险管理要求，

各供应链成员的文化要做相应调整，以适应供应链一体化风险管理的要求，营造供应链的风险意识，建立共同的供应链风险文化。实际上也就是要使供应链风险管理融入供应链的整体战略、战术决策及各项活动之中，使风险管理成为供应链成员及各决策主体的一项自觉行为。

③ 有力的风险管理组织。在对风险管理的持续性或重复性过程的基础上，打造一个具有动态性、富有创新性和灵活性的供应链一体化风险管理团队。

④ "过程导向"管理过程。基于SCOR模型的供应链一体化风险管理，要求利用"过程导向"思维去解决供应链风险管理问题。不仅要研究分析供应链各项流程和各项业务活动，而且要分析研究各项流程和各项业务活动及相关人员之间的相互联系，更要从每个事件或每项活动出发优化供应链。

⑤ 建立风险管理信息系统。基于SCOR的供应链网络的复杂性、决策主体的多元性、业务流程的相关性和各成员供应链的动态性，建立一个供应链一体化风险管理信息系统。目的是优化整个信息流程，提高信息的透明度与实时性，以便在合适的时间把合适的信息传送给需要该信息的人。供应链一体化风险管理信息系统如图7-10所示。

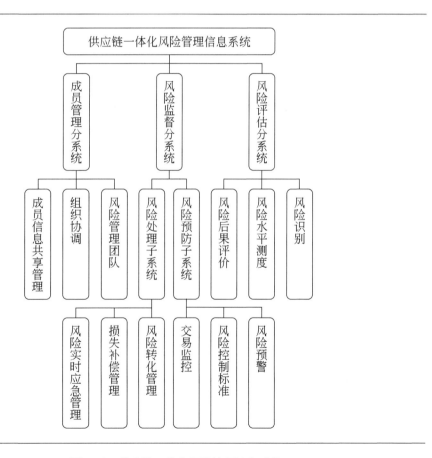

图7-10　供应链一体化风险管理信息系统

7.3.3 基于供应链平衡计分卡的评价体系

罗伯特·卡普兰（Robert Kaplan）等人提出了平衡计分卡法（balanced scorecard，BSC）评价体系。BSC不仅是一种评价体系，而且是一种管理思想的体现，其最大的特点是集评价、管理、沟通于一体，即通过将短期目标和长期目标、财务指标和非财务指标、滞后型指标和超前型指标、内部绩效和外部绩效分别结合起来，使管理者的注意力从短期的目标实现转移到兼顾战略目标实现。

BSC-SC法（供应链平衡计分卡法）是在平衡计分卡法基础上经过改进提出的。该模型的评价有四个角度：供应链内部运作、客户导向、未来发展和财务价值。BSC-SC模型的核心思想反映在一系列指标间形成的平衡上，即短期目标和长期目标、财务指标和非财务指标、滞后型指标和领先型指标、内部绩效和外部绩效之间的平衡，见表7-6。

表7-6　基于BSC-SC法的供应链绩效评价模型

评价角度	指标
供应链内部运作	供应链有效提前期
	供应链生产时间柔性
	供应链持有成本
	供应链目标成本达到比率
客户导向	供应链订单完成的总周期
	客户保有率
	客户对供应链柔性响应的认同
	客户价值率
未来发展	产品最终组装点
	组织之间的共享数据占总数据量的比重
财务价值	供应链资本收益率
	现金周转率
	供应链的库存天数
	客户销售增长以及利润

① 客户角度。企业为了获得长远的财务业绩，就必须创造出客户满意的产品和服务。平衡计分卡法给出了两套绩效评价方法：一是企业为达到客户服务期望绩效而采用的评价指标，主要包括市场份额、客户保有率、客户获得率、客户满意等；二是针对第一套各项指标进行逐层细分，制订出评分表。

② 流程角度。这是平衡计分卡法突破传统绩效评价的显著特征之一。传统绩效评价虽然加入了生产提前期、产品质量回报率等评价，但是往往停留在单一部门绩效上，依靠改造这些指标，仅有助于组织生存，而不能形成组织独特的竞争优势。平衡计分卡法从满足投资者和客户需要的角度出发，从价值链上针对内部的业务流程进行分析，提出了四种绩效属性：质量导向的评价、基于时间的评价、柔性导向评价和成本指标评价。

③ 改进角度。这个方面的观点为其他领域的绩效突破提供了手段。平衡计分卡法实施的目的和特点之一就是避免短期行为，强调未来投资的重要性。同时并不局限于传统的设备改造升级，而是更注重员工系统和业务流程的投资。注重分析满足需求的能力和现有能力的差距，将注意力集中在内部技能和能力上，这些差距将通过员工培训、技术改造、产品服务得以弥补。相关指标包括新产品开发循环期、新产品销售比率、流程改进效率等。

④ 财务角度。企业各个方面的改善只是实现目标的手段，不是目标本身。企业所有的改善都应通向财务目标。平衡计分卡法将财务方面作为所有目标评价的焦点。如果说每项评价方法是绩效评价制度这条纽带的一部分，那么因果链上的结果还是归于"提高财务绩效"。

7.4
供应链管理下的物流业务外包

7.4.1 物流业务外包概论

（1）物流外包概念

物流业务外包，即制造企业或销售等企业为集中资源、节省管理费用，增强核心竞争能力，将其物流业务以合同的方式委托给专业的物流公司（第三方物流，3PL）运作。外包是一种长期的、战略的、相互渗透的、互利互惠的业务委托和合约执行方式。

（2）企业物流外包决策分析

物流外包是企业业务外包的一种主要形式，是供应链管理环境下企业物流资源配置的一种新形式。简而言之，物流外包是发包方或委托方与承包方或受托方之间基于契约合同而产生的一种业务关系。企业在决定是否外包物流业务时，应就其自身的战略、所处的竞争环境、企业状况、外部经济因素等情况进行综合分析。企业物流外包决策的影响因素如图7-11所示。

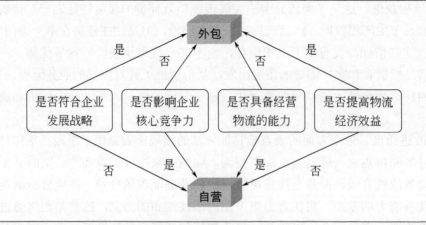

图7-11 企业物流外包决策影响因素

① 企业战略分析。企业战略是市场竞争中企业生存和发展的纲领，是企业发展中带有全局性、长远性和根本性的问题。可以利用SWOT分析法寻找制订适应本企业实际情况的经营战略和策略。如果物流可以为企业带来竞争优势，而企业处理物流的能力又相对较弱，这种情况下企业可以考虑将物流外包；反之，如果企业处理物流的能力很强，则可以考虑自营。

② 企业规模。一般来说，大中型企业由于实力雄厚，有能力建立自己的物流系统，比如拥有自己的运输设备和仓库设施等。如果企业自身能够对这些资源进行有效利用和管理，自营物流可能只需要投入少量的成本进行技术更新，就可以满足自身和客户的需求。此外，还可以利用过剩的物流网络资源拓展外部业务（为其他企业提供物流服务）。中小型企业资金较少，生产的变动性大，无力投入大量的资金进行自营物流的建设，而且由于企业内部的业务流程存在重组风险，还可能受到企业内部员工的抵制并造成资源浪费。此时，为把资源用于核心业务上，企业就应把物流管理外包给专业物流公司。

③ 核心竞争力。当企业的核心竞争力为物流时，一般采取自营方式，保持自己的竞争优势；当企业的核心竞争力为生产时，为了避免企业分散精力和投资，以强化企业主业竞争力，企业应将作为非核心业务的物流外包给第三方物流企业。

④ 物流总成本。企业运营的目的是降低总成本，提高收益。企业必须对物流成本的构成有一个全面的了解，并具有对需要展开的成本进行分析和动态成本计算的能力。企业可以对自营成本和外包后潜在的成本进行分析比较，这是一个能有效确定外包是否有益的方法。因此，企业关键是要掌握使自己的物流能力与客户的期望和需求相匹配的能力，据此来确定企业的物流成本，并确定物流业务是自营还是外包。

⑤ 物流供应商的客户服务能力。选择物流模式时，尽管成本很重要，但是物流供应商为本企业及客户提供服务的能力，也应是影响选择物流外包服务的一个至关重要的因素。

（3）物流外包在供应链管理中的优势

1）物流外包服务的成本节约效应

物流外包作为一种全新的物流协作模式，使得供应链能够满足多品种、小批量的定制化要求，提供更快捷、更廉价、更安全和更高服务水准的物流服务。在传统物流模式中，订货处理成本与库存保持费用之间的矛盾难以调和。因为订货批量越大，单位订货处理成本就越低，而库存费用则越高；反之，每次订货批量越小，库存保持费用就越低，而单位处理成本就越高。存在着订单处理成本和库存费用的背反现象。

2）物流外包服务的价值提升效应

通过对物流外包服务的价值树分析可知，供应链节点企业能够通过利用物流外包服务来增加企业的价值。对于供应链节点企业而言，由于将相关的物流业务外包给物流供应商，从而实现了专业化分工。物流外包企业利用其自身的专业优势进行物流业务的运作，在为供应链节点企业带来并提升价值的同时，也为自身的发展奠定了基础。

3）物流外包服务的业务联盟效应

要实现供应链管理的整体物流的最优化，协调供应链中不同企业主体之间的利润关系成为有效物流管理的必经之路。物流外包企业在协调供应链企业的物流运作方面具有独到之处，在供应链管理中被视为一个综合物流服务的提供商。从控制货物流向的互联网技术到订货过程、仓储管理等都是第三方物流服务的功能体现。

4）物流外包服务可以降低供应链的"牛鞭效应"

供应链库存的"牛鞭效应"主要是因为需求信息在沿着供应链向上传递的过程中被不断扭曲，造成供应链的产品库存成为被零售商夸大的订单牺牲品，从而又进一步夸大了对供应商的订单。究其原因还是客户响应周期的问题。如何缩短客户的响应周期，是以时间为竞争要素的一个新问题，是物流供应商致力于解决的问题。

从物流运作模式的角度来解决供应链的客户响应问题，是物流供应商创新的一个重要内容。因此，在供应链运作管理中，缩短响应时间、简化流程、降低运作成本、加快信息的传递就显得尤为重要。物流外包服务可以加快信息传递，降低供应链的"牛鞭效应"。

（4）物流外包在供应链管理中的风险

1）物流业务控制能力下降风险

企业采用物流外包，物流供应商会介入客户企业的采购、生产、销售及客户服务的各个环节，必然使客户企业对物流的控制能力下降。随着物流服务商介入程度的加深，客户企业面临潜在的威胁，最终不得不受制于物流服务商，导致物流出现失控的局面。在这个过程中，企业有可能因丧失对外包的控制而影响自身业务的发展。

2）客户关系管理削弱风险

企业外包物流业务后，同客户直接接触的机会就会大大减少，取而代之的是专业物流公司。订单的处理、产品的递送，甚至售后服务都是由专业物流公司完成的。在接受物流服务时，一方面，企业常常受时间延宕、货物受损等物流公司违约的困扰，影响客户的满意度；另一方面，由于企业不能直接从客户处得到第一手的资料，如果物流公司不能及时将客户的反映情况反馈给企业，企业将无法进一步提升物流服务水平。同时，物流活动的失控也可能阻碍核心业务与物流活动之间的联系，降低客户满意度。

3）信息泄露风险及连带经营风险

物流是公司战略的重要组成部分，还承担着公司战略执行的重任。在市场竞争日益激烈的情况下，企业的核心能力至关重要，物流业务外包大大增加了核心技术、信息资源与商业机密被泄露的风险。物流业务外包后，一般都需要双方的信息平台对接，实现有关的信息共享，这样可以使双方及时了解市场供求，更好地安排生产作业，及时配送产品，在降低成本的同时提高客户的满意度。另外，专业物流公司往往会拥有该行业诸多其他企业的客户，而那些企业正是本企业的竞争对手。专业物流公司与客户企业的信息共享可能会导致企业的运营情况通过物流公司而泄密给竞争对手，从而造成信息资源流失，核心技术及商业机密泄露。

4）企业外包决策失误风险

企业在物流业务决策的过程中，由于不能很好地识别自身的核心业务，在自营物流与物流外包、物流业务部分外包与全部外包中艰难抉择，常常会因作出错误的物流外包决策而遭受巨大损失。

7.4.2　物流供应商选择

（1）物流供应商选择

作为供应链的源头，物流供应商的管理无疑对整个供应链的成本控制、过程控制及系统之间的模块衔接起着决定性作用，而物流供应商的选择是物流供应商管理的第一步。

1）供应商选择的含义

供应商选择是指对现有的供应商和准备发展的供应商进行筛选，把明显不符合标准的供应商排除在外。狭义的供应商选择是指企业在研究所有的建议书和报价之后，选出一个或几个供应商的过程。广义的供应商选择则是指企业从确定需求到最终确定供应商及评价供应商的不断循环的过程。

2）供应商选择的原则

在大多数的跨国公司中，供应商选择的基本准则是"Quality，cost，delivery and service"原则，也就是质量、成本、交付与服务并重的原则。在这四者中，质量因素是最重要的，在质量方面主要看质量控制的能力和质量体系稳定的能力。首先要确认物流供应商是否建有一套稳定有效的质量保证体系，然后确认物流供应商是否具有提供所需特定服务的设备和工艺能力。在成本与价格方面，要运用价值工程的方法对涉及的物流服务进行成本分析，并通过双赢的价格谈判实现成本节约。在价格方面，要看核算能力，看是否只是简单的"加法"，是否只停留在比较简单的核算上。另外，从物流供应商的核算能力、稳定能力上看是否有降价的空间。在交付方面，一个是看准时供货能力，另一个是看在意外情况下的紧急供货能力。要确定物流供应商是否拥有足够的生产能力，人力资源是否充足，有没有扩大产能的潜力。最后一点，是看物流供应商的售前、售后服务记录。在物流供应商选择的流程中，首先要对特定的细分市场进行竞争分析，了解谁是市场的领导者、目前市场的发展趋势以及各大物流供应商在市场中的定位，从而对潜在物流供应商有一个大致的了解。另外，还要看物流供应商的系统，看物流供应商日常运营中测量与控制的能力和应急状态下的恢复能力。此处要有两个考量：一是物流供应商各种系统的兼容性，二是系统的安全性。根据这两方面的实际状况，就可以知道物流供应商简化和优化的能力，即企业所推行的精益物流、价格控制等的准确性。

3）物流供应商选择的一般步骤

在对物流供应商的各方面指标进行考核之后，就要进行物流供应商的选择了。物流供应商选择的一般步骤如图7-12所示。

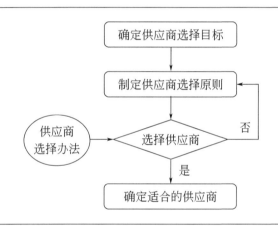

图7-12　物流供应商选择的一般步骤

公司在作出把物流运作外包给第三方物流供应商的战略决策后，就应该抽调各主要部门的负责人并聘请有关专家组成物流服务供应商评估团队，搜集了解各家供应商的信息，按照预选、精选两个阶段进行比较筛选，选出最佳合作伙伴。具体操作如下：

① 第一阶段：预选。在该阶段，公司首先应决定影响选择的内部需求因素。

a.公司的服务要求。服务方必须能解决本公司物流设备及设施拥有量不足的问题，希望服务方有能力针对公司产品的特点提供专门的仓储运输服务，服务方必须能提供本公司所需的特殊运输车辆和设备，服务商的网点必须能覆盖公司所需配送的客户范围。

b.公司期望的服务绩效。包括满意的任务完成率、满意的配送准时率、较低的差错率及能满足客户的应急需求。

对照本公司的要求，搜集大量相关的第三方物流供应商资料，从众多的第三方物流供应商中，根据行业特点进行初步筛选，可以在一张评估表上概括总结出公司的服务需求，筛选候选者为三、四家，衡量每一项服务需求，以保证最重要的那些参考标准令人满意。一个简单的衡量办法是把这些需求用A或B标识出来，A表示绝对需要的，B表示需要但不是必需的。通过这样的评估后，最后选出三、四家候选供应商，发邀请函通知他们，并对他们进行更深层次的考察，以便进行第二阶段的精选。

② 第二阶段：精选。走访初选供应商，进一步了解其软硬件情况，搜集更具体的相关资料，向候选供应商提供物流运作详细要求，接收各供应商的解决方案。结合供应商指标体系，运用第三方物流供应商的模糊层次分析选择模型，通过计算，挑选出最佳的物流供应商。

（2）物流供应商评价指标体系

企业需要一个完整有效的物流供应商评价指标体系来对各个供应商进行筛选，通过认真详细的评价工作，找到满足企业要求的物流供应商。物流供应商评价指标体系建立的优劣直接关系到企业物流供应工作的好坏。这个评价指标体系既要能够准确地反映物流供应商的实力，又要能够很好地区分各个物流供应商的差异，还要有易于操作的特点。这样的评价指标体系对于企业才是可行的。与此同时，评价指标体系也应为各个物流供应商提高自身运营效率、获得更多的业务提供方向性的指导（图7-13）。

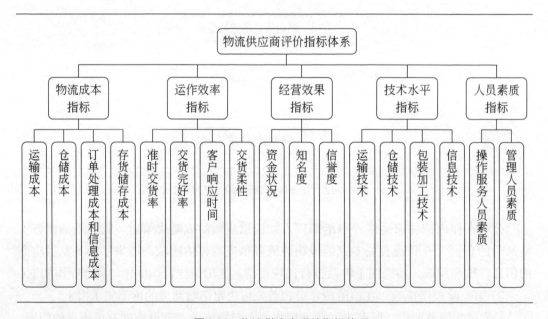

图7-13　物流供应商评价指标体系

1）物流成本指标

物流成本指标用来描述物流服务过程中的费用指标。降低企业的物流成本，对于每个企业都是非常重要的。据统计，企业的物流成本大约占到企业运行成本的40%。所以，有效控制物流成本将有利于降低企业的运行成本，从而提升企业竞争力。物流成本由以下几方面构成：

① 运输成本。在所有物流成本中，占比最高的是运输成本，通常占物流总成本的40%以上，主要包括运输设备或工具、运输人员、运输耗能等在运输活动过程中发生的各项成本。

② 仓储成本。包括由于仓储设施数量变化而产生的所有费用。仓储成本不随存货水平变动而变动，而是随存储地点的多少而变化，划分仓储成本和存货成本可以更好地辨清成本状态，有利于企业作出正确决策。

③ 订单处理成本和信息成本。包括发出订单和结算订单的成本、相关处理成本、相关信息交流成本。

④ 存货储存成本。包括随存货量变动的成本，主要有存货投资的资金成本、存货服务成本、储存仓位空间成本、存货风险成本（跌价成本、损坏成本、窃损成本和易地成本）。

2）运作效率指标

运作效率指标用来描述外部物流服务过程的绩效指标。这些指标主要是定量指标，它们反映了物流供应商的运作效率，是企业进行定量分析的基础，对定量分析的准确性及有效性产生重要影响。

① 准时交货率。物流供应商在进行服务时，其客户希望物流供应商的作业准确无误。准时交货率从数量上反映物流供应商保证企业的产品或所需原材料准时到达需求地的水平。

$$准时交货率 = \frac{在预定期限内到达的订货量}{总订货量} \times 100\%$$

② 交货完好率。企业的物资在进行搬运、运输、存储、装卸的过程中，不可避免地会发生碰撞、挤压、变形等情况，从而导致物资的损坏。为了度量这种情况的严重程度，设定交货完好率来描述物流供应商作业时保障物资质量的能力。

$$交货完好率 = \frac{安好货物交货量}{总交货量} \times 100\%$$

③ 客户响应时间。在现代物流运作中，时间是影响物流企业竞争实力的重要因素，也是现代物流必须考虑的重要因素。所以，评价指标体系必须包括时间方面的评价指标。客户响应时间是指客户发出订单时点与订货到达时点的间隔时间，它反映了物流供应商对客户需求的响应速度。

$$客户响应时间 = 订货到达时点 - 客户发出订单时点$$

④ 交货柔性。在现代经济背景下，由于市场环境多变，物流需求的不确定性增强，很难预先对其准确估算。这就要求物流供应商必须有足够的应对需求变化的能力。交货柔性是指将计划交货期提前以满足紧急订货或特殊订货的能力。

3）经营效果指标

经营效果指标反映物流供应商经过历史业绩积累的运营结果，是反映供应商长期绩效的一个指标。

① 资金状况。物流供应商的资金状况包括资金规模、资产负债水平、流动资金的周转速度和资金回收期等内容，它反映物流供应商长期运作的经济效果。

② 知名度。知名度是一个企业被外界知晓、了解的程度，是评价企业名气大小的客观尺度，即企业对外界影响的广度和深度。通过知名度的衡量能够得知物流供应商在需求企业心目中的地位。

③ 信誉度。信誉度是一个企业获得外界信任和好感的程度。只有那些诚实守信、高度负责的物流供应商才是企业首选的对象。物流需求商可以通过对物流供应商曾经服务过的企业进行调查，获取该指标评价结果。

4）技术水平指标

物流技术水平的高低，直接决定了物流供应商提供各项物流服务质量水平的高低，是其提供物流服务的硬件基础。

① 运输技术。主要体现在运输配送过程中使用的各种工具的类型、速度与性能等，包括在衔接各物流环节的装卸与搬运过程中叉车、托盘等设备的机械化、自动化、智能化等方面技术。

② 仓储技术。主要体现在保管仓储过程中一些仓储设施的硬件环境上，如立体仓库、满足特殊需求的特种仓库等技术。

③ 包装加工技术。在需求企业物品需要特殊包装时能否提供各种防振、防破损、防锈、防霉腐等包装技术。

④ 信息技术。在提供物流服务的过程中，利用条形码定位系统、实时销售系统、运输跟踪监控系统、物流决策支持系统等技术。

5）人员素质指标

人力资源永远都是所有资源中最为活跃的因素，也是最具能动性的因素，在物流服务中也是如此。人员素质的高低直接影响物流企业的绩效。

① 操作服务人员素质。操作服务人员是完成物流需求企业各项外包活动的真正承担者，他们在物流活动过程中的责任感、应对突发事件的处理能力等素质，将对物流活动的顺利完成产生极为重要的影响。

② 管理人员素质。物流供应商的管理人员负责把握物流企业发展方向，规划所有物流活动应如何进行，策划具体物流活动应如何实施监督等。管理人员的素质，体现物流供应商的特有魅力和发展潜力，是评价物流供应商时必须考虑的因素之一。

第8章

物流信息管理

8.1
物流信息及其管理概述

8.1.1　物流信息概述

从狭义的范围来看，物流信息是指与物流活动（如运输、保管、包装、装卸、流通加工等）有关的信息。在物流活动的管理与决策中，如运输工具的选择、运输路线的确定、每次运送批量的确定、在途货物的跟踪、仓库的有效利用、最佳库存数量的确定、订单管理、如何提高顾客服务水平等，都需要详细和准确的物流信息，因为物流信息对运输管理、库存管理、订单管理、仓库作业管理等物流活动具有支持保证的功能。

从广义的范围来看，物流信息不仅指与物流活动有关的信息，而且包括与其他流通活动有关的信息，如商品交易信息和市场信息等。商品交易信息是指与买卖双方的交易过程有关的信息，如销售和购买信息、订货和接受订货信息、发出货款和收到货款信息等；市场信息是指与市场活动有关的信息，如消费者的需求信息、竞争者或竞争性商品的信息、销售促进活动信息、交通等基础设施信息等。

在现代经营管理活动中，物流信息与商品交易信息、市场信息相互交叉融合。如零售商根据对消费者需求的预测，可以从库存状况制订订货计划，向批发商或直接向生产商发出订货信息，批发商在接到零售商的订货信息后，在确认现有库存水平能满足订单要求的基础上，向物流部门发出发货配送信息。如果发现现有库存不能满足订单要求，则马上组织生产，再按订单上的数量和时间要求向物流部门发出发货配送信息。由于物流信息与商品交易信息及市场信息相互交融、密切联系，所以广义的物流信息还包含与其他流通活动相关的信息。

广义的物流信息不仅能起到连接整合生产厂家、经过批发商和零售商最后到消费者的整个供应链的作用，而且在应用现代信息技术（如EDI、EOS、POS、互联网、电子商务等）的基础上，能实现整个供应链活动的效率化，能利用物流信息对供应链各企业的计划、协调、顾客服务和控制活动进行有效的管理。物流信息的分类、特点及功能见表8-1。

表8-1　物流信息的分类、特点及功能

项目		说明
分类	按信息产生的领域和作用的领域分类	物流信息可分为物流活动所产生的信息和其他信息源产生的供物流使用的信息。前一类是发布物流信息的主要信息源，后一类信息则是信息工作收集的对象，是其他经济领域产生的对物流活动有作用的信息，用于指导物流作业

项目		说明
分类	按物流信息作用的不同分类	① 计划信息。如物流量计划、仓库吞吐量计划、与物流活动有关的国民经济计划、工农业产品产量计划等，许多具体工作的预计、计划安排等，甚至是带有作业性质的，如协议、合同、投资等信息，只要尚未进入具体业务操作的，都可归入计划信息之中。这种信息的特点是带有稳定性，信息更新速度较慢 ② 控制及作业信息。这种信息是物流活动过程中发生的信息，带有很强的动态性，是掌握物流现实活动状况不可缺少的信息，如库存量、在运量、运输工具状况等 ③ 统计信息。这种信息是物流活动结束后，针对整个物流活动的一种终结性、归纳性信息，有很强的针对性 ④ 支持信息。指能对物流计划、业务、操作有影响或有关的文化、科技、产品、法律等信息
	按物流活动领域分类	物流各个分系统、各不同功能要素领域，由于物流活动性质有区分，物流信息有所不同，按这些领域分类，有采购供应信息、仓库信息、运输信息等，甚至可以更细化地分成集装箱信息、托盘交换信息、库存量信息、汽车运输信息等
特点	物流信息的数据量大，涉及面广	由于现代物流涉及多品种、小批量、多层次、个性化服务，因此货物在运输、仓储、包装、装卸、搬运、加工、配送等环节会产生大量的物流信息，且分布在不同厂商、仓库、货场、配送中心、运输线路、运输商、中间商、客户等处。随着物流产业的发展，这种量大而广的特征将更趋明显，会产生越来越多的物流信息
	物流信息的动态性、适时性强	由于各种物流作业活动的频繁发生，再加之市场竞争状况和客户需求的变化，物流信息瞬息万变，呈现出一种动态性；物流信息的价值也会随时间的变化而不断贬值，表现出一种适时性。物流信息的这种动态性和适时性，要求我们必须及时掌握不断变化的物流信息，为物流管理决策提供依据
	物流信息的种类繁多，来源复杂	物流信息不仅包括企业内部产生的各种物流信息，而且还包括企业间的物流信息以及与物流活动有关的法律、法规、市场、消费者等诸多方面的信息。随着物流产业的发展，物流信息的种类将更多，来源也更趋复杂多样，这给物流信息的分类、处理和管理带来了困难
	物流信息要能够实现共享、准确统一的标准	物流信息涉及国民经济各个部门，在物流活动中，各部门之间需要进行大量的信息交流。为了实现不同系统间物流信息的贡献，必须采用国际和国家信息标准，如不同系统的不同物品必须采用统一的物品编码规则和条码规则等
功能		物流信息在物流活动中起着神经中枢的作用，十分重要，通过对物流信息的收集、传递、存储、处理、输出等，使之成为决策依据，对整个物流活动起指挥、协调、支持和保障作用
	沟通联系	物流信息是沟通物流活动各环节之间联系的桥梁。物流系统是由许多个行业、部门以及众多企业群体构成的经济大系统，系统内部正是通过各种指令、计划、文件、数据、报表、凭证、广告、商情等物流信息，建立起各种纵向和横向的联系，沟通生产厂、批发商、零售商、物流服务商和消费者，满足各方的需要

项目		说明
功能	引导和协调	物流信息随着物资、货币及物流当事人的行为等信息载体进入物流供应链中，也随着信息载体反馈给供应链上的各个环节，依靠物流信息及其反馈可以引导供应链结构的变动和物流布局的优化；协调物资结构，使供需之间平衡；协调人、财、物等物流资源配置，促进物流资源的整合和合理使用等
	管理控制	通过移动通信、计算机信息网、电子数据交换（EDI）、全球定位系统（GPS）等技术实现物流活动的电子化，如货物实时跟踪、车辆实时跟踪、库存自动补货等，用信息化代替传统的手工作业，实现物流运行、服务质量和成本等的管理控制
	缩短物流管道	为了应付需求波动，在物流供应链的不同节点上通常设置有库存，包括中间库存和最终库存，如零部件、在制品、制成品的库存等，这些库存增加了供应链的长度，提高了供应链成本。但是，如果能够实时地掌握供应链上不同节点的信息，如知道在供应管道中，什么时候、什么地方、多少数量的货物可以到达目的地，那么就可以发现供应链上的过多库存并进行缩减，从而缩短物流链，提高物流服务水平
	辅助决策分析	物流信息是制订决策方案的重要基础和关键依据，物流管理决策过程本身就是对物流信息进行深加工的过程，是对物流活动的发展变化规律性认识的过程。物流信息可以协助物流管理者鉴别、评估和比较实施物流战略和策略后的可选方案，如车辆调度、库存管理、设施选址、资源选择、流程设计以及有关作业比较和安排的成本收益分析等均是在物流信息的帮助下才能作出的科学决策
	支持战略计划	作为决策分析的延伸，物流战略计划涉及物流活动的长期发展方向和经营方针的制订，如企业战略联盟的形成、以利润为基础的顾客服务分析以及能力和机会的开发和提炼，作为一种更加抽象、松散的决策，它是对物流信息进一步提炼和开发的结果
	价值增值	物流信息本身是有价值的，而在物流领域中，流通信息在实现其使用价值的同时，其自身的价值又呈现增长的趋势，即物流信息本身具有增值特征。另外，物流信息是影响物流的重要因素，它把物流的各个要素以及有关因素有机地组合并联结起来，以形成现实的生产力并创造出更高的社会生产力。同时，在社会化大生产条件下，生产过程日益复杂，物流诸要素都渗透着知识形态的信息，信息真正起着影响生产力的现实作用。企业只有有效地利用物流信息，投入生产和经营活动后，才能使生产力中的劳动者、劳动手段和劳动对象实现最佳结合，产生放大效应，使经济效益出现增值。物流系统的优化、各个物流环节的优化所采取的办法、措施，如选用合适的设备、设计最合理路线、决定最佳库存储备等，都要切合系统实际，也都要依靠准确反映这实际的物流信息。否则，任何行动都不免带有盲目性。所以，物流信息对提高经济效益也起着非常重要的作用

8.1.2 物流信息管理概述

物流信息管理（logistics information management）就是对物流全过程的相关信息进行收集、整理、传输、存储和利用的活动过程，也就是物流信息从分散到集中，从无序到有序，从产生、传播到利用的过程。同时对涉及物流信息活动的各种要素，包括人员、技术、工具等进行管理，实现资源的合理配置。

物流信息管理不仅包括采购、销售、存储、运输等物流活动的信息管理和信息传送，还包括了对物流过程的各种决策活动，如采购计划、销售计划、供应商选择、顾客分析等提供决策支持，并充分利用计算机的强大功能，汇总和分析物流数据，进而做出更好的进、销、存决策。物流信息管理也会充分利用企业资源，加强对企业的内部挖掘和外部利用，大大降低生产成本，提高生产效率，增强企业竞争优势。物流信息管理是为了有效地开发和利用物流信息资源，以现代信息技术为手段，对物流信息资源进行计划、组织、领导和控制的社会活动。

物流信息管理的主体一般是与物流信息管理系统相关的管理人员，也可能是一般物流信息操作控制人员。这些人员要从事物流业务操作、管理，承担物流信息技术应用和物流信息基础系统开发、建设、维护、管理以及物流信息资源开发利用等工作。与物流信息管理系统相关的管理、操作人员必须具备物流信息系统的操作、管理、规划和设计等能力。

与信息管理的对象一样，物流信息管理的对象包括物流信息资源和物流信息活动。物流信息资源主要是直接产生于物流活动的信息和其他流通活动有关的信息，而物流信息活动是指物流信息管理主体进行物流信息收集、传递、储存、加工、维护和使用的过程。

信息管理不仅需要现代信息技术，同时还需要利用管理科学、运筹学、统计学、模型论和各种最优化技术来实现对信息的管理，以辅助决策。物流信息管理除具有一般信息管理的要求外，还要通过物流信息管理系统的查询、统计、数据的实时跟踪和控制来管理、协调物流活动。利用物流信息管理系统是进行物流信息管理的主要手段。

总之，物流信息管理是开发和利用物流信息资源，以现代信息技术为手段，对物流信息资源进行计划、组织、领导和控制，最终为物流相关管理提供计划、控制、评估等辅助决策服务。物流信息管理的特点和功能见表8-2。

表8-2 物流信息管理的特点和功能

项目		说明
特点	强调信息管理的系统化	物流是一个大范围内的活动，物流信息源点多、分布广、信息量大、动态性强、信息价值衰减速度快，所以物流信息管理要求能够迅速进

项目		说明
特点	强调信息管理的系统化	行物流信息的收集、加工、处理。物流信息管理系统可以利用计算机的强大功能汇总和分析物流数据，并对各种信息进行加工、处理，从而提高物流活动的效率和质量，而网络化的物流信息管理系统可以实现企业内部、企业间的数据共享，从而提高物流活动的整体效率
	强调信息管理各基本环节的整合和协调	物流信息管理的基本环节包括物流信息的获取、传输、储存、处理和分析，在管理过程中强调物流信息管理各基本环节的整合和协调，可以提高物流信息传递的及时性和顺畅程度
	强调信息管理过程的专业性和灵活性	物流信息管理是专门收集、处理、储存和利用物流全过程的相关信息，为物流管理和物流业务活动提供信息服务的专业管理活动，物流信息管理过程涉及仓储、运输、配送、货代等物流环节，涉及的信息对象包括货物信息、作业人员信息、所使用的设施设备信息、操作技术和方法信息、物流的时间和空间信息等。物流信息的规模、内容、模式和范围，根据物流管理的需要，可以有不同的侧重面和活动内容，以提高物流信息管理的针对性和灵活性
	强调建立有效的信息管理机制	物流信息管理强调信息的有效管理，即强调信息的准确性、有效性、及时性、集成性和共享性。在物流信息的收集和整理中，要避免信息的缺损、失真和失效，强化物流信息活动过程的组织和控制，在建立有效管理机制的同时，通过制订企业内部、企业之间的物流信息交流和共享机制来加强信息的传递和交流，以便提高企业自身的信息积累，并进行相应的优势转化
功能		物流作为一个复杂的社会系统工程，它的运作流程是通过输入社会需求文件信息和供应商货源文件信息，形成产品生产计划、生产能力计划、送货计划和订货计划、运输计划、仓储计划、物流能力计划，并进行成本核算等。要使这样一个纵深庞杂、涉及面广的物流体系快速、高效和经济地运行，没有信息这一润滑剂是不可想象的
	记录交易活动	物流信息的记录交易功能就是记录物流活动的基本过程和内容。主要包括记录采购过程、制订价格及相关人员和供求信息的查询、安排储运任务、生产作业程序、销售等整个物流活动的内容
	物流业务服务	物流服务的水平和质量以及现有管理个体和资源的管理，要有信息管理做相关的协调和控制，充分利用计算机汇总和分析各种物流数据，形成信息资源，为物流管理及其业务活动提供信息服务，使管理者作出合适的决策，增加企业的竞争优势
	物流工序协调	在物流运作中，加强信息的集成与传递，有利于提升工作的时效性，提高工作的质量与效率
	支持物流决策和战略	物流信息管理协调工作人员和管理员通过其服务功能，充分利用企业内、外部物流数据信息资源，进行物流活动的评估和成本收益分析，从而做出更好的物流决策

8.2.1 认识物流信息技术

（1）信息技术与物流信息技术

信息技术泛指拓展人的信息处理能力的技术，主要包括传感技术、计算机技术、微电子技术和通信技术，可替代或帮助人们完成对信息的检查、识别、变换、传递、计算、提取、控制和利用。

物流信息技术是现代信息技术在物流各个作业环节中的综合应用，是现代物流区别于传统物流的根本标志，也是物流技术中发展最快的领域，尤其是计算机网络技术的广泛应用使物流信息技术达到了较高的应用水平。主要包括计算机技术、网络技术、信息分类编码技术、条码技术、射频识别技术（RFID）、电子数据交换技术（EDI）、全球定位技术（GPS）和地理信息技术（GIS）等。

（2）物流信息技术分类

① 按照信息的作用分类。可分为物流信息标识与采集技术、物流信息传输技术、物流信息储存技术、物流信息处理技术。

② 按照基本技术分类。可分为计算机技术、微电子技术、光子技术、通信技术和辐射成像技术。

③ 按照采用的主要技术和功能分类。可分为移动通信技术、全球定位技术、地理信息技术、互联网技术、自动化仓库管理技术、货物追踪技术、智能标签技术、射频技术和数据交换技术等。

（3）物流信息技术发展趋势

① RFID将成为未来物流领域的关键技术。专家分析认为，RFID技术应用于物流行业，可大幅提高物流管理与运作效率，降低物流成本。另外，从全球发展趋势来看，随着RFID相关技术的不断完善和成熟，RFID产业将成为一个新兴的高技术产业群，成为国民经济新的增长点。因此，RFID技术有望成为推动现代物流加速发展的新品润滑剂。

② 物流动态信息采集技术将成为物流发展的突破点。在全球供应链管理趋势下，及时掌握货物的动态信息和品质信息已成为企业盈利的关键因素。但是由于受到自然、天气、通信、技术、法规等方面的影响，物流动态信息采集技术的发展一直受到很大制约，远远不能满足现代物流发展的需求。借助新的科技手段，完善物流动态信息采集技术，将成为物流领域下一个技术突破点。

③ 物流信息安全技术将日益被重视。借助网络技术发展起来的物流信息技术在享受网络飞速发展带来巨大好处的同时，也时刻承受着可能遭受的安全危机，例如网络黑客无孔不入的恶意攻击、计算机病毒的肆虐、信息的泄露等。应用安全防范技术，保障企业的物流信息系统或平台安全、稳定地运行，是企业将长期面临的一项重大挑战。

8.2.2　条码技术

（1）条码的概念和构成

1）条码概念

条码（条形码）技术是20世纪在计算机的应用实践中产生和发展起来的一种自动识别技术，是集条码理论、光电技术、计算机技术、通信技术和条码印刷技术于一体的综合技术，提供了一种对物流中的货物进行标识和描述的方法。条码是实现POS系统、EDI、电子商务、供应链管理的技术基础，是物流管理现代化、提高企业管理水平和竞争能力的重要技术手段。

条码（barcode）是将宽度不等的多个黑条和空白，按照一定的编码规则排列，用以表达一组信息的图形标识符。常见的条码是由反射率相差很大的黑条（简称"条"）和白条（简称"空"）排成的平行线图案。条码可以标出物品的生产国、制造厂家、商品名称、生产日期、图书分类号、邮件起止地点、类别、日期等许多信息，因而在商品流通、图书管理、邮政管理、银行系统等许多领域都得到广泛的应用。

条码分为一维码和二维码两大类，常见的一维条码有Code 128码、库德巴码、Code 39码、Code 25码、ITF 25码（交叉25码）、EAN-13码、矩阵25码、UPC-A码、UPC-E码、EAN-8码、Code-B码、中国邮政码（矩阵25码的一种变体）、Code 11码、MSI码、Code 39 EMS（EMS专用的39码）、Code 93码、ISBN码、ISSN码等。二维条码有PDF417二维条码、MaxiCode二维条码、Data Matrix二维条码、Code 49、QR Code、Code one、Code 16K等。除了这些常见的二维条码之外，还有Vericode条码、CP条码、Codablock F条码、田字码、Ultracode条码、Aztec条码。

2）条码的基本特征

① 码制。条码的码制是指条码符号的类型，每种类型的条码符号都是由符合特定编码规则的条和空组合而成的。每种码制都具有固定的编码容量和所规定的条码字符集。条码字符中字符总数不能大于该种码制的编码容量。

② 条码字符集。条码字符集是指某种码制所表示的全部字符的集合。有些码制仅能表示10个数字字符（0～9），如EAN/UPC码、25条码；有些码制除了能表示10个数字字符外，还可以表示几个特殊字符，如库德巴条码、39条码，可表示数字字符0～9、26个英文字母A～Z以及一些特殊符号。

③ 连续性与非连续性。条码符号的连续性是指每个条码字符之间不存在间隔，相反，非连续性是指每个条码字符之间存在间隔。从某种意义上讲，由于连续性条码不

存在条码字符间隔，即密度相对较高，而非连续性条码的密度相对较低。但非连续性条码字符间隔引起误差较大，一般规范不给出具体指标限制。而连续性条码除了控制尺寸误差外，还需控制相邻条与条、空与空的相同边缘间的尺寸误差及每一条码字符的尺寸误差。

④ 定长条码与非定长条码。定长条码是指仅能表示固定字符个数的条码。非定长条码是指能表示可变字符个数的条码。例如，EAN/UPC码是定长条码，它们的标准版仅能表示12个字符；39码为非定长条码。

定长条码由于限制了表示字符的个数，即密码的无视率相对较低，因为就一个完整的条码符号而言，任何信息的丢失总会导致密码的失败。非定长条码具有灵活、方便等优点，但受扫描器及印刷面积的控制，它不能表示任意多个字符，并且在扫描阅读过程中可能产生因信息丢失而引起的错误密码，这些缺点在某些码制（如交叉25码）中出现的概率相对较大，这些缺点可通过优化识读器或计算机系统的校验程度而克服。

⑤ 双向可读性。条码符号的双向可读性是指从左、右两侧开始扫描都可被识别的特性。绝大多数码制都可双向识读，所以都具有双向可读性。事实上，双向可读性不仅仅是条码符号本身的特性，它还是条码符号和扫描设备的综合特性。对于双向可读的条码，识读过程中译码器需要判别扫描方向。有些类型的条码符号，扫描方向的判定是通过起始符与终止符来完成的，例如39码、交叉25码、库德巴码。有些类型的条码，由于从两个方向扫描起始符和终止符所产生的数字脉冲信号完全相同，所以无法用它们来判别扫描方向，例如EAN和UPC码；在这种情况下，扫描方向的判别则是通过条码数据符的特定组合来完成的。对于某些非连续性条码符号，例如39条码，由于其字符集中存在着条码字符的对称性（例如字符"*"与"P"，"M"与"—"等），在条码字符间隔较大时，很可能出现因信息丢失而引起的译码错误。

⑥ 自校验特性。条码符号的自校验特性是指条码字符本身具有校验特性。若在条码符号中，印刷缺陷（例如，因出现污点把一个窄条错认为宽条，而相邻宽空错认为窄空）不会导致替代错误，那么这种条码就具有自校验功能。例如39条码、库德巴条码、交叉25条码都具有自校验功能；EAN和UPC条码、93条码等都没有自校验功能。自校验功能可以校验出一个印刷缺陷。对于大于一个的印刷缺陷，任何自校验功能的条码都不可能完全校验出来。对于某种码制，是否具有自校验功能是由其编码结构决定的。码制设置者在设置条码符号时，均需考虑自校验功能。

3）条码优越性

① 条码可靠准确。根据调查显示，键盘输入平均每300个字符出现一个错误，而条码输入平均每15000个字符出现一个错误。如果再加上校验码，出错率是千万分之一。

② 条码的数据输入速度快。键盘输入，一个每分钟打90个字的打字员1.6s可输入12个字符或字符串，而使用条码，做同样的工作只需0.3s，速度明显提高。

③ 经济便宜。与其他自动化识别技术相比较，推广应用条码技术所需费用较低。

④ 灵活、实用。条码符号作为一种识别手段可以单独使用，也可以和有关设备组成识别系统，实现自动化识别，还可和其他控制设备联系起来，实现整个系统的自动

化管理。同时，在没有自动识别设备时，也可实现手工键盘输入。

⑤ 自由度大。识别装置与条码标签相对位置的自由度要比光学字符阅读器（OCR）大得多。条码通常只在一维方向上表达信息，而同一条码上所表示的信息完全相同并且连续，这样即使是标签有部分缺欠，仍可以从正常部分输入正确的信息。

⑥ 设备简单。条码打印机类似普通打印机，扫描器设置好就可以阅读。条码符号识别设备的结构简单，操作容易，无需专门训练。

⑦ 易于制作，可印刷。条码标签易于制作，对印刷技术设备和材料无特殊要求。条码被称作"可印刷的计算机语言"。

⑧ 采集信息量大。利用传统的一维码一次可以采集几十位字符的信息，而二维码更可以携带数千个字符的信息，并有一定的自动纠错能力。

4）条码的分类

条码可分为一维条码（one dimensional barcode，1D）和二维条码（two dimensional barcode，2D）两大类，目前在商品中的应用仍以一维条码为主，故一维条码又被称为商品条码。一维条码只是在一个方向（一般是水平方向）上表达信息，而在垂直方向则不表达任何信息，其具有一定的高度通常是为了便于阅读器的对准。一般较流行的一维条码有39码、EAN码、UPC码、128码等。

EAN码是国际物品编码协会（International Article Numbering Association）在全球推广应用的商品条码，是定长的纯数字型条码，它表示的字符集为数字0～9。在实际应用中，EAN码有两种版本：标准版和缩短版。标准版由13位数字组成，称为EAN-13码或长码；缩短版EAN码由8位数字组成，称为EAN-8码或者短码。

EAN-13码是按照"模块组合法"进行编码的。它的符号结构由八部分组成：符号结构、左侧空白区、起始符、左侧数据符、中间分隔符、右侧数据符、校验符、终止符、右侧空白区、模块数。EAN-13码由13位数字组成。根据EAN规范，这13位数字分别被赋予了不同的含义。厂商识别代码由7～9位数字组成，用于对厂商的唯一标识。厂商代码是各国的EAN编码组织在EAN分配的成员前缀码（X13、X12、X11）的基础上分配给厂商的代码。前缀码是标识EAN所属成员的代码，由EAN统一管理和分配，以确保前缀码在国际范围内的唯一性。商品项目代码由3～5位数字组成，用以标识商品的代码。商品项目代码由厂商自行编码。在编制商品项目代码时，厂商必须遵守商品编码的基本原则：同一商品项目的商品必须编制相同的商品项目代码；不同的商品项目必须编制不同的商品项目代码；保证商品项目与其标识代码一一对应，即一个商品项目只有一个代码，一个代码只标识一个商品项目。校验码用以校验代码的正误，由一位数字组成。校验码是根据条码字符的数值按一定的数学算法计算得出的。

我国于1991年加入了国际物品编码协会，EAN分配给中国的前缀码是690～692。以690、691为前缀码的EAN-13码只能分别对10000个制造厂商进行编码。每一个制造厂商可以对自己生产的10万种商品进行编码。在这种结构的代码中，厂商识别代码由7位调整为8位，相应的制造厂商识别代码的容量就由1万家扩大到10万家；商品项目的识别代码由5位调整为4位。

EAN-8码是EAN-13码的压缩版，由8位数字组成，用于包装面积较小的商品上。与EAN-13码相比，EAN-8码没有制造厂商代码，仅有前缀码、商品项目代码和校验码。在中国，凡需使用EAN-8码的商品生产厂家，均需将本企业欲使用EAN-8码的商品目录及其外包装（或设计稿）报至中国物品编码中心或其分支机构，由中国物品编码中心统一赋码。

UPC码是美国统一代码委员会（UCC）制定的商品条码，它是世界上最早出现并投入应用的商品条码，在北美地区得到广泛应用。UPC码在技术上与EAN码完全一致，它的编码方法也是模块组合法，也是定长、纯数字型条码。

39码是1974年发展起来的条码系统，是一种可供使用者双向扫描的分散式条码，也就是说相邻两资料码之间，必须包含一个不具任何意义的空白，且其具有支持字母和数字的能力，故应用较一般一维条码广泛，目前主要应用于工业产品、商业资料及医院用的保健资料。

（2）条码技术与自动识别技术

自动识别技术就是应用一定的识别装置，通过被识别物品和识别装置之间的接近活动，自动地获取被识别物品的相关信息，并提供给后台的计算机处理系统来完成相关后续处理的一种自动识别技术，近几十年在全球范围内得到了迅猛发展，初步形成了一个包括条码技术、磁卡技术、IC卡技术、光学字符识别、射频技术、声音识别及视觉识别等集计算机、光、磁、物理、机电、通信技术为一体的高新技术学科。

条码是迄今为止最经济、最实用的一种自动识别技术，与其他技术的对比见表8-3。

表8-3　条码识别技术与其他自动识别技术的比较

项目	键盘	OCR（光学）	磁条（卡）	条码	射频
输入12位数据速度	6s	4s	0.3～2s	0.3～2s	0.3～0.5s
误读率	1/300	1/1000	—	1/15000～1/1000000000	—
印刷密度	—	10～12字符/in[①]	48字符/in	最大20字符/in	4～8000字符/in
印刷面积	—	2.6mm（高）	6.4mm（高）	15mm（长）×4mm（高）	4mm×32mm至54mm×86mm
基材	无	低	中	低	高
扫描器价格	无	高	中	低	高
非接触实读	—	不能	不能	接触至5mm	接触至5mm
优点	技术简单	可用眼阅读	数据密度高，输入速度快	输入速度快，设备便宜；设备种类多；可非接触阅读	可在灰尘、油烟等情况下使用，输入速度快

项目	键盘	OCR（光学）	磁条（卡）	条码	射频
缺点	识读率低	输入速度低，不能非接触式识读，设备价格高	不能直接用眼阅读，不能非接触式阅读，数据可更改	数据不可更改，不可用眼阅读	发射、接受装置价格昂贵，发射装置寿命短，数据可改写

① 1in=25.4mm。

（3）条码技术在物流中的应用

1）条码在仓储、运输、配送中的应用

在物品到达物流企业的同时，物流企业可以在物品上粘贴特定的唯一条码标识，用以跟踪该物品在物流中的位置，从而进行实时监控。在发货时，通过扫描该物品上的条码标识，将解释出的信息与物品的配送单据进行比对，实现货物的分拣和装箱，并同时打印出装箱单条码标识，方便在运输中实现货物监控。装车时，通过扫描装箱单上的条码标识，记录装车的车号。

货物运输途中，在每一个关键的监控点，扫描装箱单的条码标识，记录该货物的相应状况，就可以在管理系统中获得该货物的运输路径和流通速度，从而为物流管理提供具体细节，方便提高物流效率，降低物流成本。

货物抵达目的地后，扫描装箱单条码，将解释出的信息与物品的配送单据进行比对，确认该货物的目的地是否正确，并记录该货物入库状态。随后，进行开箱操作，扫描箱货物的条码标识，根据解释出的配送信息将货物放置在相应的送货区。此操作信息返回给管理系统，此时货物的状态就是"抵达"目的仓库了。在物流中，物品完成了从源客户到目的客户的一个流转过程。从中可以看出，物流效率的提高应着重在物流管理效率的提高、物流准确性的提高上下功夫。而条码这种手段，帮助物流企业在准确性和操作效率上提高，从而提高了整个物流的效率。高效准确的物流在带给客户更好服务的同时，也为企业赢得了利润。当条码帮助物流在各个环节上实现高效准确地监控货物时，物流管理的透明度提高了，物流企业也实现了从单据到实物的有效管理。

2）条码在生产过程中的应用

为了在激烈的市场竞争中进一步以质量取胜，可以将条码应用于生产质量管理跟踪系统。通过这一技术的应用，企业可以实时动态跟踪生产状况，随时从计算机中得知实际生产的情况及生产的质量，如可以跟踪整机、件的型号、生产场地、生产日期、班组生产线、版本号、批量和序号等信息。

例如，美国福特汽车公司的工厂把条码刻在车体底部的金属件上，通过装配线上扫描装置可以对车辆自总装开始到发货出厂的全过程进行跟踪。在通用汽车公司，用条码来区分动力机各主要部件，如阀门、汽化器等。这些部件可组成1550万种不同型号的动力机，但通用公司只需要其中的438种，通过向计算机输入条码，则可以避免出现那些无用的机型结构。

综上所述，在一个完整的物流过程中，条码可以在各个关键环节采集相应的物品信息，以实现实时监控和跟踪的目的。

8.2.3　GPS、GIS和GSM技术

（1）GPS、GIS、GSM技术概述

广义的GPS包括美国GPS、欧洲伽利略（Galileo）、俄罗斯LONASS、中国北斗系统等全球卫星定位系统。狭义的GPS，即指美国的全球定位系统（Global Positioning System），它是一个由覆盖全球的24颗卫星组成的卫星系统。这个系统可以保证在任意时刻、地球上任意一点都可以同时观测到4颗卫星，以保证卫星可以采集到该观测点的经纬度和高度，以便实现导航、定位、授时等功能。这项技术可以用来引导飞机、船舶、车辆以及人安全、准确地沿着选定的路线到达目的地。中国北斗卫星导航系统由空间段、地面段和用户段三部分组成，可在全球范围内、全天候、全天时地为各类用户提供高精度、高可靠的定位、导航、授时服务，并具有短报文通信能力，定位精度10m，测速精度0.2m/s，授时精度10ns。

地理信息系统（geographic information system，GIS）有时又称为"地学信息系统"或"资源与环境信息系统"，是在计算机软硬件系统支持下，对整个或部分地球表层（包括大气层）空间中的有关地理分布数据进行采集、储存、管理、运算、分析、显示和描述的技术系统。

全球移动通信系统（global system for mobile communications，GSM），是目前国内覆盖最广、可靠性最高、容量最大、保密性最强的数字移动蜂窝通信系统，全球200多个国家和地区、超过10亿人正在使用GSM电话。

（2）GPS、GIS、GSM技术在物流中的应用

① 导航功能。三维导航是GPS的首要和最基本功能，其他功能都要在导航功能的基础上才能完全发挥作用。飞机、船舶、地面车辆以及步行者都可利用GPS导航接收器进行导航。汽车导航系统是在GPS的基础上发展起来的一门新技术。它由GPS导航、自律导航、微处理器、车速传感器、陀螺传感器、CD-ROM驱动器、LCD显示器组成。

② 规划车辆路径。目前主流的GIS应用开发平台大多集成了路径分析模块，运输企业可以根据送货车辆的装载量、客户分布、配送订单、送货线路交通状况等因素设定计算条件。利用该模块的功能，并结合真实环境中所采集到的空间数据，分析客货流量的变化情况，对公司的运输线路进行优化处理，可以便利地实现费用最低或路径最短的运输规划。

③ 信息查询。GIS为客户提供主要目标，如旅游景点、宾馆、医院等数据库，用户能够在电子地图上根据需要进行查询。查询资料可以文字、语音及图像的形式展示，

并在电子地图上显示其位置。同时，监测中心可以利用监测控制台对区域内任意目标的所在位置进行查询，车辆信息将以数字形式在控制中心的电子地图上显示出来。

④ 话务指挥。指挥中心可以监测区域内车辆的运行状况，对被监控车辆进行合理调度。指挥中心也可随时与被跟踪目标通话，进行管理。

⑤ 紧急援助。通过GPS定位和监控管理系统可以对遇有险情或发生事故的车辆进行紧急援助。监控台的电子地图可显示求助信息和报警目标，规划出最优援助方案，并以声、光报警提醒值班人员进行应急处理。

⑥ 实时监控。GPS与GIS、GSM及计算机车辆管理信息系统相结合，可以实现车辆跟踪功能。利用GPS和GIS可以实时显示车辆的实际位置，并任意放大、缩小、还原、换图；可以随目标移动，使目标始终保持在屏幕上；还可实现多窗口、多车辆、多屏幕同时跟踪，利用该功能可对重要车辆和货物进行运输跟踪。

经过GSM网络的数字通道，将信号输送到车辆监控中心，监控中心通过差分技术换算位置信息，然后通过GIS将位置信号用地图语言显示出来，从而让货主、物流企业可以随时了解车辆的运行状况、任务执行和安排情况。另外，还可通过远程操作，以断电锁车、超速报警方式对车辆行驶进行实时限速监管、偏移路线预警、疲劳驾驶预警、危险路段提示、紧急情况报警、求助信息发送等安全管理，保障驾驶员、货物、车辆及客户财产安全。

8.2.4　SaaS技术

（1）SaaS技术概述

众多中小企业因自身规模小、资金不足，对信息化成本高度敏感。传统信息化的改造，前期需花大量资金购买许多昂贵的软硬设备，还要配置专门人员对系统进行维护升级，因此企业渴望一种简单、经济、实用的信息化应用模式。在这种强烈市场需求的背景下，SaaS（software as a service，软件即服务）模式应运而生。SaaS是云计算的三种服务模式之一，也是当前物流管理系统向云方向发展所采用的主要模式。基于SaaS模式的管理软件，客户不用再像传统模式那样花费大量资金用于硬件、软件、人员，而只需要支出一定的租赁服务费用，通过互联网便可以享受到相应的硬件、软件和维护服务——享有软件使用权且不断升级，这是网络应用最具效益的营运模式。

1）SaaS技术概述

云计算简单地说就是一种基于互联网的计算方式，通过这种方式来实现软硬件和信息资源共享，并将共享的资源按需分配给计算机或相应的设备。云计算的服务模式包括以下三种：

① 基础设施即服务（infrastructure as a service，IaaS），提供给客户的服务是运营商运行在云计算基础设施上的应用程序。

② 平台即服务（platform as a service，PaaS），向用户提供更高性能、更具有个性

化的基础硬件和软件服务，是整个云计算系统的核心层。

③软件即服务（SaaS），是一种通过互联网提供软件服务的商业模式。在该模式下，软件运营商将各种应用软件统一部署在自己的服务器上，用户想用什么软件时，不需要再购买该软件，只需要向软件运营商租用即可，并根据自己租用软件的多少和时间的长短支付相应的费用。

2）SaaS模式的特点

①企业只要按需定制服务并支付相应费用。在传统企业信息化管理软件中，开发商只单独考虑某个用户的定制需求，软件扩展性很差。企业需购买信息管理软件，在软件升级更新时再支付一笔费用给软件开发商，并且要聘用专职人员负责软件的维护和日常管理。

在SaaS模式下，企业不但可以节约软件维护费用，而且还可以根据自己的应用需求和规模向运营商定制个性化的服务。SaaS可为企业节约大量的人力和财力，给企业的信息管理带来更大的便捷性和可扩展性。

②企业把应用软件托管到云端。在SaaS模式下，企业可以把自己的应用程序托管到运营商的云端或者企业通过付费的方式享受网络云端提供的应用程序服务。SaaS运营商可以同时向多个用户提供个性化、定制化服务，并且不受其他租户影响。

（2）SaaS技术在物流中的应用

①SaaS在供应链管理中的应用。传统供应链管理软件中的很多信息都是通过数据库表格来管理的，非常不利于信息的共享和传输，在信息传输过程中要做很多的安全防护工作来防止信息的外泄。此外，在传统供应链管理软件中，企业的业务管理如采购、生产、销售、库存、财务管理等业务，有些数据是分开的，难以实现信息的共享，不利于企业管理者的集中管理和信息集成化的发展需求。

SaaS模式的供应链管理软件是一个集成化的管理系统，包括计划管理、采购管理、生产管理、销售管理、库存管理、财务管理等功能，能够满足企业的一切管理需要。

②SaaS在物流公共信息平台构建中的应用。目前很多物流企业已经利用信息技术形成了运输、配送、自动仓储、库存控制等专业技术装备，也建立了自己的物流信息管理系统，但是这些技术和系统的运用都是孤立的，每个企业都要为技术的更新和软件的购买、升级和维护支付昂贵的费用。尤其是近年来RFID技术的应用和物联网的兴起，进一步导致很多中小型物流企业因自身能力的不足而无法适应市场需求。所以，一个低成本、高效率、基于云计算的物流公共信息平台是很多中小型物流企业所迫切需要的。

基于云计算的物流公共信息平台主要满足物流企业、客户和政府部门的信息需求，能够将制造、生产、运输、装卸、包装、库存、配送等各个环节的数据信息及时迅速地通过信息平台传输到各物流公司、政府相关部门以及客户手里。该平台主要包括基础设施层IaaS、平台层PaaS、应用层SaaS和管理功能四部分。

a.基础设施层IaaS。使用云的物理资源虚拟化技术，建立虚拟的物理设备存储池，将所有用户的硬件资源都存在这个池中以实现资源的共享。

b.平台层 PaaS。完成物流信息的采集、分类、统计、加工、标准化、储存和中转等功能，为平台提供规范统一的数据资源。

c.应用层 SaaS。提供信息平台需要的各种业务服务，如运输车辆的定位跟踪和查询、库存管理、物流监控、物流信息管理、网上电子交易管理和政府职能部门间信息交换等。

d.管理功能层。主要实现对云租户的信息管理功能，包括租户的订购管理、收费管理、协议管理等。

8.3
物流信息系统

8.3.1　物流信息系统概述

（1）物流信息系统的特点

物流信息系统是计算机管理信息系统在物流领域的应用，是通过对物流相关信息的加工处理来达到对物流、资金流的有效控制和管理，并为企业提供信息分析和决策支持的人机系统。物流信息管理系统内部相关衔接是通过信息进行沟通的，资源的调度也是通过信息共享来实现的，组织物流活动必须以信息为基础。

随着社会经济的发展、科技的进步，物流信息管理系统正在向业务活动的集成化、系统功能的模块化、信息采集的实时化、信息存储的大型化、信息传输的网络化、信息处理的智能化以及信息处理界面的图形化方向发展。

物流信息管理系统的特点主要表现在以下四个方面。

① 管理型和服务性。物流信息系统的目的是辅助物流企业的管理者进行物流运作的管理和决策，提供与此相关的信息支持。因此，物流信息系统必须同物流企业的管理体制、方法和风格相结合，遵循管理与决策行为理论的一般规律。为适应管理物流活动的需要，物流信息系统必须具备处理大量物流数据和信息的能力，具备各种分析物流数据的分析方法，拥有各种数学和管理工程的模型。

② 适应性和可扩展性。物流信息系统应具有对环境的适应性，即在环境变化时，系统无须太大的变化就能适应新环境。一般认为，模块式的系统结构相对易于修改。当然，适应性强就意味着系统变化小，对用户来说自然方便可靠。

③ 集成化和模块化。集成化是指物流信息系统将相互连接的各个物流环节连接一起，为物流企业进行集成化的信息处理工作提供了平台。物流信息系统的各个子系统

的设计，应按照模块化的设计方法，遵循统一的标准和规范，以便于系统内部信息共享。各子系统遵循统一的标准开发功能模块，各功能模块开发完成后，再按照一定的规范进行集成。

④ 网络化。随着互联网技术的迅速发展，物流信息系统的设计过程中也广泛应用了网络化技术，支持远程处理。网络将分散在不同地理位置的物流分支机构、供应商、客户等连为一体，形成了一个信息传递和共享的信息网络，从而提高了物流活动的运转效率。

（2）物流信息系统的类型

物流信息系统根据分类方法的不同，可分为不同类型的系统（见图8-1）。

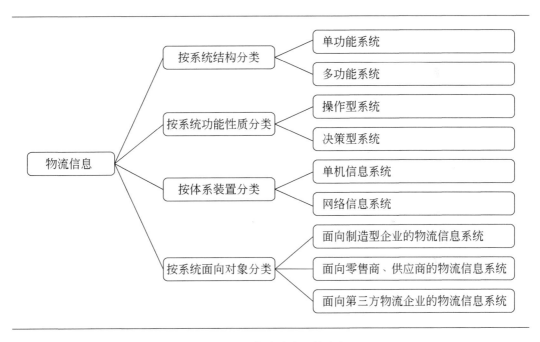

图8-1 物流信息系统分类

（3）物流信息系统的层次结构

处于物流系统中不同管理层次上的物流部门或人员，需要不同类型的物流信息。因此，一个完善的物流信息系统，应该包括以下四个层次：

① 基层作业层。将收集、加工的物理信息以数据库的形式加以存储。

② 数据处理层。对合同、票据、报表等业务表现形式进行日常处理。

③ 计划控制层。包括仓库作业计划、最优路线选择、控制与评价模型的建立，根据运行信息检测物流系统的状况。

④ 管理决策层。建立各种物流系统分析模型，辅助高层管理人员制订物流战略计划。

物流信息系统的结构是金字塔结构，如图8-2所示。

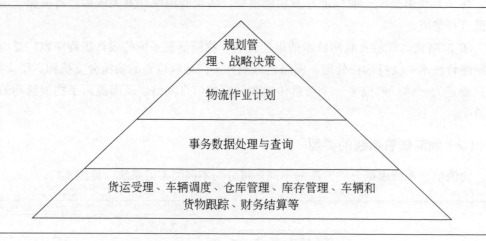

图8-2　物流信息系统的层次结构

（4）物流信息系统的功能

物流系统的不同阶段和不同层次之间通过信息流紧密地联系在一起，因而在物流系统中总存在着对物流信息进行采集、存储、处理、传输、显示和分析的物流信息系统。因此，物流信息系统可以看成是各个物流活动与某个过程连接在一起的通道。其基本功能可以归纳为以下几个方面：

① 信息采集。信息采集就是将某种方式记录下来的物流信息系统的有关数据集中起来，并转化为系统能够接受的形式输入系统中。物流信息的采集是信息系统运行的起点，也是重要的一步。收集信息的质量（即真实性、可靠性、准确性、及时性）决定着信息时效价值的大小，是信息系统运行的基础。

② 信息存储。数据进入系统之后，经过整理和加工，成为支持物流系统运行的物流信息，这些信息被暂时或永久存储，以供使用。

③ 信息传输。物流信息来自物流系统内外，又为不同的物流职能所用，因而克服空间障碍的信息传输是物流信息系统的基本功能之一。物流信息传输是指从信息源出发，经过一定的媒介和信息通道输送给接受者的过程。

信息传递方式有如下几种：从传递方向看，有单向信息传递方式和双向信息传递方式；从传递层次看，有直接传递方式和间接传递方式；从传递媒介看，有人工传递和非人工的其他媒介传递方式。

④ 信息处理。物流信息系统最基本的目标是将输入数据加工处理成物流信息。收集到的物流信息大都是零散的、形式各异的，对于这些不规范信息，要存储和检索，必须经过一定的整理加工程序。信息处理可以是简单的查询、排序，也可以是复杂的模型求解和预测。信息处理能力的强弱是衡量物流信息系统能力的一个重要方面。

⑤ 信息输出。物流信息系统的目的是为各级物流人员提供相关的物流信息。为了

便于理解，系统输出的形式应力求易读易懂、直观醒目，它是评价物流信息系统的主要标准之一。

8.3.2 物流信息系统管理

（1）仓储管理系统

仓库管理系统（warehouse management system，WMS）是指利用计算机网络等现代信息技术手段，对货物、空间资源、人力资源、设备资源等在仓库中的活动，对进货、检验、上架、出货、转仓、转储、盘点及其他库内作业进行有效管理的人机系统。仓储管理系统功能如图8-3所示。

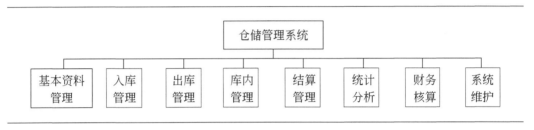

图8-3　仓储管理系统功能

仓储管理系统各模块功能如下：

① 基本资料管理。主要包括对储位信息、货品信息、人员信息、客户信息、合同、车辆信息的管理。

② 入库管理。主要包括对货品数量的管理，如箱数、件数、RT/CBM（计费吨/立方米）；对货品的储位管理；对货品的管理，如客户、到期日、质量、体积、批次（号），并可结合条码管理；对运输的管理，如运输公司、车牌号、司机管理；对验收的确认，根据比较分析入库通知单的数量和实际入库数量，解决少货、多货、串货等情况。

③ 出库管理。主要包括对出库货品数量的管理，如箱数、件数、RT/CBM；对出货方式的选择，如先进先出（FIFO）、后进先出（LIFO）、保质期管理、批次（号）；对出货运输的管理，如运输公司、车牌号、司机管理。

④ 库内管理。库内管理是对仓库内的货品进行盘点、转库、转储、作业等管理，具体包括仓库储存货品的盘点作业、仓库内部货品在储位间的转储作业、货品在不同仓库间的转库作业、保管货品的报废管理、不合格品的退库管理等业务。

⑤ 其他功能模块。

a.结算管理。对计费方式单价设定（如按使用面积、体积、托盘、包租等），对应收/应付账单收/付款、核销及发票、对账单的管理。

b.统计分析。提供入库、出库的查询（按储位、货物、客户、批次、时间周期），提供转库、盘点作业的各种查询，提供各种财务分析报表。

c.财务核算。应收/应付管理、凭证管理。

d.系统维护。权限分配。

（2）运输管理系统

运输管理系统（transportation management system，TMS）是指利用计算机网络等现代信息技术手段，对运输计划、运输工具、运送人员及运输过程进行跟踪、调度、指挥等管理作业并实现有效管理的人机系统。TMS主要用于各种运输公司的管理工作，包括订单管理、调度分配、在途跟踪、回单管理、结算管理，以及车辆管理、人员管理、数据报表、基本信息维护、系统管理等模块。TMS能够对车辆、驾驶员、线路等进行全面详细的统计考核，能大大提高运作效率，降低运输成本。运输管理系统功能如图8-4所示。

图8-4　运输管理系统功能

运输管理系统各模块功能如下：

① 基本资料管理。包括对客户、车辆、货物、运输方式、地区、人员、合同及价格等信息的管理。

② 运单管理。对运单的信息录入及确认的管理。

③ 调度管理。对调度计划、派车单和装车等功能的管理。

④ 跟踪管理。对在途车辆进行动态跟踪，可以实时知道车辆和货物所处的位置和状态。

⑤ 回单及车辆回队确认。用于回单签收及车辆回队的管理。

⑥ 财务结算。应收/应付管理、凭证管理（收/付款管理）、发票、对账单、财务核销，并提供各种财务分析报表。

⑦ 统计分析。可以对物流公司的发货量、收入、利润、货损、应收款等以任意条件进行自动统计查询，让企业通过统计表进行分析，了解公司的经营情况、服务质量等，从而对有关的业务进行判断、决策。主要统计表包括发运汇总表、订单统计表、运输计划统计表、装车统计表、车辆跟踪统计表、货损统计表、利润分析表和应收款统计表。

⑧ 场站管理。管理车辆进出场站的时间。

⑨ 运输保险管理。对于需要保险的运输业务，录入相关的保险信息，包括货物价值、保险单号和保险费等。

（3）配送中心管理信息系统

配送中心管理信息系统（distribution center management information system，DCMIS），是对配送中心的进货、验收、入库、上架、拣货、加工、包装、配货、出货检验、运输等信息数据进行分析和处理的管理信息系统。配送中心管理信息系统功能如图8-5所示。

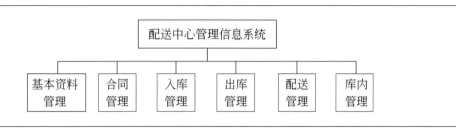

图8-5　配送中心管理信息系统功能

配送中心管理信息系统各模块功能如下：

① 基本资料管理。主要包括公司信息管理，公司员工信息管理，客户信息管理，配送中心的储位、货位管理，货品分类管理，货品信息管理，货物计量单位管理，货品的单位换算管理，车辆信息管理等。

② 合同管理。主要包括价格管理、客户合同管理等。

③ 入库管理。主要包括客户到货通知单管理、条码打印管理、入库单管理等。

④ 出库管理。主要是对出库订单、件货清单、加工单、包装单、包装清单（条码打印）、出库单的管理。

⑤ 配送管理。主要是对配送计划、派车单、装车清单、配送路线设置、车辆跟踪、配送回执的管理。

⑥ 库内管理。指系统根据业务需要对库存商品进行转储、转仓、盘点和库内作业单的管理。

（4）计算机辅助拣货系统

1）定义

计算机辅助拣货系统（computer assisted picking system，CAPS）是采用先进电子技术和通信技术开发而成的物流辅助作用系统。较多使用在物流拣货环节，与仓储管理系统或其他物流管理系统配合使用效率更高。它是一种无纸化操作的辅助拣货系统，有效率高、差错率低的作业特点。

2）CAPS组成

CAPS是由主控计算机来控制一组安装在货架上的电子装置，根据配套软件系统提供的拣货数据，借由灯号与显示板上数字的显示，引导拣货人员完成拣货工作。硬件设施主要由主控计算机、控制器、电子标签、完成器等组成。

① 主控计算机。用于读取拣货信息，将拣货信息传递给控制器，同时也接受控

器回传的信息，并处理拣货结果。

②控制器。将拣货信息转化成控制信号，传递给电子标签，电子标签接受信息，转换后回传给主控计算机。

③电子标签。显示出库信息，并对拣货数量进行确认，并将信息反馈给主控计算机。

④完成器。拣货出库动作完成后，通过声光提示作业人员。

3）CAPS的特点

①无纸化作业。

②按电子标签亮灯指示作业。

③无需思考的零判断作业。

④走动路线缩短，距离最短化。

⑤自动下达作业指示，作业人员无需等待。

⑥作业效率可成倍提高。

⑦作业差错率可接近为零。

⑧实时监控，实时反映作业状态。

4）CAPS分类

按照作业方式不同，分为摘取式（电子标签）拣货系统（digital picking system，DPS）和播种式（电子标签）拣货系统（digital assorting system，DAS）。

①摘取式拣货系统。摘取式拣货主要是应用在采取订单拣货的场合，依照灯号和数字的显示，能快速、简单地引导拣货人员确定正确的储位和拣取的数量。原则上一个电子标签对应一个储位品项。当拣货完成后按"确认"键确认。

②播种式拣货系统。播种式拣货通常应用于处理批次拣货的场合，它的功用正好和摘取式相反。一个电子标签对应一个门店或者一张订单，当订单的商品被批次汇总到储存区时，就用播种式系统。拣货人员将批次汇总后的商品，经由扫描仪读取商品信息，相应的电子标签会显示数量，拣货人员拿取相同数量的商品并分配到标签对应的储位上，然后熄灭标签，完成拣货。

5）CAPS功能

CAPS能够控制整个商品的拣货过程，可以对数据进行管理，对出现的各种异常进行记录，从而实现快速、准确、高效的拣货出库作业。一般包括的功能模块见图8-6。

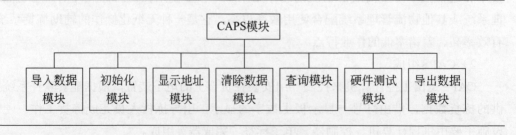

图8-6　CAPS模块

第9章

数字化与智能化
应用管理

9.1.1 数字经济应用

（1）数字经济的概念与内涵

根据《G20 数字经济发展与合作倡议》，数字经济是指"以使用数字化的知识和信息作为关键生产要素、以现代信息网络作为重要载体、以信息通信技术的有效使用作为效率提升和经济结构优化的重要推动力的一系列经济活动"。

随着信息技术的发展，数字经济已经成为一个经济系统。在这个系统中，信息技术改变了当前的经济环境和经济活动，数字经济利用信息技术将呈现一个全新的数字化社会的政治和经济系统。数字经济使得企业、消费者和政府之间通过信息技术、网络进行的交易迅速增长，它的商业模式运转良好，并创建了一个买卖双方共赢的环境。数字经济的发展给包括竞争战略、组织结构和文化在内的管理实践带来了巨大的冲击。信息技术的提升、高速网络的发展使交易双方突破了时间和空间的限制，交易的流程、业务、管理都实现了数字化管理，客户、供应商、合作伙伴的各种数据成为数字经济的重要资源。

（2）数字经济在物流行业的发展趋势

① 预期物流。预期物流是以大数据为基础的预测算法，能使物流供应商在需求发生前获得准确预测，实现配送时间的缩短、物流容量和物流网络的优化。

② 单个批量物流。消费者个性化需求的增加需要高度定制化产品的批量生产，这将促进形成分散的单个批量物流生产模式。

③ 便利化物流。在线购物者不仅享受了网上购物的价格优势，也享受了全天24小时购物的便利性。而消费者网上购买食品杂货和医药品的需求增长，对冷链包装和配送提出了更高要求。

④ 供应链压力释缓。供应链压力释缓的目的，是通过正确的混合运输模式减少供应链的复杂性，从而以更低成本、更高质量实现物流的有效运营。例如，有技巧地让运输"慢下来"，能够平衡供应链、降低库存成本并减少碳排放。

⑤ 物流市场。透明、灵活和易于调整的物流需求的增长，促进了数字经济平台的发展。这种集中化的市场平台将提供信息、费率以及不同物流供应商的服务产品的可视化信息数据。

⑥ 多用途网络。多用途网络是指利用现有标准网络和城市基础设施进行运输和储存货物的物流网络，特别是针对那些对温度有较高要求的物流。这就需要在运输、包

装和实时供应链监控方面进行创新。

⑦ 全渠道物流。下一代零售业需要为每个单独渠道量身定制物流网络，这就要求物流供应商能够维持全面、综合的客户及库存渠道，做到动态交付、多选择实现和无缝式客户服务。

⑧ 需求响应配送。"最后1000米"配送已成为新需求，这需要优化利用大众的力量和弹性化配送劳力，使客户能在所需时间和地点收到及时配送的货物。

⑨ 超级网物流。"超级网物流"将使得各物流公司通过全球供应链业务流程的重点建设，整合优化不同生产企业和物流供应商群。

9.1.2　大数据应用

（1）大数据的基本概念

中国电子技术标准研究院发布的《大数据标准化白皮书V2.0》认为，从数据本身而言，大数据是指大小、形态超出典型数据管理系统采集、储存、管理和分析等能力的大规模数据集，而且这些数据之间存在着直接或间接的关联性，通过大数据技术可以从中挖掘出模式与知识。

大数据技术是使大数据中所蕴含的价值得以挖掘和展现的一系列技术与方法，包括数据采集、预处理、存储、分析挖掘、可视化等。大数据应用是对特定的大数据集，集成应用大数据系列技术与方法，获得有价值信息的过程。大数据技术研究与突破的最终目标是从复杂的数据集中发现新的模式与知识，挖掘到有价值的新信息。

IBM提出大数据有5V特点：

① Volume（大量）。数据量大，包括采集、存储和计算的量都非常大。大数据的起始计量单位至少是PB（1PB=1024TB）、EB（1EB=1024PB）或ZB（1ZB=1024EB）。

② Variety（多样）。种类和来源多样化。除了结构化数据外，大数据还包括各类非结构化数据，如文本、音频、视频、点击流量、文件记录等，以及半结构化数据，如电子邮件、办公处理文档等多类型的数据，对数据的处理能力提出了更高的要求。

③ Value（低价值密度）。数据价值密度相对较低，或者说是浪里淘沙却又弥足珍贵。随着互联网及物联网的广泛应用，信息感知无处不在，信息海量产生但价值密度较低，如何结合业务逻辑并通过强大的机器算法来挖掘数据价值，是大数据时代最需要解决的问题。

④ Velocity（高速）。数据增长速度快，处理速度也快，时效性要求高。比如，搜索引擎要求几分钟前的新闻能够被用户查询到，个性化推荐算法尽可能要求实时完成推荐。这是大数据区别于传统数据挖掘的显著特征。

⑤ Veracity（真实性）。数据的准确性和可信赖度，即数据的质量。

大数据的基本特征是数据量大，但大数据最重要的价值是对大数据的分析。只有通过大数据分析才能获取很多智能的、深入的、有价值的信息。

目前大数据分析普遍聚焦在4个方面：

① 可视化分析。大数据分析的使用者除了有大数据分析专家，还有普通用户，但是他们对于大数据分析最基本的要求都是可视化分析。因为可视化分析能够直观地呈现大数据特点，可视化数据非常容易被使用者接受。

② 数据挖掘算法。大数据分析的理论核心是数据挖掘算法。各种数据挖掘算法基于不同的数据类型和格式，科学地呈现出数据本身的特点，通过被全世界统计学家公认的各种统计方法深入数据内部，挖掘出公认的价值。这些数据挖掘算法能更快速地处理大数据，如果一个算法得花上好几年才能得出结论，那大数据的价值也就无从谈起。

③ 预测性分析。大数据分析最重要的应用领域之一就是预测性分析。从大数据中挖掘出特点，建立模型，通过模型代入新的数据，从而预测未来的数据。

④ 语义引擎。结构化数据的多元化给数据分析带来新的挑战，需要一套工具系统地分析、提炼数据。语义引擎需要有足够的人工智能才能从数据中提取信息。

（2）大数据应用

1）企业大数据应用

① 商业智能（business intelligence，BI）。企业应用大数据可以提升企业的生产效率和竞争力。在市场分析方面，利用大数据分析能准确地了解消费者的消费行为，挖掘新的商业模式；在销售规划方面，大数据分析能够优化商品价格；在运营方面，大数据分析能够提高运营效率和运营满意度，优化劳动力投入，准确预测人员配置要求，避免产能过剩，降低人员成本；在供应链方面，利用大数据能够优化库存和物流环节、指导供应商协同等，可以缓和供需矛盾，控制预算开支，提升服务水平。

② 金融领域。以招商银行为例，招商银行通过数据分析，发现招行信用卡价值客户经常出现在星巴克、麦当劳等场所，于是推出"多倍积分累计、积分店面兑换"等活动吸引优质客户；通过构建客户流失预警模型，对流失率等级前20%的客户发售高收益理财产品予以挽留，使得金卡和金葵花卡客户流失率分别降低了15%和7%；通过对客户交易记录进行分析，有效识别出潜在的小微企业客户，并利用远程银行和云转介平台实施交叉销售，取得了良好成效。

③ 电子商务领域。每天有数以万计的交易在淘宝上进行，交易时间、商品价格、购买数量会被记录，这些信息可以与买方和卖方的年龄、性别、地址甚至兴趣爱好等个人特征信息相匹配。通过大数据分析，商家可以了解淘宝平台上的行业情况、市场状况、消费者行为等，以此进行生产、经营决策。

2）社交网络大数据应用

在线社交网络大数据主要来自即时消息、在线社交、微博和共享空间四类应用。由于在线社交网络大数据反映了人的各类活动，因此对此类数据的分析得到了更多关注。在线社交网络大数据分析从网络结构、群体互动和信息传播三个维度，通过基于数学、信息学、社会学、管理学等多个学科的融合理论和方法，为理解人类社会中存在的各种关系提供一种可计算的分析方法。目前，在线社交网络大数据的应用包括网络舆情分析、网络情报搜集与分析、社会化营销、政府决策支持、在线教育等。

3）医疗健康大数据应用

医疗健康数据是持续、高增长的复杂数据，对其进行有效的存储、处理、查询和分析，可以开发出其潜在价值。医疗大数据的应用，将会深远地影响人类的健康。

例如，谷歌有一个名为"谷歌流感趋势"（Google Flu Trends）的工具，它通过跟踪搜索词相关数据来判断美国的流感情况［比如患者会搜索"流感"（flu）这个词］。设计人员置入一些关键词（比如温度计、流感症状、肌肉疼痛、胸闷等），只要用户输入这些关键词，系统就会展开跟踪分析，创建地区流感图表和流感地图。

4）能源大数据应用

① 电网规划。通过对智能电网中的数据进行分析，可以知道哪些地区的用电负荷和停电频率过高，甚至可以预测哪些线路可能出现故障。这些分析结果有助于电网的升级、改造、维护等工作。

② 发电与用电的互动。理想的电网，应该是发电与用电的平衡。但是，传统电网的建设是基于"发—输—变—配—用"的单向思维，无法根据用电量的需求调整发电量，造成电能的冗余浪费。为了实现用电与发电的互动，提高供电效率，研究者开发出了智能电表。

③ 间歇式可再生能源的接入。目前许多新能源也被接入电网，但风能和太阳能等新能源发电能力与气候条件密切相关，具有随机性和间歇性的特点，因此难以直接并入电网。电网大数据分析可对这些间歇式新能源进行有效调节，在其产生电能时，根据电网中的数据将其进行储能，以分布式应用的方式调配给电力稀缺地区，与传统的水火发电进行有效的互补。

5）大数据技术在物流行业的主要应用场景

① 需求预测。通过收集用户消费特征、商家历史销售等大数据，利用算法提前预测需求，前置仓储与运输环节。目前需求预测在物流中已经有了一些应用，但在预测精度上仍有很大的提升空间，需要扩充数据量，优化算法。

② 设备维护预测。运用物联网技术在设备上安装芯片，实时监控设备运行数据，通过大数据分析实现预先维护，增加设备使用寿命。随着机器人在物流环节中的使用，设备维护预测将是未来应用非常广的一个方向。例如，沃尔沃在物流车辆设备上安装芯片，可通过数据分析对车辆设备提前进行保养。

③ 供应链风险预测。通过收集异常数据，对贸易风险、不可抗因素造成的货物损坏等进行预测。

④ 网络及路由规划。利用历史数据、时效、覆盖范围等构建分析模型，对仓储、运输、配送网络进行优化布局，如通过对消费者数据的分析，提前在离消费者最近的仓库备货。还可实时优化路由，指导车辆采用最佳路由线路跨城运输、同城配送。

（3）物联网与大数据的关系

1）物联网的概念

国际电信联盟（ITU）发布的《ITU互联网报告2005：物联网》对物联网作了如下定义：通过二维码识读设备、射频识别（RFID）装置、红外感应器、全球定位系统和激光扫描器等信息传感设备，按约定的协议，把任何物品与互联网连接，进行信息交换和通信，以实现智能化识别、定位、跟踪、监控和管理的一种网络。

2）物联网与大数据的关系

① 物联网是大数据的重要基础。大数据的数据来源主要有三个方面，即物联网、Web系统和传统信息系统。其中物联网是大数据的主要数据来源，占大数据来源的90%以上，可以说没有物联网就没有大数据。

② 大数据是物联网体系的重要组成部分。物联网的体系结构分为六个部分，即设备、网络、平台、分析、应用和安全。其中分析部分的主要内容就是大数据分析。大数据分析是大数据完成数据价值化的重要手段之一。目前的分析方式有两种：一种是基于统计学的分析方式，另一种是基于机器学习的分析方式。

③ 物联网平台的发展进一步整合大数据和人工智能。当前物联网平台的研发正处在发展期，随着相关标准的陆续制定，未来物联网平台将进一步整合大数据和人工智能。物联网未来必将实现数据化和智能化。

3）物联网与大数据结合在物流行业中的应用

许多运输公司都携带传感器来监控驾驶员的行为和车辆的位置。好的驾驶技能和道路安全行为会得到保险公司的奖励。物联网能提供所有机械和电气组件的详细日志数据，供远程信息处理。全球物流公司UPS广泛使用该技术来监控车队车辆的速度、行驶里程、休息停靠、油耗、发动机使用情况等，减少了有害排放和燃料消耗。

9.2
智能化仓储系统作业管理

9.2.1 无人仓系统应用

（1）无人仓系统认知

人工智能技术在仓储环节中的应用是实现仓库作业全流程的无人化操作，即所谓的"无人仓"。这也是现代仓储发展的终极目标。从技术发展角度来看，无人仓的主要组成部分包括：以AS/RS为代表的自动仓库，以移动机器人为基础的"货到人"拣选系统、自动分拣系统、机器人小车自动搬运系统、自动包装机等，以及在自动化物流系统背后起到有效管理、调度与控制作用的"智慧大脑"和先进算法等。随着技术的不断创新发展，无人仓的作业水平和效率也在不断提升。传统仓库中，拣选作业所占的比重较大，是最耗费人力和时间的作业，因此，在无人仓系统中，首先要解决的是拣选作业过程中的机器换人。

国内主流的电商与物流企业也开始自主研发"货到人"拣选作业模式，如京东、顺丰、快仓等企业，都已成功推出自己的"货到人"解决方案。

主流的"货到人"解决方案如下：

① Miniload"货到人"解决方案。Miniload轻型堆垛机系统，与托盘式立体仓库结构相似，但存储货物单元为料箱和纸箱，因此也被称为料箱式立体仓库。该系统早在20世纪八九十年代便已推出并在欧洲得到广泛应用，目前技术相对成熟。由于堆垛机的货叉和载货台形式多达数十种，Miniload系统具有广泛的适应性，是最重要的"货到人"拆零拣选解决方案之一。目前，国内外多家物流装备企业均可提供Miniload系统，堆垛机运行速度普遍能达到300 m/min，部分产品能达到360 m/min及以上。在技术创新方面，Robot Miniload智能快存系统是一个典型代表。2016年"双11"活动期间，Robot Miniload系统凭借其高效率、低成本、易于维护等特点受到业内普遍关注。

② 穿梭车"货到人"解决方案。穿梭车系统以能耗低、效率高、作业灵活等突出优势成为"货到人"拆零拣选作业的最佳方式，穿梭车系统根据作业对象的不同主要分为托盘式穿梭车系统和箱式穿梭车系统，前者主要用于密集存储，后者则用于"货到人"拣选。箱式穿梭车系统包括收货系统，货架及轨道、穿梭车、提升机等组成的储存与搬运系统，拣选与包装工作站和输送系统等发货系统，主要有多层穿梭车系统、四向穿梭车系统、子母穿梭车系统几种类型。

③ 类Kiva机器人"货到人"解决方案。随着亚马逊Kiva机器人的大规模应用，类Kiva机器人（也称智能仓储机器人）受到越来越多的关注。该系统高度自动化，可以大幅替代人工，同时项目实施速度快、交付周期短，并且系统的投资相对于固定式自动化系统更低；更重要的是灵活性非常强，易于扩展，非常适用于SKU（存货单位）量大、商品数量多、有多品规订单的场景。目前，类Kiva机器人系统在电商、商超零售、医药、快递等多个行业实现了成功应用。

④ AutoStore"货到人"解决方案。AutoStore系统是由Swisslog公司针对中小件商品存储拣选而推出的"货到人"解决方案，是将货物放到标准的料箱里面，通过料箱堆叠的方式进行存储，可以有效利用仓库上部空间，在很小的空间内实现高密度存储。

⑤ 旋转货架"货到人"解决方案。旋转货架系统与Miniload系统一样，均是非常成熟的"货到人"拣选解决方案，适合存储小件商品。随着对旋转货架系统的技术创新，其效率得到了大幅度提高。例如，南京苏宁云仓采用胜斐迩的SCS旋转货架"货到人"系统，可以实现每个拣选工作站每小时500～600个订单行的拣选效率。此外，旋转货架系统还具备高密度存储功能，可以实现自动存储、自动盘点、自动补货、自动排序缓存等一系列分拣动作。此外，鲸仓科技也利用回转式货架原理推出了一套兼具密集存储和"货到人"拣选功能的自动货架系统。

（2）无人仓布局及其物流中心作业流程

1）无人仓布局

无人仓的布局与传统仓库相似，包括收货区、集中存储区、收货缓存区、拣货区、包装缓存区、发货缓存区，但在无人仓中基本没有人员走动，完全由机器人来搬运，如上架区、拣选区等。无人仓基本布局如图9-1所示。

图9-1 无人仓基本布局

2）物流中心作业流程

根据无人仓的基本布局，可以更好地了解采用"无人仓"系统的物流中心作业流程，如图9-2所示。

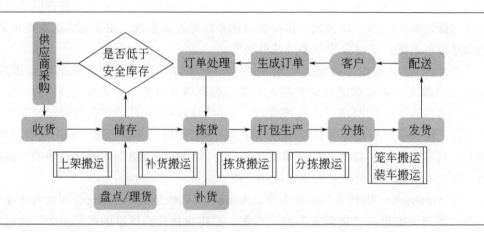

图9-2 物流中心基本作业流程

① 物流中心收到货物后，对商品进行入库，使用机器人对商品进行上架作业。在固定时间内对商品进行盘点，若商品的库存较低，则及时进行采购补货。

② 客户购买商品，下达订单，系统对订单进行处理，生成拣选单，由机器人搬运货架到拣选工作站，由拣选工作人员对商品拣选。

③ 拣选出的商品进行打包后送至分拣区，由机器人顶着包裹通过自动识别将包裹分拣到各个格口。笼车将各个格口的商品进行装货，发送到配送点或客户手中。

（3）无人仓系统组成

无人仓系统主要组成部分包括仓储管理系统、操作人员系统、智能调度系统、智能机器人系统、在线自动充电系统以及辅助设备。

① 仓储管理系统。仓储管理系统主要完成基本的业务管理，实现仓库管理、入库单管理、入库上架、在库管理、出库单管理、拣选、二次拣选、任务管理、分拣等功能，与传统的WMS相比，在无人仓环境中的仓储管理系统要与机器人的调度控制系统交互，实现对调度控制系统任务的下发。

② 业务管理能力。与WMS对接，向机器人下发作业指令以及在工作站执行相应操作，例如上架工作人员负责在上架区域进行货物的上架工作，拣选工作人员负责在拣选工作区域进行货物的拣选工作，分拣人员在分拣区域进行相应的分拣工作。

③ 智能调度。物流机器人智能调度系统通过固定的协议与物流机器人及工作站通信，实现对物流机器人的控制及状态监控，同时完成与业务系统的对接，接受业务系统下发的任务，并将任务执行结果反馈给业务系统。智能调度系统任务划分如图9-3所示。

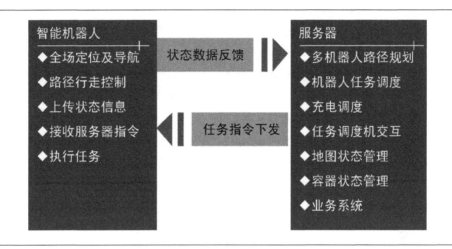

图9-3　智能调度系统任务划分

④ 智能机器人。物流机器人在无人仓中将替代传统的工作人员，将"人到货"模式转换成"货到人"模式。物流机器人普遍采用"有轨导航"，它需要借助磁条、磁钉、二维码、激光反射板等辅助设施。其中二维码定位的方式具有精度高、成本低、实施方便的特点，因此在目前的无人仓系统中具有比较广泛的应用。

9.2.2　人工智能应用

（1）人工智能概述

人工智能是研究开发模拟、延伸和扩展人类智能的理论、方法、技术及应用系统的一门新的技术科学。其研究目的是促使智能机器会听（语音识别、机器翻译等）、会看（图像识别、文字识别等）、会说（语音合成、人机对话等）、会思考（人机对弈、定理证明等）、会学习（机器学习、知识表示等）、会行动（机器人、自动驾驶汽车等）。

人工智能涉及自然语言处理、知识表现、智能搜索、推理、规划、机器学习、知识获取、组合调度问题、感知问题、模式识别、逻辑程序设计软计算、不精确和不确定的管理、人工生命、神经网络、复杂系统、遗传算法等研究范畴。就其本质而言，人工智能是对人的思维信息过程的模拟。对人的思维的模拟有两种途径：一是结构模拟，仿照人脑的结构机制，制造出"类人脑"的机器；二是功能模拟，暂时撇开人脑的内部结构而从其功能过程进行模拟。计算机便是对人脑思维功能的模拟，是对人脑思维的信息过程的模拟。

随着物流业的发展，人工智能对物流的影响越来越大。

在仓储环节，人工智能可以优化企业仓库选址，根据现实环境的种种约束条件（如消费者、供应商及生产商的地理位置、运输经济性、建筑成本等）进行充分地优化，给出接近最优化解决方案的选址模型。人工智能能够减少人为因素的干预，使选址更为精准，可以大幅降低物流企业的成本。

在库存管理方面，人工智能通过分析历史消费数据，建立相关模型对以往的数据进行解释并预测未来的数据，动态调整库存水平，保持企业存货的有序流通，提升消费者满意度。同时，不增加企业的库存成本，使库存管理更为有效。人工智能还可以根据订单邮编及收件人的城市名等，将商品智能分配到最近的仓库，分拣出库、履行订单，大大缩短商品从仓库到买家手上的时间。

在运输优化方面，智能机器人投递分拣、智能快递柜的广泛使用都大大提高了物流系统的效率，大大降低了物流业对人力的依赖。随着无人驾驶技术的成熟，未来运输将更加高效快捷。通过实时跟踪交通信息、动态调整运输路径，物流配送的时间精度将大大提高。此外，人工智能将通过对资源实时的管控、地理信息实时的更新（每4s发起一次请求）、订单热力图、供需预测（基于海量实时出行数据，以数十亿订单数据和数百万司机位置信息为基础，预测任意时间段各个区域的订单需求和运力分布状况），实现智能运力调度，大规模地有序调动所有可用运力，实现资源最优化分配。

（2）人工智能的商业和技术发展趋势

人工智能产业链根据技术层级从上到下，分为基础层、技术层和应用层。基础层主要包括计算能力层和数据层，技术层主要包括框架层、算法层和通用技术层，应用层主要指针对场景应用的解决方案层。

在人工智能平台化的趋势下，人工智能竞争格局初步形成，商业模式主要有五大模式：

模式一：生态构建者——以"全产业链生态+场景应用"为突破口。以互联网公司为主，长期投资基础设施和技术，同时以场景应用作为流量入口，积累应用，成为主导的应用平台，成为人工智能生态构建者（如Google、Amazon、Facebook、阿里云等）。

模式二：技术算法驱动者——以"技术层+场景应用"为突破口。以软件公司为主，深耕算法平台和通用技术平台，同时以场景应用作为流量入口，逐渐建立应用平台（如Microsoft、IBM、Watson等）。

模式三：应用聚焦者——场景应用。以创业公司和传统行业公司为主，基于场景或行业数据，开发大量细分场景应用。

模式四：垂直领域先行者——重量级应用+逐渐构建垂直领域生态。以垂直领域先行者为主，在垂直领域依靠重量级应用（如出行场景应用、面部识别应用等）积累大量用户和数据，并深耕该领域的通用技术和算法，成为垂直领域的先行者（如旷视科技等）。

模式五：基础设施提供者——从基础设施切入，并向产业链上游拓展。以芯片或硬件等基础设施公司为主，提供基础设施，提高技术能力，向数据、算法等产业链上游拓展。

（3）人工智能在物流业的应用

1）人工智能在仓储中的应用

① 自动化立体仓。自动化立体仓库的主体由货架、巷道式堆垛起重机、操作控制系统组成。钢结构的货架内是标准尺寸的货位空间，巷道式堆垛起重机穿行在货架之间的巷道中，完成存货、取货。管理上采用计算机及条形码技术，操作控制系统是整个自动化立体仓库的核心，人工智能则是操作控制系统的"灵魂"。人工智能的实现多采用传统的编程技术，使系统呈现智能化的效果。目前，以Miniload、多层穿梭车技术为代表的"货到人"（包括机器人）技术是最为高效、成熟的自动化仓储解决方案。

② 穿梭车。又称RGV（rail guided vehicle），即有轨制导车辆。RGV小车可用于各类高密度储存方式的仓库，小车通道可设计任意长，可提高整个仓库储存量，操作时无须叉车驶入巷道，安全性更高。小车在巷道中快速运行，实现取货、运送、放置等任务，并可以与上位机或WMS进行通信，结合RFID、条码等识别技术，实现自动化识别、存取等功能，有效提高仓库的运行效率。

2）人工智能在装卸搬运中的应用

① 智能引导车。智能引导车（automated guided vehicle，AGV），根据性能可以分为搬运型AGV、牵引型AGV、装配型AGV等。

a.搬运型AGV。能够沿规定的导引路径行驶，是具有安全保护以及各种移载功能的运输车，也是不需要驾驶员的搬运车。可以同滚筒线、皮带线对接，接收或发送货物，通过识别地标选择目的地或中途停靠点。搬运型AGV具有自动化程度高、安全可靠、灵活多变等特点。搬运型AGV上可放置托盘、料箱、料架，可独立进行简单的接收货物和发送货物，能够自动上、下料。广泛应用于物流过程中发生频率高、耗时长、费用大的作业活动。搬运型AGV对于改善工作环境条件，提高工作效率，解放劳动生产力，提高企业管理水平起到了积极作用。

b.牵引型AGV。仅作为运载动力装置，货物载体由其他承载设备负载，依靠升降柱或侧挂钩自动挂脱料车到指定目的地，实现无人化作业。该车型外形小巧，结构紧凑，搬运灵活。可潜伏在料车底部自动与料车进行挂扣和脱扣，也可以直接牵引料车。该车型多用于仓库物料配送。

c.装配型AGV。可根据不同客户的需求，设计各种功能模块，如提升装置单元、翻转装置单元及升降定位装置单元等，广泛应用在柔性加工与柔性装配系统，以实现物流的自动化。

② 装卸机械手。装卸机械手也是智能机器人的一种，它能对自动化机械手的位置、行程、速度、压力、流量等进行检测并反馈给控制系统，有桁架机械手、关节机械手等类型。

a.桁架机械手。一种建立在直角X、Y、Z坐标系统基础上，对工件进行工位调整或实现工件的轨迹运动等功能的全自动工业设备。其控制核心是工业控制器（如PLC、运动控制器、单片机等）。通过控制器对各种输入（各种传感器、按钮等）信号进行分析处理，作出一定的逻辑判断后，对各个输出元件（继电器、电机驱动器、指示灯等）下达执行命令，完成X、Y、Z三轴之间的联合运动，以此实现一整套的全自动作业流程。

b.关节机械手。是一种适用于靠近机体操作的传动形式。它像人手一样有肘关节，可实现多个自由度动作，动作比较灵活，适用于物流装卸环节。

3）人工智能在运输配送中的应用

① 配送机器人。配送机器人是智慧物流体系生态链中的终端，面对的配送场景非常复杂，需要应对各类订单配送的现场环境、路面、行人、其他交通工具及用户，进行及时有效地决策并迅速执行。这需要配送机器人具备高度的智能化和自主学习的能力。配送机器人的感知系统十分发达，除装有激光雷达、GPS定位外，还配备了全景视觉监控系统、前后的防撞系统及超声波感应系统，以便配送机器人能准确感触周边的环境变化，预防交通安全事故的发生。

目前，配送机器人拥有基于认知的智能决策规划技术。遇到障碍物时，在判断障碍物的同时判断行人位置，并判断障碍物与行人的运动方向和速度。通过不断地深度学习与运算，作出智能行为的决策。

② 无人机快递。即通过利用无线电遥控设备和自备的程序控制装置操纵无人驾驶低空飞行器运载包裹，自动送达目的地。其目的主要在于解决偏远地区的配送问题，提高配送效率，同时减少人力成本。

无人机多采用八旋翼飞行器，配有GPS自控导航系统、iGPS接收器、各种传感器及无线信号发收装置。无人机具有GPS自控导航、定点悬浮、人工控制等多种飞行模式，集成了三轴加速度计、三轴陀螺仪、磁力计、气压高度计等多种高精度传感器和先进的控制算法。无人机配有黑匣子，以记录状态信息。同时无人机还具有失控保护功能，当无人机进入失控状态时能自动保持精确悬停，失控超时将就近飞往快递集散分点。无人机通过移动网络和无线电通信遥感技术与调度中心和自助快递柜等进行数据传输，实时地向调度中心发送自己的地理坐标和状态信息，接收调度中心发来的指令。无人机在接收到目的地坐标后，会采用GPS自控导航模式飞行，进入目标区域后向目的快递柜发出着陆请求、本机任务报告和本机运行状态报告，收到着陆请求应答后，由快递柜指引无人机在快递柜顶端停机平台着陆、装卸快递以及快速充电。无人机发出请求无应答超时时，会再次向目的快递柜发送请求，三次超时后向调度中心发送着陆请求异常报告、本机任务状态报告和本机运行状态报告请求指令。无人机在与调度中心失去联系或者出现异常故障之后将自行飞往快递集散分点。

4）人工智能在生产物流中的应用

以汽车生产物流为例，随着生产自动化需求的提高，物流技术逐步成为汽车生产物流的核心竞争力。整车制造厂生产物流技术一般分为输送上线技术、仓储技术、装卸技术以及辅助操作技术四大模块。

① 输送上线技术。零部件输送上线技术的操作模式已从最初的叉车运送到多品种物料牵引车上线，并在近年来的机器人小车、机运链等自动化输送设备的应用中得到了进一步提升。机器人小车技术于20世纪70年代开始在欧洲的制造业中应用，从最早的自动搬运小车发展到智能化机器人小车系统，发展的深度和广度日益提升，在汽车生产厂内的物流及流水线上广泛应用。国内最早使用的有东风日产等日系整车制造商。2011年左右，上海大众、上海通用、一汽大众、长城汽车、长安福特、长安汽车等厂家均逐步推广应用并形成一定的规模。上海通用汽车上海工厂主要将机器人小车用于门线及内饰线的SPS料车输送上线；2014年上海通用汽车武汉新工厂使用近百台机器人小车，输送范围包括较大部分的排序零件。

② 仓储技术。汽车生产物流仓储自动化的要求日趋紧迫。斯柯达公司建造了大件半自动化、小件全自动化等多种形式的立体仓库，可快速高效地完成零件输送及自动出入库操作。2012年，上海大众在仪征新工厂建设项目中投入了KSK（客户定制线束）自动化立体仓库。2013年，汽车外饰公司延锋彼欧也实现了保险杠零件的自动化仓储。上海大众的大件自动仓储项目，为解决包装规格不统一、流量大（单向流量超过150箱/h）等制约自动化仓储在汽车行业应用的技术难题提供了参考方案。

③ 装卸技术。装卸技术方面，传统方法大多使用叉车操作，根据卡车停靠及车厢开门方向分为侧卸和后卸两种形式。近年来，随着自动化仓储技术的发展，出现了不同形式的自动化装卸模式，但大多仅针对型号规格一致的货物。如大众集团及零部件供应商延锋江森针对轮胎、座椅等高消耗零件采取自动化装卸和机运链输送的解决方案；北京现代、东风悦达起亚及上海汽车均尝试了平台装卸模式，减少叉车对零部件包装的损坏，提高安全性，降低人力成本。

④ 辅助操作技术。辅助操作技术的应用是推动物流自动化快速发展的主要因素之一。按灯拣货技术是目前汽车行业应用较为广泛的物流拣货技术，可大幅提升拣货效率，降低拣货出错率，保证物流操作高效高质的完成。在传统的亮灯自动拣选系统中，工人拣货后手动将提示灯按钮拍下以表示该动作完成。按灯拣货技术已经在上海通用、一汽大众、上海大众等汽车企业中使用，主要用于遮阳板、安全带物流篮等配料拣货环节。随着光电技术的发展，斯柯达公司以激光为传感信号，利用激光对操作动作的识别，代替人工按灯动作，达到节省工时、减少人工出错的效果。

参考文献

[1] 乔志强，冯夕文.物流管理概论.北京：经济科学出版社，2007.

[2] 黄辉.物流管理原理与方法.北京：光明日报出版社，2007.

[3] 程国全，王转，张庆华物流技术与装备.北京：高等教育出版社，2008.

[4] 杨振科，冯国苓.现代物流与配送.北京：对外经济贸易大学出版社2005.

[5] 王晓平.物流信息技术.北京：清华大学出版社，2011.

[6] 李素彩.物流信息技术.北京：高等教育出版社，2005.

[7] 郑称德.采购与供应管理（一）（二）.北京：高等教育出版社，2005.

[8] 詹姆斯·C.约翰逊，等.现代物流学.张敏，译.北京：社会科学文献出版社，2003.

[9] 姜大立.物流仓储与配送管理实训.北京：中国劳动社会保障部出版社，2006.

[10] 北京中物联物流采购培训中心.物流管理职业技能等级认证教材（职业基础）.南京：江苏凤凰
教育出版社，2019.

[11] 北京中物联物流采购培训中心.物流管理职业技能等级认证教材（初级）.南京：江苏凤凰教育
出版社，2019.

[12] 北京中物联物流采购培训中心.物流管理职业技能等级认证教材（中级）.南京：江苏凤凰教育
出版社，2019.

[13] 北京中物联物流采购培训中心.物流管理职业技能等级认证教材（高级）.南京：江苏凤凰教育
出版社，2019.

[14] 马丁·克里斯托弗.物流与供应链管理.何明珂，等，译.北京：电子工业出版社，2019.

[15] 角井亮一.物流管理.刘波，译.北京：东方出版社，2013.

[16] 贺世红，李远远.物流管理概论.长沙：中南大学出版社，2011.

[17] 唐培玲.物流基础.南京：江苏教育出版社，2013.

[18] 王长琼.物流系统工程.北京：高等教育出版社，2007.

[19] 刘刚.现代物流管理.4版.北京：中国人民大学出版社，2018.

[20] 供应链管理专业协会（CSCMP），娜达·桑德斯.供应链运营管理.荣岩，译.北京：人民邮电出
版社，2020.